风险认知、专家角色与媒体效应：社交媒体风险沟通研究

Risk Recognition, Expert Role and Media Effect:
Research on Risk Communication of Social Media

赖泽栋◎著

吉林大学出版社

·长春·

图书在版编目（CIP）数据

风险认知、专家角色与媒体效应：社交媒体风险沟通研究 / 赖泽栋著 . —长春：吉林大学出版社，2023.3

ISBN 978-7-5768-1667-9

Ⅰ.①风… Ⅱ.①赖… Ⅲ.①互联网络—传播媒介—风险管理—研究 Ⅳ.① G206.2

中国国家版本馆 CIP 数据核字（2023）第 084472 号

书　　名：风险认知、专家角色与媒体效应：社交媒体风险沟通研究
　　　　　FENGXIAN RENZHI、ZHUANJIA JUESE YU MEITI XIAOYING：SHEJIAO MEITI FENGXIAN GOUTONG YANJIU

作　　者：赖泽栋　著
策划编辑：李伟华
责任编辑：冀　洋
责任校对：田　娜
装帧设计：中北传媒
出版发行：吉林大学出版社
社　　址：长春市人民大街 4059 号
邮政编码：130021
发行电话：0431-89580028/29/21
网　　址：http://www.jlup.com.cn
电子邮箱：jldxcbs@sina.com
印　　刷：廊坊市海涛印刷有限公司
开　　本：710mm×1000mm　　1/16
印　　张：17.25
字　　数：250 千字
版　　次：2023 年 11 月　第 1 版
印　　次：2023 年 11 月　第 1 次
书　　号：ISBN 978-7-5768-1667-9
定　　价：90.00 元

前　言

德国社会学家乌尔里希·贝克说过："当代社会属于风险社会，人类面临着威胁其生存的各种风险。"对于转型期的中国而言，在政治、经济、社会、生态等领域同样存在诸多风险，灾难、危机、冲突、突发事件等成为当代中国社会的风险表征。风险不仅存在于自然环境中，更存在于我们日常生活和行为决策中。风险具有主观性，风险是被社会界定和建构的。在媒介化社会，风险认知、风险沟通与风险行为会受到媒体环境的严重影响。尤其是以微信、微博、微视频为代表的社交媒体的崛起，由于其开放性、社交性、交互对话等新特征，显著影响并改变了传统风险沟通机制。根据中国互联网络信息中心（CNNIC）发布的第 50 次《中国互联网络发展状况统计报告》，截至 2022 年6 月，我国网民规模为 10.51 亿，我国短视频的用户规模增长最为明显，达9.62 亿，即时通信用户规模达 10.27 亿，网络直播用户规模达 7.16 亿。社交媒体的兴盛不仅使风险建构主体与风险传播范式发生了巨大变化，诸如生成了风险话语权下放、风险碎片化等新特点，也由于把关人缺失、风险信息发布者素质良莠不齐等因素使得风险放大和风险异化（如谣言），时常爆发出影响社会正常发展的突发事件。本书正是在这样的社交媒体背景下，基于多学科理论知识体系，通过控制实验法、网络内容分析法、问卷调查法、社会网络分析法等多种实证研究方法，深入探讨社交媒体环境下的风险沟通机制。

本书内容分为理论探讨与实证研究两部分。

其中理论探讨部分的内容是基本新闻传播学、认知心理学与危机管理学等跨学科的理论知识体系，探讨了传播与风险、社交媒介与风险认知、社会媒体与风险沟通。分析了社交媒体环境下风险沟通的新理论与新范式。具体总结归纳如下：

第一章，风险沟通与社交媒体。简述了风险与风险认知；分析了风险沟通、风险沟通媒介、风险沟通中媒体信任与风险沟通效果；介绍了社交媒体基本概况，并论述了社交媒体与风险沟通的关系；分析了社交媒体与专家风险沟通；分析了社交媒体时代风险沟通的新特征与网络直播语境下的风险沟通；探析了社交媒体环境下新技术产品的风险传播流变。

第二章，社交媒体风险沟通理论。探讨了影响较大的社交媒体风险沟通理论；分析了社交中介危机传播模型（social-mediated crisis communication，简称SMCC）；阐释了从传统危机传播理论之情境危机传播理论（situational crisis communication Theory，简称SCCT）到SMCC的演进机理；分析了问题解决情境理论；探讨了社交媒体时代公众面临问题困境（风险）认知情境下的心理机制与信息行为；分析了风险的社会网络感染效应与社会放大效应；简述了"以公众为中心"的风险沟通模式和"以信息为中心"的风险沟通模式。

实证研究部分内容采取控制实验法、问卷调查、网络内容分析法等实证研究方法，深入探讨了公众、科学家、媒体这三种社交媒体风险沟通的关键要素及其内在关系，从微观情境中研究了社交媒体风险沟通机制与规律，得出了较为科学客观的研究结论，提出了有效的治理措施。

第三章，公众风险认知与信息行为。分析了社交媒体环境下公众的风险感知与信息行为、危机情境中行动公众（粉丝）的情绪与行为反应，以及次生危机中公众的情绪反应与传播效应，揭示了社交媒体环境风险沟通中公众的新变化与新特征。

第四章，风险沟通的社交媒体效应与专家角色。分析了风险沟通的社交媒体角色与影响效应；比较了新旧媒介在风险争议与冲突中的角色功能与影响差异；揭示了我国风险沟通中媒介的特殊性，以及存在的关键问题与主要障碍；分析了社交媒体风险沟通的专家角色影响效应；探讨了微博环境下不同风险专家角色对风险认知与信息行为的影响差异，并提出了风险沟通治理启示。

本书内容一部分源于作者的博士论文《社交媒体环境下消费者食品风险认知与风险传播行为研究》，还有一部分内容源于近年来作者对社交媒体风险沟通的新研究和新思考，并尝试在理论与视角上有所创新，方法上尽量做到科学规范。希望本书的出版能够对相关专业的同学、科研同行与管理实践部门带来一定的价值或启发。由于个人能力有限，书中难免存在疏漏之处，还请各位读者批评指正！在完稿付梓之际，衷心感谢我的父母、大哥大嫂、岳父母、爱人和儿子，是他们的理解、支持与照顾，才使得我有时间专心读书写作。同时，还要感谢我的同事们和吉林大学出版社的编辑老师们提供的宝贵意见和建议。是大家的共同努力，本书才能顺利出版。

赖泽栋

2023 年 2 月

目　录

理论篇　基于多学科理论

实证篇　基于多元定量研究方法

理论篇　基于多学科理论

第一章　风险沟通与社交媒体

本章简述风险与风险沟通，阐释媒介报道与风险认知的关系；简述社交媒体的基本概况，论述社交媒体与风险沟通的关系；分析专家角色，阐释社交媒体的专家与风险沟通；概述社交媒体时代的风险沟通新特征与网络直播语境下的风险沟通；简要探讨社交媒体环境下新技术产品的风险传播流变。

第一节　风险与风险认知

一、风险概述

风险是由于可能发生的事件，造成实际结果与主观预料之间的差异。是"人类活动或事件导致威胁人类价值的后果的可能性，是有关不确定性和后果严重性，风险代表了威胁人类的价值"①。它暗示，威胁的严重性取决于人类活动或事件与后果之间的因果关系。如果从非宿命论观点看，风险可以通过矫正活动与事件或通过减轻后果带来的影响来改变结果。

根据以往文献，总体而言，风险是一个"主观评估"的概念，在描述与

---

① KLINKE A, RENN O. A new approach to risk evaluation and management: risk-based, precaution-based, and discourse-based strategies [J]. Risk analysis an official publication of the society for risk analysis, 2002, 22(6): 1071-1094.

阐释风险现象的方式上形成了诸多视角，在此基础上形成了客观风险视角、经济利益视角、认知科学视角、社会文化视角与社会建构主义视角等不同的观点与学术流派。

（一）客观风险视角

客观风险派认为，风险是发生事件的概率与产生的后果大小之乘积，是一个概率事件，可能因人的行动或事件发展动向而增加或减少，认为社会不必重视高概率发生低后果的风险和低概率发生高后果的风险，这是一种概率计算与技术层面的概念，风险被当作一种事件或活动的客观存在并精确估计发生的后果[①]。这种观点需要两个条件：第一，借助足够多的信息来衡量发生的可能性；第二，风险的发生是可预测的。然而，现代社会的高度分工与科学技术的发达等特征使得风险愈来愈复杂，无法满足这两个条件，社会科学界开始批判客观风险派，认为人们感知到的风险因个体价值和偏爱而不同。实际上，风险本身和人们感知到的风险往往是不一致的，甚至两者之间相差甚远[②]。人们行为与后果之间的相互关系不能完全用数字概率来解释清楚。但是，对客观风险派的激烈批评并不代表客观风险派就没有价值或不被需要，它能帮助人们估计在未来遭遇风险的可能性。

（二）经济利益视角

经济利益视角与客观风险派较为接近。其观点如下：风险被认为是个人决策可能带来若干损失的预期总和，把不确定与可能带来的后果用个体效用

---

① KASPERSON R E, RENN O, SLOVIC P, et al. The social amplification of risk: a conceptual framework [J]. Risk analysis an official publication of the society for risk analysis, 1988, 8(2): 177–187.

② SMITH D, RIETHMULLER P. Consumer concerns about food safety in Australia and Japan [J]. International journal of social economics, 1999, 26(6): 724–741.

来表达，是个体在比较了损失与利益后做出的个体决策[①]。此观点提供了一种衡量与比较效应损失与取得的工具，拓宽了风险的定义，从人的心理效应损失预期来看待风险，进而超越了客观风险观点[②]。

（三）社会文化视角

社会文化视角认为，风险意味着人们在某种程度上如何看待这个世界以及与这个世界的关系[③]。而这个社会的群体、组织、文化之间的关系复杂，风险夹杂着价值观、文化与意识形态，风险是社会建构与文化建构的，研究风险必须植入到社会文化情境中去考察。社会文化观点提供了截然不同的看待风险的视角，从文化、社会群体、现代组织上看待风险，以及如何管理这些风险[④]。

（四）认知科学视角

认知科学视角认为，风险展现出各客观风险评估所无法凸显的个体经验，且可显示出个体心中所关心的事情与价值观念，或对风险的偏好，或人们基于信息线索而做出决策可能性的认知偏差。从心理学角度而言，过去有关风险的定义中可归纳出个体去评估一个负面结果的可能性，评估过程中是个体主观判断风险发生的可能性以及风险所带来的负面后果，或者判断采取了某

---

① MITCHELL V W. Consumer perceived risk: conceptualizations and models [J]. European journal of marketing, 1999, 33(2): 163–195.

② RENN O. Risk perception and communication: lessons for the food and food packaging industry [J]. Food additives and contaminants, 2005, 22(10): 1061–1071.

③ KASPERSON R E, RENN O, SLOVIC P, et al. The social amplification of risk: a conceptual framework [J]. Risk analysis an official publication of the society for risk analysis, 1988, 8(2): 177–187.

④ CHEN M F. Consumer trust in food safety—a multidisciplinary approach and empirical evidence from Taiwan [J]. Risk analysis an official publication of the society for risk analysis, 2010, 28(6): 1553–1569.

些行动后所导致的负面结果。Slovic 认为，从认知心理学角度研究风险可以了解人们对各种不同风险的表达①。对风险认知的研究可以了解公众心目中对风险的看法以及影响认知的因素；发展更好的研究方法或理论可用来探讨公众对新的风险之反应与管理策略；发展更好的评估技术，可以进一步探究公众对于风险更复杂、更深入的意见。

综上所述，客观风险观点已被社会科学家所指责，对风险的后续研究主要从经济学角度、社会与文化角度、认知心理学角度等角度加以探讨。本书特从个体认知心理学角度结合社会与文化观点进行研究。

另外需要注意的是，一些学者很容易把风险（risk）与危机（crisis）的概念混淆。两者的主要差异是风险取决于人的认知和决策，其产生的后果是由人决定的，而危机是先由人的行为决策而导致的，所影响的损害是由外在因素决定的。危机是造成身体、情感或金融危害的灾难性事件，风险的出现远在危机事件发生之前②。

二、风险认知

最早从认知心理学角度来研究"风险"的学者是 Bauer，他在 1965 年提出了"风险认知"（risk perception）一词（按照英文原意，perception 与 recognition 是不一样的，前者应翻译为"感知"，是人对事物的一种简单、片面的反应；后者应翻译为"认知"，是指人对事物的总体直觉。但国内大多数学者习惯把 risk perception 翻译成"风险认知"，在此遵从翻译习惯）。Dholakia 认为，个体的行为是有风险的，由于人的任何行为都可能会产生无

---

① SLOVIC P. Perceptions of risk [J]. Science, 1987, 236(17): 280–285.
② SELLNOW T L, ULMER R R, SEEGER M W, et al. 食品安全风险交流方法：以信息为中心 [M]. 李强，译. 北京：化学工业出版社，2012：51.

法预期的后果，有些后果则是令人不愉快的[①]。大量研究结果都表明，风险感知是不同的，风险是独特的个体感知[②]。Slovic 认为，人们在日常生活中，面临各种可能遭遇的风险，对风险的直觉判断，是一种主观的认知评估。风险感知是一个数量层面的和可预测的[③]。

（一）风险认知的特征维度

人们面临各种可能遭遇的风险认知是一种主观的认知评估，受到个体特质、文化、社会经济等因素的影响，通常会采取不同的问题认知来解释风险。Slovic 与他的同事在风险认知上的研究做了开创性工作，对风险特征进行了深入的研究。Slovic 等利用因子分析方法对各种风险进行研究，提炼出了决定风险认知的三个主要因子，即风险的熟悉程度、风险的恐惧感与风险的暴露程度[④]。学者 Knight 等则验证了这三个主要因子：风险的熟悉程度、风险的恐惧感则完全主导，风险暴露程度只起到微弱的作用，虽然其在统计上显著[⑤]。国内，周应恒等通过因子分析和回归分析，整理出影响风险认知的主要因素是"控制程度"和"忧虑程度"，次要因素有"了解程度"和"危害程度"[⑥]。胡卫中对风险认知影响因素做因子分析后发现，严重后果与无能为

① DHOLAKIA U M. A motivational process model of product involvement and consumer risk perception［J］. European journal of marketing, 2001, 35(11): 1340–1360.

② ROWE S B. Communicating science-based food and nutrition information［J］. Journal of Nutrition, 2002, 132(8):2481S–2482S.

③ SLOVIC P, FISCHHOFF B, LICHTENSTEIN S. Why study risk perception?［J］. Risk analysis an official publication of the society for risk analysis, 1982, 2(2): 83–93.

④ SLOVIC P, FISCHHOFF B, LICHTENSTEIN S. Rating the risks［J］. Environment, 2010, 21(3): 14-20.

⑤ KNIGHT A J, WARLAND R. Determinants of food safety risks: a multi-disciplinary approach［J］. Rural sociology, 2010, 70(2): 253–275.

⑥ 周应恒，卓佳. 消费者食品安全风险认知研究——基于三聚氰胺事件下南京消费者的调查［J］. 农业技术经济，2010（2）：8.

力是影响风险认知的最主要的两个公共因子[1]。对于风险认知构成因素，刘燕等提出了不一样的研究方法，通过探索性因子分析，认为风险认知包含体验风险、健康风险、心理风险、财务风险、实际功能风险、服务风险与时间风险等多个维度[2]。另外，公众的主观风险因子可能不仅仅是认知层面，还可能包括除认知外的其他心理因素。熊继等对食品安全事件心理表征进行探索，发现公众对食品安全事件的心理表征可分为认知维度与情绪维度，认知维度包括风险估计、行业信任、负面影响和责任归因四个子维度，而情绪维度则是单一的负面情绪[3]。Yeung 等[4] 和 Knight 等[5] 学者在 Slovic 等的研究基础上，结合其他的研究成果，对影响风险认知三个主要因子的含义、作用、相互影响关系等进行了归纳总结：

（1）恐惧感。恐惧感包括无法控制、全球流行的可能性、害怕、对后代的高风险性、致命后果、不公正性、风险的自我增强、不容易降低风险、关心程度、强制性、对弱势群体的伤害等。恐惧感会受到信息量、可控制程度与选择范围三个因素的调节。三个因素的上升，会降低对风险的恐惧程度。恐惧感因素也表明，风险认知与后果严重性有关。致命的食品危害，即使发生的概率很小，也因其后果的严重性，被公众所重视。

（2）熟悉程度。熟悉程度包括是否可以观察到暴露于风险下的人是否了解风险和新风险。公众对危害越熟悉，其风险认知水平就越低。一个熟悉的风险即使可能造成大量伤亡，风险感知也不强，但是如果一个不熟悉的风险

① 胡卫中. 消费者食品安全风险认知的实证研究 [D]. 杭州：浙江大学，2010.

② 刘燕，纪成君. 食品消费者风险认知的研究 [J]. 中国食物与营养 2010（11）：46-49.

③ 熊继，刘一波，谢晓非. 食品安全事件心理表征初探 [J]. 北京大学学报（自然科学版），2011，47（1）：175-184.

④ YEUNG R M W, MORRIS J. Consumer perception of food risk in chicken meat [J]. Nutrition and food science, 2001, 31(6): 270-278.

⑤ KNIGHT A J, WARLAND R. Determinants of food safety risks: a multi-disciplinary approach [J]. Rural sociology, 2010, 70(2): 253-275.

或给下一代造成不明后果的风险，感知可能就比较强烈。

（3）暴露程度。风险的暴露程度并没有一个统一的定义，但应包括暴露于危害下公众的数量和公众自身的风险暴露程度两个层面。公众不愿意接受影响广泛的风险，风险暴露程度越高，其风险认知水平就越高。

（二）影响风险认知的因素

1. 信任

信任是研究风险认知的一个至关重要的概念。很多学者认为，信任是转基因食品安全风险认知的重要决定因子。因自身缺乏判断风险的能力，在很大程度上公众的风险认知是个信任问题[①]。信任可把不确定性降低到公众可接受的水平，简化了决策[②]。Poorting 等对转基因风险认知进行研究后发现，那些对转基因技术公司或科学家持信任感的调查对象的风险认知水平明显低于持不信任感者[③]。Savadori 发现信息源信任比风险沟通更重要，尤其是在缺乏相关知识时，公众风险认知水平与信任关系密切[④]。Frewer 等研究了风险认知的相关概念后，发现公众对推广和管制该技术的机构和这些机构站在公众利益角度提供的信息的信任程度，是提高新技术公众接受度的重要影响因素[⑤]。Grunert 等认为，信息源缺乏信任是导致现代风险沟通无效的主要因素

---

① FREWER L J, SALTER B. Public attitudes, scientific advice and the politics of regulatory policy: the case of BSE [J]. Science and public policy, 2002, 29(2): 137-145.

② YEUNG R M W, MORRIS J. Consumer perception of food risk in chicken meat [J]. Nutrition and food science, 2001, 31(6): 270-278.

③ POORTING W, PIDGEON N F. Trust in risk regulation: cause of consequence of the acceptability of GM food [J]. Risk analysis an official publication of the society for risk analysis, 2005, 25(1): 199-209.

④ SAVADORI L. Expert and public perception of risk from biotechnology [J]. Risk analysis an official publication of the society for risk analysis, 2004, 24(5): 1289-1299.

⑤ FREWER L J, SALTER B. Public attitudes, scientific advice and the politics of regulatory policy: the case of BSE [J]. Science and public policy, 2002, 29(2): 137-145.

之一①。Frewe 等认为，当公众对风险缺乏控制感或缺乏相应的风险知识时，信任尤为重要。大量文献表明，生物科技风险沟通中信任最重要。Renn 的研究表明，公众对信息源的不信任提高了风险感知②。Kumkale 等研究发现，信息源信任还是在形成态度中起着关键作用③。Frewer 等的研究表明，公众对转基因的态度主要受到政府信息源与企业信息源的影响④。胡卫中通过梳理西方信任研究相关文献后发现，信任的特点为：第一，信任存在于风险或不确定环境下，在确定性的环境下，没有必要存在信任；第二，信任是与脆弱性联系在一起的，但只有在自己的利益有可能受到损害时，才要信任；第三，信任是可预测的，或者是一种预期；第四，信任是一种愿望，往往和正面效果联系在一起⑤。

Hornibrook 等认为，风险信息可分为三大类——企业界主导的风险信息、公众主导的风险信息和中性风险信息，其中企业界主导的风险信息包括产品、包装、价格、广告、店员和其他销售场所的风险信息等；公众主导的风险信息包括朋友和家人推荐、口碑与自身经历等；中性风险信息包括政府、独立的专业机构、医学专家与公众组织等⑥。这三类风险信息源信任对公众风险认知的影响力各不相同，因此对这三类信息源的公众信任的实证研究没有得出

① GRUNERT K G. Current issues in the understanding of consumer food choice [J]. Trends in food science and technology, 2002, 13(8): 275–277.

② RENN O. Risk perception and communication: lessons for the food and food packaging Industry [J]. Food additives and contaminants, 2005, 22(10):1061–1071

③ KUMKALE G T, ALBARRACÍN D, SEIGNOUREL P. The effects of source credibility in the presence or absence of prior attitudes: implications for the design of persuasive communication campaigns [J]. J Appl Soc Psychol, 2010, 40(6): 1325–1356.

④ FREWER L, MILES S. Temporal stability of the psychological determinants of trust: Implications for communication about food risks [J]. Health, risk and society, 2003, 5(3): 259–271.

⑤ 胡卫中. 消费者食品安全风险认知的实证研究 [D]. 浙江：浙江大学，2010.

⑥ HORNIBROOK S A, MECARTHY M, FEAME A. Consumers' Perception of risk: the ease of beef purchases in Irish supermarkets [J]. International journal of retail & distribution management, 2005, 33(10): 701–715.

一致的结论。Frewer 等的研究发现英国公众最信任医生提供的信息与公众组织，紧随其后是政府机构，最后是朋友①。Savadori 则发现公众对研究机构和公益团体的信任程度最高，其次是政府机构，对食品企业的信任程度最低②。Ragnar 的研究显示，最被信任的是公众组织，其次是专家信息源，而商业界和官方信息源最不被信任③。Frewer 等调查发现，医疗信息源比政府信息源更具可信度，商界信息源可信度最低④。从大量的调查来看，绝大多数的调查发现，得出的结果是政府信息源信任度较低，始终较高的信任信息源是健康专业人员、公众组织、环境组织，而商业界被认为是最低的。尽管对政府机构缺乏信任，公众仍然会相信政府提供的风险信息。国内许多学者也对公众的信息源信任开展了一些研究。例如，胡卫中研究发现，公众主导的风险信息是最被信任的，即相信自己的以往经验，其次是政府机构和专家信息源⑤。青平等则建议政府应加强绿色蔬菜知识的宣传普及，让城市居民更多地了解和信任绿色食品⑥。

2. 先前态度

风险知识并不会单独地影响公众的风险认知与行为反应，必须要考虑个体的先前态度。若公众原有的新技术接受意愿比较高，则公众对转基因的风

① FREWER L J, HOWARD C, SHEPARD R. Public concerns in the United Kingdom about general and specific applications of genetic engineering: risk, benefit and ethics［J］. Science, technology and human values, 1997, 22(1): 98–124.

② SAVADORI L. Expert and public perception of risk from biotechnology［J］. Risk analysis, 2004, 24(5): 1289–1299.

③ RAGNAR E. LOFSTEDT. How can we make food risk communication Better: where are we and where are we going［J］. Journal of risk research, 2006, 9(8): 869–890.

④ FREWER L J, MILES S. Temporal stability of the psychological determinants of trust: implications for communication about food risks［J］. Health.risk and society, 2003, 5(3): 259–271.

⑤ 胡卫中. 消费者食品安全风险认知的实证研究［D］. 浙江：浙江大学，2010.

⑥ 青平，严奉宪，王慕丹. 消费者绿色蔬菜消费行为的实证研究［J］. 农业经济问题，2006（6）：73–81.

险感知也会降低，接受意愿也会提高①。公众态度一旦建立，很难去改变。因为人们倾向于相信已经建立起来的观念。而与态度紧密联系的概念就是个体经历与风险感知也紧密相关②。其中，污名效应（stigmatization effect）较为突出。污名指的是一种负面特征主导着人际网络或食品议题，污名指的是一种负面特征主导着人际网络或食品议题，这种特征使其拥有者具有一种"受损身份。"③污名仅仅与风险感知有关。污名概念让我们懂得为什么公众把特定地方、产品、技术和环境认为是有危险的和负面的④。Frewer 等学者做了一个说服性信息调查发现，公众对于转基因先前态度是负面的则更加负面，先前态度是正面的则更加正面⑤。尤其是转基因食品，本身存在争议，在国内发生过"黄金大米"危机事件，在一定程度上形成了污名效应。而大量的生活方式风险认知研究表明，先前态度对于生活方式风险认知具有重要影响。那些先前态度比较固化的公众即使出现了生活方式风险事件，风险认知也不一定高，尤其是从长远看。

3. 个体知识

Zuzanna 等学者认为，科学知识是影响公众风险认知与行为反应的重要因

① SAULOAULO A A, MOSKOWITZ H R. Uncovering the mind-sets of consumers towards food safety messages［J］. Food quality and preference, 2011, 22(5):422-432.

② ERDOZAIN M S, ALLEN K J, MORLEY K A,et al. Failures in sprouts-related risk communication［J］. Food control, 2013, 30(2): 649-656.

③ RAGNAR E, LOFSTEDT. How can we make food risk communication better: where are we and where are we going［J］. Journal of risk research, 2006, 9(8): 869-890.

④ POTTS M, NELSON R. Understanding the effect of stigmatization on food consumer knowledge, perception and behavior in Northern Ireland［J］. International journal of consumer studies, 2008, 32(4): 366-373.

⑤ FREWER L, LASSENB J, KETTLITZ J, et al. Societal aspects of genetically modified foods［J］. Food and chemical toxicology, 2004, 42(7): 1181-1193.

素①。Macer 等发现，转基因知识越多，公众对转基因的接受意愿就越低②。黄季焜却认为随着转基因知识的不断增加，公众的转基因接受度也会提高③。而 Lin 等则否认了转基因知识对公众转基因接受度的影响④。公众知识被证明是与信息需求和信息处理有关的。公众知识的多寡会影响个人信息搜寻与信息比较，具有相关知识的公众有能力和动机去寻求信息。尽管知识对信息处理的影响通常是有争议的，但是学者们一致认为，知识是影响公众传播行为的重要因子。由此可以推测，知识水平与风险认知水平及公众传播行为之间也可能存在某种关系。

4. 风险类型特质

因风险类型不同，其风险特质与外在影响因子会呈现差异，造成公众风险认知的差异。风险特征似乎决定着人们如何感知风险与行为。Sandman 认为，如果风险是立即性的或能引起害怕或造成灾难后果，风险似乎会产生愤怒⑤。他根据危害程度与愤怒程度，构建了危害与愤怒模型。此模型把风险分成四种类型：第一种是高危害低愤怒，如生活方式风险；第二种是高危害高愤怒，如酒驾；第三种是低危害低愤怒，如飞机旅行；第四种是低危害高愤怒，如农药残留。Mary 认为，在风险分类上不仅需要考虑风险特质，还需要结合产生的影响和如何规避等因素，他提出了四种风险类型：第一类为生物技术

---

① PIENIAK Z, VERBEKE W, SCHOLDERER J, et al. European consumers' use of and trust in information sources about fish [J]. Food quality and preference, 2007, 18(8): 1050–1063.

② MACER D, NG M. Changing attitudes to biotechnology in Japan [J]. Nature biotechnology, 2000, 18(9): 945–947.

③ 黄季焜，仇焕广，白军飞，等. 中国城市消费者对转基因食品的认知程度、接受程度和购买意愿 [J]. 中国软科学，2006（2）：61-67.

④ LIN W, HUANG J, BAI J. Consuers' willingness to pay for genetically modified foods in China [J]. Journal of international food and agribusiness marketing, 2006, 18(1): 177–203.

⑤ SANDMAN P M. Risk communication: facing public outrage [J]. Environment protection assessment journal, 1987(13): 2–21.

风险，其风险特征为缺乏控制感、不知后果、威胁下一代、非自然风险，主要有转基因食品、添加剂、防辐射食品；第二类为田间导致的食品安全风险，其特征为不知后果、恐惧、不可控制、人为、影响下一代，主要有农药残留、杀虫剂、生长素等；第三类为生活方式风险，其风险特征为时间和精力压力、可控制、自愿选择、恐惧，主要有肥胖饮食、高糖饮食、方便食品；第四类是微生物食品风险，其风险特征为熟悉性、可控制、知晓、容易识别等，主要有食品中毒、各种食源性致病菌①。因此，这些风险类型的特征本身会影响人们的风险感知。

5. 乐观偏差

公众在面临风险时，常将复杂问题简化，在心理学上称为捷思判断，而这种直觉式的判断方法可能出现认知偏差。比如，某些食品安全风险或食品危害较大，如腌制食品、油炸食品，公众对其风险意识较低，存在一种认知偏差（perception bias），容易忽视风险。Prentice 等的研究表明，健康风险或食品安全风险引发社会关注时，一些人会持"坏事总是发生在别人身上"的想法。在行为科学家看来，这种对风险与危害的认知偏差是一种乐观偏差（optimistic bias）②。乐观偏差现象在食品风险和健康风险中较为突出。国内已有实证研究表明，我国大学生对艾滋病风险认知存在明显的乐观偏差，在食品安全领域却未发现相关的实证研究③。Helweg 认为，乐观偏差会影响到公众的行为变化④。在一项食品风险认知研究中发现，乐观偏差在个人健康风险评

① MCCARTHY M, BRENNAN M, RITSON C, et al. Food hazard characteristics and risk reduction behavior: the view of consumers on the island of Ireland [J]. British food journal, 2006, 108(10): 875–891.

② PRENTICE K J, GOLD J M, CARPENTER W T. Optimistic bias in the perception of personal risk: patterns in schizophrenia [J]. American journal of psychiatry, 2005(3): 507–512.

③ 王炜，刘力，周佶，等. 大学生对艾滋病的乐观偏差 [J]. 心理发展与教育，2006，22（1）：47-51.

④ HELWEG-LARSEN M, SHEPPERD J A. Do moderators of the optimistic bias affect personal or target risk estimates? A review of literature [J]. Personality and social psychology review, 2001, 5(1): 74–95.

估中是非常普遍的 ①。乐观偏差在生活方式的风险认知上最为明显，在转基因方面的风险认知上也是存在的 ②。对转基因风险的认知是社会层面的，公众会认为离自己似乎有点遥远，感知到的风险可能与别人有关，与自己无关。非理性的乐观偏差会产生负面的影响，是一种潜在的危害。如一项研究证实，乐观偏差更可能导致公众产生滥用酒精和酒后驾车的危险 ③。但也有研究认为，乐观偏差与公众的高成就、高绩效有关 ④。风险特征与个体因素是影响乐观偏差的主要因素。在食品安全领域，如风险的模糊性、危害性、紧迫性、影响范围等风险自身的特征会影响公众的乐观偏差 ⑤。公众自身的特点如理解力、风险体验、自我效能等因素亦会影响乐观偏差。如公众不断经历负面事件后，公众的乐观偏差水平会降低。有研究表明，在不同文化情境中公众会呈现出不同的乐观偏差。一般而言，来自独立封闭文化情境中的人比开放文化情境中的人更具乐观偏差，如美国人比日本人更具乐观偏差 ⑥。

6. 自我效能

自我效能，也叫自我控制感。自我效能被认为在预测人们的风险感知与

① REDMOND E C, GRIFFITH C J. Consumer perceptions of food safety risk, control and responsibility [J]. Appetite, 2005, 43(3): 309–313.

② FREWER L J, SHEPHERD R. Attributing information to different sources: effects on the perceived qualities of information, on the perceived relevance of information, and on attitude formation [J]. Public understanding of science, 1994(3): 385–401.

③ BRNSTRM R, KRISTJANSSON S, ULLÉN H. Risk perception, optimistic bias, and readiness to change sun related behaviour [J]. European journal of public health, 2006, 16(5): 492–497.

④ COELHO M P. Unrealistic optimism: still a neglected trait [J]. Journal of business and psychology, 2010,25(3)：397–408.

⑤ GOLD R S. Unrealistic optimism and event threat [J]. Psychology, health and medicine, 2008, 13(2): 193–201.

⑥ ROSE J P, ENDO Y, WINDSCHITL P D, et al. Cultural differences in unrealistic optimism and pessimism: the role of egocentrism and direct versus indirect comparison measures [J]. Personality and social psychology bulletin, 2008, 34(9): 1236–1248.

行为方面起着至关重要的作用[①]，那些缺乏控制感的人更有可能感知到风险水平。Frewer 等学者认为，人们对转基因等生物技术导致的风险被认为是低控制感，而生活方式和饮食相关健康风险被称为是高控制感[②]。自我效能与风险认知中的乐观偏差关系密切，高控制感的生活方式风险可能存在较大的乐观偏差，而低控制感的转基因风险带来较小的乐观偏差[③]。自我效能变量本身是问题解决情境理论模型中的一个自变量受限认知的另一种称呼。

7. 其他影响因素

人口统计变量是风险认知的显著影响因子，不同人口统计变量的公众的风险认知水平有差异。Siegrist 等学者发现男女在对新技术的风险认知上存在差异，女性较男性更关心新技术引起的风险[④]。Ortwin 则发现风险认知水平与公众的年龄呈正相关[⑤]。Smith 等对日本和澳大利亚市民的风险认知进行研究发现，高收入和年龄超过 60 岁市民的风险认知水平更低[⑥]。另外，值得注意的是，普通大众与专家对于风险认知的差距是较大的。已有很多研究显示，个体风险感知与专家对风险的感知是不一样的。如普通公众更多依赖实际经验，如通过食品的感观、口味、气味和外观等来鉴别，而专家则相信科学证据。近年

① HARRIS P. Sufficient grounds for optimism? The relationship between perceived controllability and optimistic bias [J]. Journal of social and clinical psychology, 1996, 15(1): 9–52.

② FREWER L J, LASSENB J, KETTLITZ B, et al. Societal aspects of genetically modified foods [J]. Food and chemical toxicology, 2004, 42(7): 1181–1193.

③ BLANTON H, AXSOM D, MCCLIVE K P, et al. Pessimistic bias in comparative evaluations: a case of perceived vulnerability to the effects of negative life events [J]. Personality and social psychology bulletin, 2001, 27(12): 1627–1636.

④ SIEGRIST M. A causal model explaining the perception and acceptance of gene technology [J]. Journal of applied social psychology, 1999(29): 2093–2106.

⑤ RENN O. Risk perception and communication: lessons for the food and food packaging industry [J]. Food additives and contaminants, 2005, 22(10): 1061–1071.

⑥ SMITH D, RIETHMULLER P. Consumer concerns about food safety in Australia and Japan [J]. International journal of social economics, 1999, 26(6): 724–741.

来，公众对食品安全问题普遍担忧。然而事实上，与过去相比，食品生产链上更易控制与更安全。专家与公众形成了风险认知差距，而形成这种现象的原因很可能是一种被称作为感知过滤导致偏见的机制，即科学证据或现实是一边，公众的风险感知则是另一边。专家研究可能是倾向于用客观数据评价产品特性，如质量、营养价值或安全，讲究的是理论上可重复、可测量和可管理。测量不确定因素如真实、精确性等，通常在普通公众那里的解读不一样，他们更喜欢用普通语言。诸如专家对精确性的解读可用重复性，而普通公众却用真实来解读，一些公众对于专业术语如测量的不确定性并不理解①。

第二节　风险沟通

一、风险沟通概述

最近三十年，学者们已经意识到，风险研究的重要问题是如何更好地进行风险沟通。风险沟通是一个源于风险认知与风险管理研究的调查领域。由于风险认知是公众信息处理的结果，风险管理者提供风险信息成为风险沟通的主要内容。Aileen 等的研究发现，以往的风险沟通主要是指风险管理者通过大众媒体等渠道给利益相关者传播风险信息，认为这种风险沟通的概念是自上而下的，公众被认为是风险信息的被动接受者②。必须承认的是，风险沟通应该涉及所有关注风险议题的个人、群体与组织之间的信息交换过程。

---

① VERBEKE W, FREWER L J, SCHOLDERER J, et al. Why consumers behave as they do with respect to food safety and risk information［J］. Analytica chimica acta, 2007, 58(6): 2-7.

② MCGLOIN A, DELANEY L, HUDSON E, et al. Nutrition communication: the challenge of effective food risk communication［J］. Proceedings of the nutrition society, 2009, 68(2): 135-141.

美国国家研究委员会对风险沟通的定义是：风险沟通是个体、群体与机构之间交流信息与意见的一个互动过程[①]。风险沟通常被视为评估公众对风险接受程度、理解风险的内涵（即风险认知）的重要过程，希望透过风险沟通的过程让公众降低因不确定感所造成的恐慌与不安，并期望公众能以合理的态度来面对风险。从风险沟通的定义看，风险沟通是风险传播过程中风险信息在各种利益相关者之间的双向流动，注重对话而不只是一种自上而下的传播。但在管理实践中，由于各种因素的限制，不可能按照双向互动的风险沟通模式进行，大多数的风险沟通管理依然是自上而下的沟通管理，采取风险信息控制的方式进行传播。

二、风险沟通媒介

（一）公众风险信息获取

风险沟通是风险专家与其他利益相关者通过相关媒体渠道进而联系起来。Maria 等学者认为，只有通过不同媒体进行信息传播，风险沟通的效果才有保证。大众媒体是公众最主要获取风险信息的信息源。[②]Whaley 等的调查研究也发现，公众始终把大众媒体当作获取信息的主要来源[③]。Dudo 等学者通过几十年的风险文献研究后发现，媒体是公众获取科学技术的主要信息源[④]。

---

① SELLNOW T L, ULMER R R, SEEGER M W, et al. 食品安全风险交流方法：以信息为中心［M］. 李强，译. 北京：化学工业出版社，2012：70.

② MARIA S E, KEVIN J A. Powell a Failures in sprouts-related risk communication［J］. Food control, 2013, 33(2)：649–656.

③ WHALEY S R, TUCKER M. The influence of perceived food risk and source trust on media system dependency［J］. Journal of applied communications, 2004, 88(1): 9–27.

④ DUDO A, CHOI D H, SCHEUFELE D A. Food nanotechnology in the news. Coverage patterns and thematic emphases during the last decade［J］. Appetite, 2011, 56(1): 78–89.

美国营养协会的调查研究显示，媒体是公众的健康和营养信息的主要传播者，48%的人从电视上获取健康信息，杂志和报纸分别是47%和18%[①]。Koc等在研究信息渠道对于风险感知的影响的研究中发现，电视是公众获取风险信息的最主要媒体渠道，公众会根据这些不同的信息渠道而改变他们的购买习惯[②]。Frewer等学者通过实证调查发现，报纸是公众获取信息时使用最多的媒体渠道[③]。Marks等学者认为，就所有信息源而言，绝大多数公众主要是依赖大众报纸和电视获取生物技术信息的[④]。在国内，周洁红在对公众蔬菜安全认知与购买行为的研究中发现，电视和报纸是公众获取食品安全信息的最重要渠道[⑤]。胡卫中的研究中也发现，报纸与电视是公众获取食品安全风险信息的最重要渠道[⑥]。周萍在对转基因信息获取的研究中发现，53.9%是通过广播电视、书籍或报刊了解到转基因信息，其次是通过网络渠道，比例是23.2%[⑦]。

公众除了从主要的大众媒体上获取风险信息，还会从其他信息渠道获取风险信息。从风险沟通文献中，研究者越来越意识到通过社会网络的这种非正式传播来获取风险信息。Rickard认为，一些传统风险沟通专家把政府官员、

---

① ROWE S B. Communicating science-based food and nutrition information [J]. The Journal of Nutrition, 2002, 132(8): 2481-2484.

② KOC B, CEYLAN M. Consumer-awareness and information sources on food safety: a case study of eastern Turkey [J]. Nutrition and food science, 2009, 39(6): 643-654.

③ FREWER L J, HOWARD C, HEDDERLEY D, et al. What determines trust in information about food-related risks? Underlying psychological constructs [J]. Risk analysis an official publication of the society for risk analysis, 1996, 16(4): 473-486.

④ MARKS L, KALAITZANDONAKES N, ZAKHAROVA L. Media coverage of agrobiotechnology: did the butterfly have an effect? [J]. Agribusiness, 2003, 21(1): 1-20.

⑤ 周洁红. 消费者对蔬菜安全认知和购买行为的地区差别分析 [J]. 浙江大学学报（人文社会科学版），2005（6）: 113-121.

⑥ 胡卫中. 消费者食品安全风险认知的实证研究 [D]. 杭州：浙江大学, 2010.

⑦ 周萍. 消费者对转基因食品健康风险与生态风险认知实证研究 [J]. 华中农业大学学报：社会科学版，2012（1）: 6.

公共关系专家和健康工作者经常等同于风险传播者①。然而，许多公众风险信息来源于家庭内部或朋友之间等非正式渠道和非官方传播渠道。McGloin 等研究发现，人们之间的人际传播与群体之间的相互交流是获取风险信息的重要渠道，尤其是在广大的农村地区②。在信息社会，人们的信息渠道愈来愈多，尤其是在新媒体技术催生下，社交媒体、移动媒体等新型媒体渠道越来越成为人们获取信息的媒体渠道。

（二）大众媒体的风险沟通对公众风险认知的影响

在很大程度上，公众的风险认知有赖于媒体对风险议题的呈现③。Jonge 等学者认为，公众对不同类型的风险信息的反应产生差异主要依赖于媒体报道的特性。大众媒体报道在建立和伤害公众信心方面具有重要的影响。部分原因是公众对于食品安全的评估的能力和知识有限，在他们评估食品安全时，严重依赖外界的信息源提供的信息④。当然，媒体之间的差异是很大的。主流媒体与非主流媒体对公众的影响是不同的。Carslaw 认为，主流媒体对于传达风险水平起着至关重要的作用。主流媒体在报道风险信息时大多数情况下是负责任的，新闻报道也清晰⑤。Aldoory 等学者通过对大众媒体的内容分析后发现，新闻媒体不仅长期是公众获取食品安全的主要信息源，也对政策制定

---

① RICKARD L N. In backyards, on front lawns: examining informal risk communication and communicators [J]. Public understanding of science, 2011, 20(5): 642–657.

② MCGLOIN A, DELANEY L, HUDSON E, et al. Nutrition communication: the challenge of effective food risk communication [J]. Proceedings of the nutrition society, 2009, 68(2): 135-141.

③ 郭小平. 论传媒对公众"风险认知"的建构 [J]. 湖南大众传媒职业技术学院学报，2007，7（2）：32–35.

④ JONGE J D, TRIJP H V, RENES R J, et al. Consumer confidence in the safety of food and newspaper coverage of food safety issues: a longitudinal perspective [J]. Risk Analysis, 2010, 30(1): 125-142.

⑤ CARSLAW N. Communicating risks linked to food–the media's role [J]. Trends in food science and technology, 2008, 19(1): 14–17.

有着重要影响^①。Potts 等的研究表明，大众媒体在公众感知污名或危害的情境中发挥重要作用^②。一项分别在 1999 年和 2004 年对西班牙和英国公众的研究中发现，媒体报道差异和对媒体的态度对转基因风险感知有显著影响^③。董小玉等认为，在风险传播中，媒介用文字、图像以及各种数字信息具象化风险，媒介对风险选取的传播角度、报道侧面直接影响人们对于风险的认识^④。在一项风险认知的实验研究中，媒体中用图片代表形象信息，呈现图片时确实提高了实验对象的风险认知水平，验证了形象性信息会刺激实验对象的风险认知水平的结论^⑤。

然而，大众媒体在报道风险时可能存在放大风险效应。如有着某种夸张的报道方式，引发公众的风险认知水平上升。大量的研究表明，传统大众媒体（主要指报纸、电视、广播和杂志四大传统媒体）在报道风险信息上存在社会风险放大效应（social amplification）^⑥。大众媒体对风险信息的传播影响了公众对风险的认知与判断，Dudo 认为，媒体报道频率使得人们更容易回忆起风险并导致风险认知水平提高^⑦。具有潜在危害的食品安全问题可能成为轰动新闻，在媒体密集报道中风险将会被放大。当媒体的聚光灯将某一风险拉入

① ALDOORY L, KIM J N, TINDALL N. The influence of perceived shared risk in crisis communication: Elaborating the situational theory of publics［J］. Public relations review, 2009,36(2): 134-140.

② POTTS M, NELSON R. Understanding the effect of stigmatization on food consumer knowledge, perception and behavior in Northern Ireland［J］. International journal of consumer studies, 2008, 32(4): 366-373.

③ TOBY A, EYCK T, WILLIMENT M. The national media and things genetic: coverage in the New York times (1971-2001) and the Washington Post (1977-2001)［J］. Science communication, 2003, 25(2): 129-152.

④ 董小玉，胡杨. 风险社会视域下媒介污名化探析［J］. 新闻大学，2011，109（3）：55-58.

⑤ 谢晓非，李洁，于清源. 怎样会让我们感觉更危险［J］. 心理学报，2008，40（4）：456-465.

⑥ KASPERSON R E, KASPERSON J X. The social amplification and attenuation of risk［J］. The annals of the American academy of political and social science, 1996, 545(1): 95-105.

⑦ DUDO A, CHOI D H, SCHEUFELE D A. Food nanotechnology in the news. Coverage patterns and thematic emphases during the last decade［J］. Appetite, 2011,56(1): 78-89.

公众视线时，媒体往往成为卡斯帕森所比喻的风险的放大站，在一定程度上推动了社会恐慌[①]。Grunert 认为，新的风险信息在大众媒体报道后，公众意识会对信息产生敏感并产生反应，通常通过一个不可预测的方式，反过来，这些反应具有新闻价值[②]。通常是短期的过度反应，这样，媒体的报道产生了正反馈，不断放大公众的风险认知。Verbeke 认为，媒体的报道方式有时会造成公众对风险信息的错误解读[③]。然而，当媒体大量密集地报道风险信息时，公众需花费大量的时间与精力去处理这些信息，导致公众对于这些信息茫然与熟视无睹，风险沟通效果无从谈起[④]。

大众媒体对公众风险认知的影响上，Harrington 等学者总结道：可从大众媒体的报道次数、报道准确性、诉求方式和议题框架来构建媒体上的风险，从而影响公众的风险认知[⑤]。媒体报道的数量已经证明与公众风险感知的扩大效应是联系在一起的；大众媒体在追求新闻价值的过程中，为了激发公众的好奇心和兴趣，利用冲突、夸张等新闻手段来传播风险信息从而影响公众的风险认知。Kronberger 等学者的研究发现，报道风险信息时，一些媒体专注于一个简单的科学结果，过分简单化科学结果，并不提供充分的背景材料、注释说明等，存在误导公众的嫌疑[⑥]。而且，从时间上看，媒体报道的风险新

① 马锋，周东华. 现代风险报道中的传播悖论 [J]. 国际新闻界，2007（10）：29–33.

② GRUNERT K G. Current issues in the understanding of consumer food choice [J]. Trends in food science and technology, 2002, 285(13): 275–277.

③ VERBEKE W. Impact of communication on consumers' food choices [J]. Proceedings of the nutrition society, 2008, 67(3): 281–288.

④ POTTS M, NELSON R. Understanding the effect of stigmatization on food consumer knowledge, perception and behavior in Northern Ireland [J]. International journal of consumer studies, 2008, 32(4): 366–373.

⑤ HARRINGTON D W, ELLIOTT S J, CLARKE A E. Frames, claims and audiences: construction of food allergies in the Canadian media [J]. Public understanding of science, 2012, 21(6): 724–739.

⑥ KRONBERGER N, HOLTZ P, KERBE W, et al. Communicating synthetic biology: from the lab via the media to the broader public [J]. Systems and synthetic biology, 2009(3): 19–26.

闻时常发生相互矛盾。美国国家健康委员会的调查发现，68% 的被调查者同意"当报道医疗和健康信息时，媒体经常自相矛盾，因此我不知道相信谁"[①]。除了上面所述，可能还与媒体记者缺乏对科学过程本身的理解有关，对于普通记者而言，他们由于不懂科学的过程，每个新发现似乎都具有新闻价值。Ward 等学者利用深度访谈研究发现，媒体提供的信息太复杂、混乱和相互矛盾导致人们茫然和不安[②]。

三、媒体信任与风险沟通效果

首先需要指出的是，媒体信任与信息源信任存在差异。信息源是新闻媒体获取信息的来源，在新闻采访内容中出现不同的信息源，如风险新闻中的专家、政府官员、各种 NGO（非政府）组织、公众及其他信息源，信息源信任是对新闻内容中的各种信息源的信任，进而会影响媒体信任。媒体信任则是公众对各种媒体的信任，如对大众媒体、新型媒体、口碑媒体等信任。因此，为了研究需要，本研究把媒体信任与信息源信任加以区分。

对媒体的信任与信息内容同样重要。公众对媒体的信任程度是影响公众风险认知与风险沟通效果的重要因素。公众安全风险认知在很大程度上的改变，取决于公众对媒体的信任度水平。在 Frewer 等学者的调查研究中发现，报纸媒体是公众获取风险信息时最信任的媒体。网络的匿名和用户生成等特性导致网络缺乏可信度[③]。与传统媒体相比，以互联网为代表的媒体信息源可

---

① ROWE S B. Communicating science-based food and nutrition information [J]. The journal of nutrition, 2002, 132(8): 2481-2484.

② WARD P R, HENDERSON J, COVENEY J, et al. How do South Australian consumers negotiate and respond to information in the media about food and nutrition? [J]. Journal of sociology, 2011, 48(1): 23-41.

③ FREWER L J, HOWARD C, HEDDERLEY D, et al. What determines trust in information about food-related risks? Underlying psychological constructs [J]. Risk analysis an official publication of the society for risk analysis, 1996, 16(4): 473-486.

信度较低。但是，有调查研究发现，网民在网上获取健康信息很少关注信息源信任[①]。在国内，吕澜等从 2006 年到 2009 年的连续跟踪研究中发现，在风险信息媒体中，公众对电视报纸的信任度增加了 10% 以上[②]。

媒体信任与媒体的过去表现和对公众开放程度有关。决定媒体信任有两个维度，即传播者的专业能力及多大程度上能传播特定领域的信息的可信程度。获得或失去信任最为重要的因子，是信息是否被证明是错误的还是正确的。就获取信任方面，决定信任的重要因素是信息源被证明是无偏见的。

综上所述，风险沟通中，各种媒体的特性、表现方式与公众的风险认知密不可分，而且各种媒体信任也对公众的风险认知产生影响。但从文献综述可看出，绝大多数研究聚焦于报纸、电视、杂志与广播四大传统媒体的研究，而对于微博、博客、手机移动媒体等新型媒体的风险沟通研究很少，对于人际口碑等非正式的风险沟通的研究也较少。Liu 等的研究表明，信息渠道即信息形式可能与信息内容同样重要[③]。新型媒体与非正式媒体是目前风险沟通较为重要的型式，在网络化时代，当前对于风险的新媒体风险沟通开始成为新的主流方向。

---

① MCCLUSKEY J, SWINNEN J. The media and food-risk perceptions [J]. EMBO reports, 2011, 12(7): 126-137.

② 吕澜，马丹. 公众对生物技术应用的风险认知与接纳 [J]. 中国软科学，2012（6）：59-67.

③ LIU B F, AUSTIN L, JIN Y. How publics respond to crisis communication strategies: the interplay of information form and source [J]. Public relations review, 2011, 37(4): 345-353.

第三节 社交媒体与风险沟通

一、社交媒体概述

社交媒体是英文 "social media" 的中文翻译。国内学界对此也有不同的中文翻译，如翻译成 "社会媒体"。本书统称为 "社交媒体"，理由有两个：一是能较好地反映这种新媒体的功能特征，即强调社会交往的功能和平民化的社会特征；二是此名称在我国主流学术杂志时常出现（如《国际新闻界》等核心刊物）。社交媒体是一种数字化工具和应用。Pew 互联网研究中心把社交媒体定义为一个伞状术语，指的是围绕用户生成或用户管理的内容，如维基百科、博客、视频与社会网络而形成的新的互联网应用。[①] 这里的操作定义为广泛的数字工具和应用，有助于公众与组织之间互动与内容交换。据中国互联网信息中心第 47 次中国互联网网络发展状况统计报告，截至 2020 年 12 月底，我国网民数量达到 9.89 亿，而手机网民规模达到 9.86 亿，网民中使用手机上网的比例达到 99.7%。网民人均每周上网时长由 2011 年下半年的 18.7 h 增至 2020 年的 26.2 h。社交媒体方面，网络视频用户规模达到 9.27 亿，其中短视频用户规模达到 8.73 亿。网络直播用户规模达到 6.17 亿，占整体网民的 62.4%。微博 2020 用户发展报告公布，截至 2020 年 9 月微博月活用户达到 5.11 亿，日活用户达到 2.24 亿。腾讯最新财报显示，截至 2020 年 12 月 31

---

① PEW. Blogger callback survey［EB /OL］. http://www.pewinternet.org. 2006.

日，微信及 WeChat 合并月活跃账户数达 12.25 亿 [1]。

微博是当前使用最广泛，也最具有典型性的社交媒体 [2]。微博具有更新方便、传播迅速和群策群力的特点，在短时间内便得到了广泛的关注。微博的"140 字规则"、单向关注（follow）、提及（"@"）功能等都让微博成为自由、快速的信息集散地和意见交流场所，公众使用微博的偏好远远超过了国内其他类型的社交媒体。同时，微博作为一种信息传递服务，可以以短信、客户端等形式发送简短的文字、多媒体等信息，在一定程度上强化了社交媒体的功能，同时使得社交媒体在社会互动中发挥了重要的影响力。而且，微博作为基于用户关系进行信息获取、分享以及传播的平台，使得用户之间可以实现充分的互动，共享彼此的经验和思想。国内互联网传播领域知名学者彭兰认为，微博是一种复杂的社会构成，对于部分微博作者来说，将自己感兴趣的公共信息整合起来，利用微博这一"自媒体"发布，不仅是微博作者们进行环境认知的一种方式，也是社交媒体用户与他人进行互动的一个启动点，是他们表现个人特长的一个途径 [3]。某一信息可以通过微博账户的点对点传播模式得以迅速扩散和传递，微博账户自身的社会网络关系也很有可能影响到他们对某一信息的获取和解读，甚至于影响用户对现实的理解，进而达成群体内的共识，最终促成一种组织程度比较高的群体性行为 [4]。博客也是社交媒体的典型代表之一。博客的出现，将慢慢改变信息披露的方式，大众不仅仅是被动的公众，而将参与新闻的过程，创造信息和内容，而且将成为未来重

① 中国互联网信息中心 . 第 47 次中国互联网络发展状况统计报告［R/OL］.（2021-02-03）［2023-02-10］.http://www.cac.gov.cn/2021-02/03/c_1613923423079314.htm.

② 刘振声 . 社交媒体依赖与媒介需求研究——以大学生微博依赖为例［J］. 新闻大学，2013（1）：119-129.

③ 彭兰 . 传播者、公众、渠道：博客传播的深层机制［J］. 上海师范大学学报（哲学社会科学版），2007，36（6）：83-97.

④ 郭颖 . 微博传播的影响力及其发展分析［J］. 湖北社会科学，2012（2）：191-193.

要的信息制造模式，这将极大变革传统大众传播模式[①]。社交媒体自身促生了大量或专业或业余的博客和"公民新闻"（citizen journalism）之类的事物，甚至传统媒体的新闻线索获取也需从社交媒体上获取。可以说，公众使用社交媒体是建立在社交媒体的功能特点和传播特性上的，社交媒体能够满足公众在信息需求、人际互动、娱乐交往等方面的需求。

　　然而，由于话语权下放、把关人缺失，信息发布者水平良莠不齐，以及微博社交媒体所具有的强大的媒体融合功能、碎片化表达等，其也成了谣言滋生、扩散的重灾区，形成了一个虚假的"拟态环境"[②]。大量原创性的信息会不断出现，个体化和私人化的表达会更多，从而推动微博事件影响的不断加大[③]。我国香港地区的《文汇报》曾公布过 2011 年的"微博十大谣言"，其中有多个与风险谣言有关。如微博谣言"加碘食盐可防核辐射"四处蔓延，引起公众的恐慌，在短时间内引发抢购风潮。斯坦福商学院教授珍妮弗·阿科尔认为，社交媒体如社交网络（SNS）在增加参与动机方面尤为有效。在这方面，社交媒体像脸书（Facebook）、推特（Twitter，现改名为 X，本书讨论时仍采用原名）和 YouTube 这种专为用户创建内容并为相互交流提供便利的虚拟交流平台被认为起到了关键作用[④]。

---

① 方兴东，张笑容. 大集市模式的博客传播理论研究和案例分析［J］. 现代传播（中国传媒大学学报），2006（3）：68-73.

② 张葵阳. 微博传播条件下的拟态环境研究［J］. 宁波大学学报（人文科学版）,2012，25（5）：124-128.

③ 魏景霞. 微博传播特点的再思考［J］. 新闻界，2012（7）：53-56.

④ 琼尼·琼斯. 社会媒体与社会运动［J］. 陈后亮，译. 国外理论动态，2012（8）：38-47.

二、社交媒体与风险沟通

传统的风险沟通情境下，风险沟通主要依托大众传媒，由于多种原因导致风险信息不可能在信息源之间自由流动，公众基本上处于一种被动的接受风险信息的地位。风险沟通的原则又不得不要求风险信息在信息源之间快速准确流动，公众一旦感知到风险存在并需要大量的信息做出判断时却无从获取，风险认知很可能受到影响。在新媒体时代，由于互联网的海量存储、互动性，越来越多的人从互联网、移动媒体上获取风险信息。Koc 等认为需要特别重视以互联网为平台的各种信息源以进行风险沟通[①]。尤其是随着 Web 2.0 的发展，公众不仅成为风险信息的接受者，还是风险信息的生产者与传播者。Kumkale 等认为新媒体特性对于风险沟通而言，既是机会又是风险[②]。社交媒体已经为风险利益相关者打开了一扇窗，从早期的监督和侦查食品污染事件到食品利益的互动，都提供了比以前更好的沟通平台。另一方面，社交媒体有着潜在的负面影响，一个很小的风险在社交媒体的激发下可能会变成一个危机事件。在多种互联网媒体形式中，社交媒体最常被网民所使用，所产生的社会影响也越来越大，学术界也开始逐渐关注社交媒体的影响。危机发生时，人们的社交媒体使用行为会增多。在危机时刻，社会网络作为新平台为公众的风险交流提供了难得机会。[③]。社交媒体与公众的关系越来越密切，各个领域的人们试图通过社交媒体获取相关信息。在一项社交媒体在消防安全领域的应用情况的研究中发现，人们会通过微博等社交媒体获取大量的消防

① KOC B, CEYLAN M. Consumer-awareness and information sources on food safety [J]. Nutrition and food science, 2009, 39(6): 643–654.

② KUMLALE G T, ALBARRACÍN D, SEIGNOUREL P. The effects of source credibility in the presence or absence of prior attitudes: implications for the design of persuasive communication campaigns [J]. J Appl Soc Psychol, 2010, 40(6): 1325–1356.

③ COOMBS W T, HOLLADAY S J. Further explorations of post–crisis communication: effects of media and response strategies on perceptions and intentions [J]. Public relations review, 2009, 35(1): 1–6.

安全知识、获取即时的火灾信息[①]。在求医问诊领域，患者在见医生前后会通过社交媒体与医生互动，获取有关的医学信息[②]。

风险与危机在社交媒体环境下是如何发生、如何传播的，基于这个考虑，Liu 等提出了社交媒体危机传播模型[③]（具体详见第二章图 2-1）。

这个理论模型主要关注的是危机信息渠道和信息源交互作用对于公众传播行为的影响，主要包括：

（1）把危机信息渠道分成线下口碑、社交媒体与传统媒体三种。

（2）三种危机信息渠道的交互作用下，公众之间的传播行为关系包括：①富有影响力的社交媒体创造者，即危机信息的生产者与传播者；②社交媒体跟随者，即跟随社交媒体创造者并接受危机信息；③社交媒体沉寂者，即间接地受到社交媒体创造者的信息影响，通过其他媒体渠道接受危机信息，如社交媒体跟随者的线下口碑传播或传统媒体的影响；④危机信息在传统媒体与社交媒体之间相互传播。

（3）危机组织信息源，包括危机类型、危机信息形式、危机信息策略等。社交媒体危机传播模型把这个信息社会称为社交媒体社会，由传统媒体、社交媒体和线下口碑三种媒体形式组成，对于危机传播而言，社交媒体和传统媒体是主要的危机传播渠道。有研究对社交媒体危机传播模型做了进一步验证，通过深度访谈和实验法研究，发现社交媒体、线下口碑和传统媒体对公众的传播行为的影响不同，传统媒体对公众的影响力依然是最显著的，社交媒体却在获取危机信息方面扮演最重要的角色[④]。

[①]　MURPHY M. Social media and the fire service ［J］. Fire technology, 2013, 49(1): 175–183.

[②]　DECAMP M. Physicians, social media, and conflict of interest ［J］. Journal of general internal medicine, 2012, 28(2): 299–303.

[③]　LIU B F, AUSTIN L, JIN Y. How publics respond to crisis communication strategies: the interplay of information form and source ［J］. Public relations review, 2011, 37(4): 345–353.

[④]　AUSTIN L, LIU B F, JIN Y. How audiences seek out crisis information: exploring the social–mediated crisis communication model ［J］. Journal of applied communication research, 2012, 40(2): 188–207.

人工智能与媒介的结合即智媒也使得风险传播发生了新变化，万物皆媒、人机合一、自我进化等智媒特征，一方面使得风险沟通更具智能化、人性化（如风险沟通中残障人群的媒介福利）等诸多正面价值，与此同时也暴露出伦理道德等诸多问题。风险沟通与灾害治理正迈向人工智能新时代。由于微信、推特与脸书等社交媒体发布的巨量灾害信息超出了人类处理能力范畴，机器智能失误现象也时有发生，人机结合即人工智能（AI）能将人类失误和机器失误降到最低，成为未来灾害信息处理的发展趋势。首先，人工智能机器学习（ML）适应于社交媒体算法，它能快速分析与处理巨量灾害信息，可取代人类常规动作。同时，基于 AI 和 ML 的灾害治理系统能实现仿真与模拟治理，具有自动处理信息、提供辅助决策与及时反应等优势。其次，人工智能结合了自动计算与人类计算优势，通过人类参与（众包方式）、机器学习与分类技术，处理微信、脸书和推特等社交媒体产生的巨量信息流，快速地将人类智能应用于机器智能。

第四节　社交媒体与专家风险沟通

一、专家信息源与风险沟通效果

风险研究领域对"专家（expert）"的阐释，学界并无定论，而且也很少有人对这一议题进行深入探讨，这也是导致今天对"谁是专家"（who is expert）产生争论的原因之一[1]。查看字典解释，专家被认为是"在特定领域中拥有特殊知识、技能或受过特殊训练的人"。专家是成功占有外行所不具

---

[1]　王娟，胡志强. 专家与公众的风险感知差异 [J]. 自然辩证法研究，2014，30（1）：49–53.

备的具体技能和专门知识的人[①]。由于风险所具有的不确定性，所有的风险评估都是以风险的危害程度来衡量的，它利用统计的概念来计算评估事件发生的损失概率、潜在的危害及风险的成本，以此作为民众风险决策的参考依据。因此，在实际的风险沟通中，需要依赖专家提供风险事实，保证风险呈现的客观性与可信度。尤其在科技风险领域，由于科技的复杂性，公众对科技风险知识的缺乏，科技风险的感知主要依赖于科学家。在一项对生物技术的调查研究中，生物科学家被认为是最有可能告知生物技术真相和最具权威的信息源[②]。

然而，由于不同群体之间存在风险知识、思考角度等因素的差异，这些形成了所谓专家与公众之间的认知冲突。从风险的影响来看，专家看的是风险对群体、对社会的影响，而一般公众看的是风险对个体的影响[③]。公众与专家之间的认知差距被认为是公众对专家不信任的重要反映。专家认为，普通公众的专业知识相当缺乏，在购买决策与行为上存在非理性，至少与自己的专业知识量上是不对等的。造成这种现象的原因可能是由感知过滤机制所导致的偏差。即风险实施和科学证据是一回事，公众对其感知是另一回事，而公众风险感知是另一边。科学目标可能是倾向于用数据评价、估计风险特性，诸如质量、安全或营养价值，讲究在整个农业产业链中的理论上可测量、可重复和可管理。其风险测量不确定因素如精确性与真实性通常在普通公众那里的解读是不同的。公众倾向于用普通语言来表述，用真实感受来解释风险。因此，风险感知与客观风险之间的感知过滤被认为是反映、曲解客观信息的

[①]　乌尔里希·贝克，约翰内斯·威尔姆斯. 自由与资本主义：与著名社会学家乌尔里希·贝克对话[M]. 路国林，译. 杭州：浙江人民出版社，2001：119.

[②]　YIFENG H, SUNDAR S S. Effects of online health sources on credibility and behavioral intentions[J]. Communication research, 2010, 37(1): 105–132.

[③]　HANSEN J, HOLM L, FREWER L, et al. Beyond knowledge deficit: recent research into lay and expert attitudes to food risks[J]. Appetite, 2003, 41(2): 111–121.

一面镜子①。

一个明显的趋势是，当下的专家风险沟通环境与以往的风险沟通环境相比发生了很大变化。传统的风险沟通过程是从专家一端开始，经过各种利益相关者，到达新闻记者手中，最终到达公众那里。在社交媒体环境下，风险信息的传播过程很可能被打破，一些科学家直接利用社交媒体与公众进行风险沟通。如大批的科学家利用脸书、推特、微博等社交媒体平台传播风险信息。专家绕开各种利益相关者而直接与一般公众进行面对面的风险沟通，其风险沟通效果也发生了很大变化。然而，这方面的研究并不多见。

二、社交媒体风险争议的专家角色演化

（一）社交媒体风险沟通的专家角色

社交媒体使风险沟通呈现扁平化，专家不必通过传统媒体平台而直接面对公众，公众也能直接面对专家获取科学信息。越来越多的专家投身于社交媒体进行科学传播，参与风险沟通。从目前的实际行为看，专家参与社交媒体风险沟通的方式主要有四种：首先是关注，即专家阅读各种科学事件，关注风险传播变动。在近年来的一系列转基因事件中，一大批专家通过社交媒体关注转基因的舆论动向。其次是发布科学资讯，即主要通过社交媒体账户发布科普信息，推介国内外科学界的前沿信息与变动。譬如一批活跃在社交媒体的专家紧跟国内外研究成果，及时推介《科学》《自然》《柳叶刀》等国际知名科学期刊的研究成果。再次是发表个人看法与观点，主要是针对科学事件或争议性风险沟通发表个人意见与评价。例如面对电子烟的争议，一些科学界的专家发表对

---

① VERBEKE W, FREWER L J, SCHOLDERER J, et al. Why consumers behave as they do with respect to food safety and risk information［J］. Analytica chimica acta, 2007, 58(6): 2–7.

电子烟及国内监管政策的评价。最后是提供建议，针对特定公共事务提出建议与做法。例如一些科学家就气候变化提出的政策建议，受到众多公众的广泛关注。专家的这四种参与行为中，关注行为与发布科学资讯较常见，发表观点与提出建议则较少。从专家参与风险沟通的社交媒体类型看，一类是科学网络社群，汇聚了一大批专家参与科学传播。另一类是信息类社交媒体如微博，也吸引了众多科学家参与到科学传播中[①]。还有一类是偏向娱乐与生活的社交媒体，如微信平台中，中国农业大学食品学院的范志红教授创办的营养健康领域的微信公众号具有较大影响力。从风险沟通的专家类型分析，社交媒体风险沟通的专家主要包括一线科学家、普通科技工作者、科普工作者、科技爱好者、科技专业记者、舆论领袖等。出于自身偏好或特定原因，一些一线科学家创建社交媒体账户，直接分享科学信息。普通科技工作者与科普工作者大多通过社交媒体平台参与风险沟通的科学工作，科技爱好者与舆论领袖多倾向于通过个人社交媒体账户参与风险沟通，科技记者则往往通过所依托工作单位的社交媒体账户进行科学传播。总之，随着社交媒体不断渗透整个风险沟通环节，专家并不满足于传统媒体的科学传播，越来越多的专家通过社交媒体参与风险沟通的科学传播工作。

（二）社交媒体风险沟通的专家困境

1. 角色冲突

社交媒体使得每个网民都可成为风险沟通信息的建构者和传播者，也缺乏系统性的把关与过滤机制，社交媒体中参与风险沟通话语的专家主体越来越多。不仅仅是传统的主流科学家、普通科技工作者与传统媒体的科普记者，

---

① 金兼斌，吴欧. 科学家参与科学传播的知行反差：价值认同与机构奖惩的角度［J］. 新闻与传播研究，2018，25（2）：20-33.

还包括众多有影响力的舆论领袖与网红。很多公众无法分清社交媒体中真正的专家，把科学家与舆论领袖、网红等话语主体混称为专家。很多处在进展中的科学与前沿科学，抑或争议性科学议题，各种专家的角色与立场往往不一致。主流科学家对待尚待成熟的科学议题更为谨慎与理性，而一些边缘科学家或某些网红科学爱好者预设立场或怀揣特定利益参与风险传播，在社交媒体场域形成了众多的专家间的冲突与对抗，难以和谐一致。甚至一些专家在传统媒体扮演一种角色，而在社交媒体中则是另外一个面孔。还有一些专家越过自己专业领域发声，风险沟通的专家角色逐渐泛化。

2. 专家与媒体间的配合间隙

传统风险沟通往往是媒体通过采访专家进行科学传播，提升公众的科学素养。专家与媒体各司其职，协同配合完成科学传播。但在社交媒体中，专家则很可能绕过媒体直接与公众对话，打破了媒体需要依托专家这一权威信息源进行科学传播的现有格局。愈来愈多的专家通过社交媒体参与科学传播，虽然拉近了专家与公众的距离，但同时也出现了传播的碎片化与个体化，很难像传统媒体的科学传播一样形成统一有效的声音。若专家过多关注于社交媒体的直接风险沟通，媒体与专家的关系则可能进一步恶化。尤其是在特定争议性科学事件中，社交媒体中的一些非主流科学家与网红科技爱好者活跃度非常高，传统媒体很可能因采访不到权威科学家而导致角色缺失。

3. 秉持的理念与实施间的落差

科学传播理念从原先的科学灌输的"缺失模式"转变为"公众理解科学"模式，并发展到当前的"公众参与科学"模式[①]。社交媒体恰好为践行"公众参与科学"模式提供了绝佳的机会与场域。诸多专家虽然秉持着更具建设性的科学传播理念，但在社交媒体实践中存在较大落差。"公众参与科学"的科

---

① 王大鹏，贾鹤鹏. 促进科学家参与科学传播需政策与机制并重 [J]. 科学报，2017，62（35）：4083-4088.

学传播范式需要专家倾注更多的时间成本、精力成本与公众展开对话与互动，而国内现行的激励机制无法促使专家尤其是主流科学家全身心参与社交媒体的风险沟通。他们更多地是利用业余时间传播科学信息和普及科学知识，单纯进行科学知识的灌输与传播，较少参与争议性科学议题的辩论与对话，参与的范围与深度非常有限。

4. 传播技能有待提升

大多数科学家忙于科学研究，并不精通社交媒体传播规律，对媒体运作机制较为陌生，角色期待与科学家的表现存在巨大反差。科学家为了确保科学传播的精准性，加上缺乏传统媒介记者的润色，社交媒体语言往往更加艰涩与专业，传播手段也较为单一，主要诉诸文字语言。如何把科学知识转化为科学故事，如何把学术语言转换为流行语言，如何诉诸多种传播手段与符号表现，都有待探讨，科学家的科学传播技能尚待提升。

第五节　社交媒体参与式危机传播

一、社交媒体危机与参与式传播

近年来，微博、微信、移动直播等媒体终端日益普及，公众的公开传播机会愈来愈多，传播欲望得到了极大满足，人人都是自媒体，个个都有可能成为突发事件的发动者和传播者。社交媒体改变了公众的固有话语权力关系，为公众自主传播信息提供了便利[1]。一方面，从公共传播角度而言，社交媒体

---

[1]　王宇琦，陈昌凤. 社会化媒体时代政府的危机传播与形象塑造：以天津港"8·12"特别重大火灾爆炸事故为例［J］. 新闻与传播研究，2016（7）：47-59.

赋予对等、交互与便捷的沟通机会，塑造有利的组织形象。另一方面，公众的社交媒体信息传播给危机组织带来了愈来愈多的不确定性[①]。社交媒体使得公众参与危机的建构与传播成了常态，危机正变得愈加频发，危机种类、危机数量陡增，危机强度也不断增大，环境已骤变。

公众参与危机传播是公众在危机情境中利用社交媒体与多元利益者进行公开的意见竞争，试图达成某种利益诉求而参与危机话语的建构与传播。为了某种利益诉求，一些公众（如粉丝）通过社交媒体建立具有影响力的虚拟社群，在危机中时常扮演当事方的免费传播代理人，增加了危机环境的复杂性。一些公众通过对危机的娱乐化演绎来宣泄对危机组织的不满。随着媒体技术的巨大进步，公众参与危机传播的媒体种类和表达方式也越来越多，一些公众通过危机的直播化与视频化让危机组织在公共舆论场中"裸奔"，严重干扰了组织的危机管理。令人更为担忧的是，公众建构的危机信息（大部分是组织的负面信息）却永久地被社交媒体记录并保存下来，供广大公众随时提取和传播。因此，在社交媒体时代，公众是危机的深度建构者。通过无时无处不在的危机呈现和建构，使得危机频发，谣言四起，舆论失控，为危机传播管理工作增加了难度。

二、参与式危机传播特征

（一）积极公众的危机回应干扰官方处理策略

社交媒体孕育出了各种虚拟社群，把遍布各地的目标公众整合聚集起来，形成一股不可忽视的虚拟势力。虚拟社群能在短时间内对组织产生强大影响

---

① 胡百精，李由君. 互联网与共同体的进化［J］. 新闻大学，2016（1）：87–95.

力，或成为危机组织的"保险杠"，抑或是危机组织的"炸弹"[①]。近年来发生的一些危机事件表明，危机发生后，不管危机当事方是否做出回应，积极公众（粉丝）也可能通过社交媒体对危机事件主动干预，或支援或反对处在漩涡中的危机当事方。如在孙洋、刘翔等体育明星危机事件中，粉丝们通过微信群、微博、百度贴吧等虚拟社群，积极回应危机[②]。"铁杆粉丝"甚至自发形成了"自组织"，积极地对内传播和对外传播，采取多种策略修复受损的偶像形象。由此可见，粉丝扮演成了偶像危机的社交媒体传播代理人，通过积极的危机传播策略极力维护偶像的声誉。而另一些危机事件中，粉丝却扮演了危机组织的反对者，在社交媒体中对当事方谩骂与声讨，形成了一股强大的网络舆论，严重影响当事方的组织声誉。在社交媒体时代，无论是公众对危机当事方的积极回应还是高度反对，都在不同程度上干扰了当事方的危机处理策略。组织的官方处理策略与社交媒体中公众对危机做出的辅助策略是具有叠加效应还是相互削弱，是危机管理在社交媒体时代亟须面对的新命题。

（二）危机传播时效的直播化影响危机处理时机

"无直播，不传播"的全民直播时代，满足了公众对危机真相的现场追求，更是体现了公众对危机传播的参与和建构，影响着危机的舆论走向，对当事方的危机处理时机提出了新挑战。目前，网络直播引发的突发事件主要有五种类型：①直播主的低俗违法内容使得一些组织无辜地扮演牺牲者角色，是目前引发网络直播突发事件的主要因素。一些直播主为了获得关注，获取粉丝的"打赏"，直播内容从娱乐生活渗透到色情、暴力等违法领域，不断挑

---

① GETCHELL M C, SELLNOW T L. A network analysis of official Twitter accounts during the West Virginia water crisis [J]. Computers in human behavior, 2016, 54(10): 597–606.

② 赖泽栋，卓丽婕. 粉丝，偶像危机中社交媒体的管理代理人 [J]. 宁德师范学院学报：哲学社会科学版，2017（1）：24–27.

战道德与法律双重底线，而被直播主当作道具或被植入到直播画面的一些组织与个体无辜"躺枪"。如"伪慈善直播"等突发事件，使得相关组织与个体在直播主的影响下成了牺牲者。②播主的煽动与诱惑使得一些粉丝丧失理性，导致倾家荡产，最终引发社会事件。一些直播主想方设法让粉丝赠送礼物，而那些沉浸在直播主营造的虚幻世界的粉丝往往无法自拔，一掷千金而后悔恨不已，尤其是那些涉世未深的青少年粉丝，花巨款赠送礼物的事件时有发生。如2017年2月，13岁的少女为博直播主开心"打赏"25万引发网上热议。③直播主的商业推广导致涉事组织被迫卷入危机事件。目前直播内容已从娱乐生活延伸到包括商业应用等各个领域，许多直播主转向电商直播、直销直播，甚至是传销直播。一些直播主为了获利，不惜利用知名企业或著名品牌进行商业欺骗，利用政府声誉、专家权威的公信力而做违法违规的事情，并嫁祸于这些组织，损害公众利益。一旦东窗事发，公众往往不明真相地把责任推诿给这些组织或个体。④现实中的某些个体由于不愉快的经历或对社会不满，利用直播平台控告相关组织或个体进而引发网络舆论事件，这类事件中涉事组织或个体往往有过错。此外，一些直播主利用直播控告问题产品，控诉不愉快的消费经历，指责相关企业。另外值得注意的是，某些直播主把在现实中遇到的不公或社会问题搬到直播屏幕上，吸引广泛关注进而引发网络舆论。⑤直播主以目击者身份直播正在发生的危机事件或利用直播检视某种社会现象。时间的巧合与机会的巧遇，播主直播真正发生的危机形成了危机的"现场直播"。另外，一些播主利用直播以亲身体验来检验组织承诺。如有播主利用社会实验形式直播酒店是否允许未成年人开房，验证酒店管理者的承诺。因此，以目击者身份直播某一现象形成了具有一定新闻价值的直播新闻，使得涉事组织无法想象何时何地会发生危机。

（三）危机传播的视频化试图还原危机真相

"不视频，无真相"是公众参与危机传播的一大特色。公众对危机事件的视频演绎，在重新解构危机、吸引社会关注的同时，试图还原危机的本来面目。近年来，在全球社交媒体平台广泛流传的几个危机事件，都体现了公众参与危机传播的视频化趋势。如2016年澳大利亚一车主的新车屡出问题而未得到满意处理，车主一气之下把遭遇创作成了讽刺视频上传网络，一时间引爆全球的社交媒体，给涉事汽车品牌带来难以想象的负面影响。在国内，一些专门从事网络微视频制作的个体与组织为了吸引公众眼球，针对社会公众关心的危机事件或社会热点问题精心制作易于传播的微视频，引起广泛关注。如微视频之"有多少民族品牌就这样被沦陷？"点击率超过一千万，严重影响了涉事组织的形象。公众参与式网络危机传播，在经历了信息传播形式的文字化、图文化之后，现已变成了视频化。视频化传播是危机传播形式的进化，是对传统危机传播形式的颠覆与革新，是公众对危机传播的现代表达。然而，公众的危机视频化传播使得危机文本形式发生了根本性变化，容易造成危机内容解读的浅表化与形式化，使危机意涵扭曲、变异，致使舆论偏离危机当事方的预期。

（四）危机传播内容的娱乐化消解官方危机处理的权威性

社交媒体时代，公众对危机内容的二次演绎与二次传播成为新特点①。而二次传播往往是以反讽化、娱乐化形式呈现。如知名的社交媒体娱乐视频制作机构对某外卖品牌危机事件进行了反讽演绎，危机事件演变成了纯粹娱乐

---

① JIANG J, HUANG Y H, WU F, et al. At the crossroads of inclusion and distance: organizational crisis communication during celebrity-endorsement crises in China [J]. Public relations review, 2015(41): 50-63.

式的"危机故事"，吸引了成千上万的点击。对西安某房地产开发公司的恶搞视频在各社交媒体平台疯传，点阅率以"核爆炸"方式增长。恶搞、反讽危机事件的视频、文本和图片在社交媒体中随处可见，成了公众参与危机传播的又一新现象。公众以反讽化、娱乐化形式演绎危机事件，消解了危机事件本身的严肃性，实现了对危机当事方权威、正统的危机处理姿态的颠覆与重构。

（五）永存的负面文本削弱组织正面形象

传统媒体时代，危机引发的组织负面信息往往随着媒体报道内容更新而被封存，公众很难再次看到这些负面信息。而社交媒体时代，组织的负面信息却永久地被记录下来，随时被公众翻阅、晾晒与传播。诸如在点评网、贴吧、微博、微信等社交媒体平台上，充斥着大量的负面信息，这些负面信息以不断更新的内容供广大公众审阅，甚至几年前的旧帖再次翻新成了舆论焦点。公众参与式的危机传播改变了传统的危机传播信息结构，使得组织的负面信息永久地被社交媒体保存下来，这是危机传播管理者不愿意看到的。一定程度上，负面信息影响了公众对组织形象的认知，即使危机后组织长期努力，所累积的正面形象很可能被永存的负面信息击垮，从而使公共关系的努力付诸东流。

三、参与式危机传播的风险治理路径

社交媒体环境下，公众参与危机传播干扰了危机组织的危机传播策略，改变了危机传播管理的时间节点，使得危机传播形式发生了变化，消解了危机传播管理方的权威性，这是社交媒体给危机传播带来的全新变化，组织面临着内外环境骤变的全面挑战。这种挑战是传统危机传播管理理论未曾涉及

的。无论是 William Benoit 的形象修复理论，抑或是 Bradford 与 Garrett 的组织传播回应理论，还是 Coombs 的危机情境传播理论都未曾考察不同媒体形式对危机传播管理的影响。即使是最近几年学界较为关注的一些新媒体危机传播理论，如 Lucinda Austin，Brooke Fisher Liu 和 Yan Jin[①] 提出的社会中介危机传播虽注重于不同媒体形式（社交媒体、传统大众媒体）对危机传播的影响，但这种考察只是较为宏观地分析社交媒体对危机传播的影响，未曾考虑社交媒体环境下公众参与式危机传播对危机管理的影响。社交媒体环境下公众参与危机传播一方面提出了新的理论诉求，另一方面要求危机传播管理实践提供有效应对。基于公众参与的危机传播出现的五种新现象，社交媒体危机传播需在以下几方面做好管理应对。

（一）危机信息监测的全程化

公众参与危机传播的视频化致使危机组织在公众面前"一丝不挂"，公众参与危机传播的直播化犹如让公众亲临现场看"危机直播"，组织外部环境已发生了逆转。危机组织除了秉承传统的危机处理原则之外，更需从战略层面对组织外部环境进行重点监测，实行 24h 全天候的实时监测，随时追踪组织的不良信息，利用大数据监测手段对组织可能发生危机的关键节点实时进行监测与分析。

（二）善用粉丝力量

危机发生后，并不是所有粉丝的危机传播行为都不利于组织，一些粉丝会根据危机事件的进程而在社交媒体中传播有利于组织的信息，形成一股力

---

① AUSTIN L, LIU B F, JIN Y. How audiences seek out crisis information: exploring the social-mediated crisis communication model [J]. Journal of applied communication research, 2012, 40(2): 188-207.

量不小的"舆论清风"，削弱其他公众对组织不利的负面影响。因此，危机组织在实施官方处理策略时，需要甄别、整合与利用粉丝资源，根据危机发展阶段与舆论走向，善用粉丝的危机传播信息，官方策略与粉丝危机传播协同配合，有效地应对危机。

（三）第一时间发出官方信息

社交媒体时代，知名危机传播专家里杰斯特提出的危机处理黄金 24h 可能面临挑战。公众参与危机传播的直播化与视频化，危机在极短时间内被知晓、被传播，危机发生与危机被知晓很可能是同时空存在的，若组织不实时发声回应，危机泥潭会越来越深。因此，公众参与危机传播时，组织需要随时发现危机，随时发出组织的声音，使得官方信息成为公众获取危机信息的唯一渠道。不管官方信息是表态信息还是责任归因信息，无疑体现了组织对危机的积极处理态度，透视出组织对公众负责。

（四）提高社交媒体传播素养

公众参与危机传播内容的娱乐化，是公众对危机事件的自我解读和对危机组织的情感宣泄，是社交媒体赋予公众的利益表达，更是公众参与社会行动的权利。公众参与危机传播的娱乐化也好，抑或负面信息在社交媒体中永存也罢，是社交媒体环境下的常态，是危机事件不可或缺的一部分。因此，组织要懂得公众的自媒体精神，同时也要意识到公众良莠不齐的自媒体素养。更重要的是，组织自身更需要提高社交媒体素养，善于与公众对话，通过丰富的社交媒体沟通实践，切实提升社交媒体传播能力，构建网络化的公众关系。

（五）对话式网络传播范式的常态化

新媒体时代，组织的公关传播由传统的独白式的线性传播模式转向以关系为主导的对话模式。Taylor 和 Kent 认为对话式沟通是社交媒体时代组织构建公共关系的基本范式[①]。社交媒体环境下随着危机的频繁发生，越来越多的专家学者意识到要有效处理危机，需要长期践行对话式的网络传播范式，组织与公众平等对称的沟通机制要常态化。对话式的网络传播要求组织在平时需与不同声音积极对话，清醒意识到组织与公众的对话是平等、对称、互惠且独立的关系。社交媒体中，无论是娱乐化信息还是负面信息，或是公众参与对话的部分内容，都是公众参与危机传播的独立性体现。秉持对话式网络传播范式常态化，能够提升组织对负面信息的免疫力，使得组织在危机处理时更具战略性，公众也能重新看待危机组织，这为修复组织声誉提供了制度保障。

第六节　网络直播与风险变异

社交媒体时代成就了一种全新的直播理念和传播形态——网络直播[②]。由于其现场感、实时性、互动性和开放性，网络直播短时间内成了新社交媒体平台。如今处在"全民直播，人人主播"的网络直播热闹期，网络直播满足了公众争当主播的表现欲，更是为愈来愈多的人带来了实质性利益，造就了一批一夜暴富的"网络红人"，孵化出了为数众多的舆论领袖。与此同时，网络直播呈现给社会的各种乱象，负面信息也层出不穷，成了风险传播的助推

---

① TAYLOR M, KENT M L, WHITE W J. How activist organization are using the internet to build relations [J]. Public relations review, 2001(3): 263–284.

② 谭天. 在中国，网络直播到底能走多远？[J]. 南方电视学刊，2016（4）: 34–38.

器，时常成为社会关注的焦点，甚至导致网络群体极化事件的发生，网络直播中的舆情变得复杂多变。直播平台继微博、微信之后成为又一个网络舆论的集散中心和突发事件的新舆论场。在"无直播，不传播"的网络直播时代，直播主的素养良莠不齐、舆情管理方式落后和直播平台监管困境等多种因素，使网络直播平台日渐成了网络舆情监测与管理的关键节点，也是难点。

一、网络直播的风险传播特征

技术革新与媒介的现代性在风险传播中扮演关键角色[①]。新媒体不断浸透到全社会的今天，风险已然内化为公众的思考框架，新媒体风险传播成了媒介化社会的常态。新媒体呈现的风险信息与传统媒体有诸多不同，对公众的风险传播也有较大差异[②]。新媒体风险传播是公众通过新媒体把隐性且不确定的风险具体化，在这个过程中，风险依赖于公众的新媒体知识生产与解释。这意味着风险本质上是公众主观建构的，致使"元风险"很容易在媒介化下背离本来面目而被置换到各种叙事情境中，异化为各种虚构的、具象的与个性化的风险信息，形成有别于传统媒体的新媒体风险景观。作为媒介发展的"新界面"的网络直播，复制、继承了其他媒介风险传播的固有功能，但媒介微环境变化与新介质赋予了网络直播新特点，形成了风险传播与网络直播的新融合，网络直播风险成了媒介化风险的新形态。全民直播时代风险发生了变异，传播层面形成了诸多新面向。

（1）从风险信息传播主体看，一方面，网络直播风险传播的主体呈现平民化与年轻化。较之于微博、微信的门槛，网络直播平台的低门槛吸引了众

---

① COTTLE S. Ulrich Beck, "risk society" and the media a catastrophic view [J]. European journal of communication, 1998, 13(1): 5-32.

② AUSTIN L, LIU B F, JIN Y. How audiences seek out crisis information: exploring the social-mediated crisis communication model [J]. Journal of applied communication research, 2012, 40(2): 188-207.

多普通民众的热情参与，但随之而来的是网络直播主体的媒介素养问题。从网络直播实践发现，具备一定影响力的直播主大多靠语言与身体表达形成影响，在社会责任感、道德操守与媒体素养方面较为低下，大量无聊的网民切换于各主播间，低俗不堪的挑逗、粗鄙恶俗的言语和冷嘲热讽的人身攻击，使直播平台成了普通网民宣泄情绪和逃避现实的网络空间。然而由于网络直播的游离性与弹幕化，风险信息往往被遮蔽、被忽略，风险传播主体极易瞬间转换却不能有效甄别。网络直播的低门槛也为社会冲突中的利益相关者提供了一条极为便利的事件扩散途径，极易把线下事件搬到网络直播中，演变成难以控制的网络空间事件，有向泛自由化、泛传播发展的趋势。另一方面，直播主的年轻化则成为网络直播的特色，直播平台驻足着大量的低龄青年，这些青年的价值观还处在形塑中，缺乏判断力，极易被某些直播主所利用。若人气高涨但居心叵测的直播主成了年轻人的舆论领袖，在社会热点问题上往往能轻易裹挟他们形成较强的舆论力量，动摇社会稳定，诸如无良直播主让年少无知的中学生刷大额礼物的事件并不少见。网络直播是典型的大众自传播，而大众自传播缺乏传统的把关人，传播的信息更容易发生变异[①]。直播平台的把关机制不健全、管理法规尚未成熟完善、直播主体的平民化与低幼化等诸多因素，使风险传播环境变得复杂多变，风险的放大、扭曲与异化就难以避免。

（2）从风险媒介的传播形式看，网络直播能"随看、随走、随播"，具备口语传播的灵活性与人性化、电视直播的现场感、社交媒体的交互性与移动媒体的移动性。因此，网络直播是兼具语言传播与非语言传播的特点，传播形式更为多元，表达手段更为丰富，符合麦克卢汉所说的"统合感官能力"的媒介。从媒介呈现的风险景观整体性看，公众的网络直播风险传播的

---

① CASTELLS M. Communication, power and counter-power in the network society ［J］. International journal of communication, 2007(1): 1-29.

表达方式直观，参与方式移动，风险视觉可见，风险景观感官化，风险的视觉冲击力增强，形成了立体化与多样性的风险图景，网民可在形塑的风险图景与风险情境中获得较强的临场感，严重影响网民的风险感知。直播主的摄像头一开，让网民与现场实时互动，多种话语形式的交集互动，风险实时建构，使网民得到了极高的社会临场感和代入感。较高的社会临场感意味着较高的群体融入感，调动了群体的非理性情绪①。正是由于网络直播的社会临场感，极大地提升了网民的想象空间，激发了网民的非理性成分，提高了风险的争议性，不确定性风险随之增加，风险的当事者、旁观者与接近者间的边界逐渐模糊，风险变异并最终转为了突发社会事件。如2016年1月，某直播平台一个直播主在直播某户外综艺节目时，在直播现场发生口角与肢体冲突进而转化为网络中的谩骂与争吵，局部风险在网络直播的风险建构下演化成极端网络群体性行为。

（3）从风险传播内容看，网络直播话语表现为极端性与碎片化。娱乐猎奇内容与怪异信息是直播主获取关注的两大关键主题。直播平台中充斥着大量的无聊、低级趣味、恶俗的内容，而这些内容往往成为网民的兴趣点、兴奋点和关注点，成为舆论发酵的温床。一些直播主在拼尽了才艺仍无法吸引粉丝关注时，开始想方设法用极端议题、违规违法内容来摆脱困境，如讲争议、聊暴力、谈色情获取关注。值得警惕的是，随着直播主体的复杂化，当前网络直播风险内容向公共政治议题、社会敏感议题等风险领域蔓延。一些直播主借助网络直播平台的热闹期而搭便车，深谙全民直播的社会心理，捏造事实，放大社会阴暗面，故意损毁政府形象，宣泄心中不满，试图把自己的不信任感、恐惧感传递给全社会，引起社会动荡。直播界面的弹幕满天飞，语音视频的夹杂交互，风险信息的碎片化明显。碎片化的风险信息供给与完

---

① ROURKE L, ANDERSON T, GARRISON D R, et al. Assessing social presence in asynchronous text-based computer conferencing [J]. Journal of distance education, 1999, 14(2): 51–70.

整风险知识的迫切需求产生激烈冲突，于是形成了吉登斯所言的"失控的世界"。碎片化呈现自觉或不自觉地掩盖了风险本质①。

（4）从风险传播效果来看，网络直播实时互动、传播形式多样化和传播速度快捷，一方面提高了直播主的传播效率，媒介获得感十足，有利于达成直播主的利益诉求，快速成名。但与此同时，由于实时互动、对等沟通、现场直播等诸多特点，网络直播为网民营造了一个真实的虚幻世界，沉浸感十足，直播内容不断强化网民的认同感与共鸣感，网民容易处在视觉的狂欢中，风险信息则变得可视、移动且无常。一旦涉及敏感议题或社会热点等风险议题，情绪宣泄在所难免。因此，网络直播一方面使得风险更具直观性与可见性，容易形成网民对网络直播风险具有真实客观的界定，有着镜像式的反映错觉；另一方面在网络平台的临场感与界面友好的特定外部情境作用下，外部情境因素融入风险传播建构中，形成一种实时建构与历史建构的叠加，视觉建构与话语建构的叠合，风险也从媒介传播扩展到全社会。

（5）风险传播的舆情监管机制存在缺陷。一方面，在监管技术上，目前的舆情甄别技术主要通过挖掘文字与图片等文本信息，即使对视频技术也能抓取识别，但主要是依托对视频节点的抓取分析来完成的。而网络直播虽有弹幕上的文本信息，但主要依靠语音与实时视频表达，目前无论是网络直播运营机构还是舆情监管部门，并未真正研发出能够实时抓取语音风险信息、视频风险信息并快速将之文本化的技术，风险的实时语音与视频未能做到及时发现和全面覆盖，这在很大程度给那些社会风险事件的发生留下了足够大的空间和足够多的时间；另一方面，我国虽陆续出台了规范网络直播行为的相关法规，但随着网络直播的快速发展，一些新问题不断地暴露出来，现时法规法律无法顾及。加之实时监管的困难，网络直播中的违法犯罪事件频频发生，舆情监控效果并不好。另外，网络直播市场竞争激烈，有的直播运营

---

① 马锋，周东华. 现代风险报道中的传播悖论［J］. 国际新闻界，2007（10）：29-33.

平台为了吸引人气往往强化市场手段而淡化监管，甚至对能带来流量的违规违法事件视而不见。

二、网络直播风险传播演化下的突发事件

如上所述，网络直播媒介呈现的诸多特点形成了独特的社会风险图景，全民直播下风险信息普遍渗透到一般公众中，风险传播主体更具多元化、更加自发。网络直播使得更多的社会情景因素卷入到风险传播进程中，风险变体多样繁杂。网络直播风险信息的加速、可视化流动，使得风险信息呈现几何扩张式的裂变传播，风险质变为危机的进程加剧，时间在缩短，风险转化率陡增。一个不值得信任的媒介谣言，一个鲜为人知的媒介暴力，抑或一个隐秘的媒介舆论煽动，很可能在网络直播的聚焦下将这些潜在风险短时间内质变为突发事件。从目前已经发生的诸多网络直播事件来看，风险演化为突发事件主要表现为以下几种类型。

（1）直播主低俗违法的内容使得一些组织无辜地扮演了"牺牲者"角色，如"伪慈善直播""直播睡觉"等突发事件。网络直播风险传播演化成突发事件的概率在增加，卷入到危机事件的利益相关者也就更多。

（2）直播主的煽动与诱惑最终导致社会事件。一些直播主想方设法地让粉丝赠送礼物，尤其是那些涉世未深的青少年粉丝花巨款赠送礼物的事件时有发生。网络直播使得传播价值变现能力更强，但同时被"洗脑"的网民的利益受损的风险也随之增加，利益冲突更加激烈。

（3）直播主的无良商业推广导致涉事组织被迫卷入危机事件。网络直播的商业价值使得一大批逐利者对网络直播趋之若鹜，但由于网络直播的管理滞后，一些直播主为了获利，不惜利用知名企业或著名品牌进行商业欺骗，利用政府声誉、专家权威的公信力开展违规商业活动，并嫁祸于这些组织，损害公众利益。

（4）某些个体由于不愉快的经历或对社会不满，利用直播平台控告相关组织或个体进而引发网络舆论事件。网络直播为社会风险直接进化为危机事件提供了场域，使得风险传播者的立场感更强，风险阐述更具个体性，风险呈现更加形象、具体。

（5）直播主以目击者身份直播正在发生的危机事件或利用直播检视某种社会现象。网络直播使得风险以现场形式呈现给广大公众，提高了风险"社会能见度"，加速了风险裂变为危机的进程。网络直播虽提升了普通公众对社会问题的监督机会，但也影响了公众的风险感知，使得风险具备了"放大效应"，产生了"裂变效果"。

三、网络直播风险防范

作为风险传播的最新媒介，网络直播既可成为风险危害的传播者，亦可变成风险沟通的预警者和有效管理平台。但就目前出现的网络直播风险传播问题而言，有效防范与应对是重点。

（一）网络直播舆情管理的日常防范

网络直播风险变异使得网络直播舆情管理成为常态化，在风险还未演化成危机事件或还未造成危害之前，需要从制度规范与日常管理上强化网络直播的舆情管理。

（1）尽快完善网络直播的行业相关制度，强化监管。作为新兴的网络直播业，固有相关制度无法周全。因此，需要尽快完善直播制度，加大监管和执法力度，严惩直播乱象，重罚网络直播中的违法犯罪组织与个体。例如，网络直播平台可引入较为成熟的打赏机制，设置每天打赏的标准、限额与支付手段，利用警醒语言随时提示直播主等制度，以规范直播主的行为，确保广大公众的利益。

（2）加大技术攻关，提升直播信息挖掘与甄别能力。目前，网络直播的信息抓取和舆情采集领域仍存在难点，甚至存在许多盲区，尤其在音视频的提取与数据化方面的技术还未真正成熟，语音与视频的监测存在较大困难。因此，一方面依托微博、微信等舆情信息挖掘的经验；另一方需集中资源突破关键技术，提高网络直播的信息挖掘与舆情甄别能力。

（3）加强风险信息源的甄别与分类，重点监测高风险信息源。首先，根据直播平台的结构与特点提炼出舆情重点区域。目前直播平台有秀场类、游戏直播类、户外类。不同类别突发事件发生的风险概率有差异，舆情情境也不同，可通过直播平台的类别分析，提炼出风险事件发生的范围、概率、可能引发的舆情和舆论走向等。其次，需要对直播主进行分类管理，通过对主播信息、粉丝数量、活跃度、直播内容等进行挖掘，提炼出具有高风险的信息源作为监测重点，总结出直播主引发风险的常见套路，通过平台技术推送警醒信息给这些高风险信息源，规范直播主的传播行为。

（4）切实提升网络直播网民的媒体素养。目前网络直播引起的诸多事件，往往是由直播主与粉丝的公私间的传播边界模糊、网络不文明行为等网络媒体素养问题导致的。国家虽出台了实名注册制，在一定程度上过滤了风险信息源，也在网络直播中反复提醒文明用语，但整体而言，治理效果还有待提升。网络直播中的媒体素养还需要强化，让网民真正意识到直播可能存在的各种隐患，分清公私的传播边界与禁忌，识别违法违规与合规合法的界限，切实提高广大公众的直播媒介素养。这方面，直播行业协会可要求注册主播账户的网民必须通过直播安全知识考试，必须观看典型的直播危害案例，在还未进行直播行为前进行媒介素养培训，提前规范公众的直播行为。

（二）网络直播的突发事件的舆情应对

网络直播的舆情应对主要体现在两个方面：一方面是直播舆情监测的常态化，另一方面是对各种网络直播突发事件进行危机处理。网络直播一旦引发突发事件，舆论引导与危机处理将成为舆情管理工作的重点。网络直播作为典型的社交媒体，其发生的危机事件的应对策略与其他社交媒体的舆情管理经验大体一致，可借鉴常规的社交媒体危机管理措施，遵照危机处理原则，启动危机处理程序进行舆情管理。但从网络直播的风险传播特征来看，以下两方面需要重点加强。

1. 实时发声

网络直播中的危机处在"现场直播"中，实时记录危机的发生，对危机处理的时效性提出了更高要求，需要直播中的当事方现场回应，实时发出官方信息，杜绝谣言的滋生与传播，官方渠道应成为信息源的唯一出口。无论是官方的表态信息还是责任归因信息，无疑体现了当事方对危机处理的积极态度。

2. 高度透明化

当危机的整个过程被直播记录下来时，危机组织与公众之间的信息不对称性较弱。因此，危机事件的直播化极大地弱化了危机当事方对危机的信息控制，以公众视角还原危机真相，公众的参与度更大、更直接，涉事方的任何隐瞒都可能失信于公众。因此，当事方需要依据公众对危机的现场目击和解读心理，及时表明立场，毫无保留地公布危机进展信息和处理结果，有效地提高危机处理的能力。

第二章　社交媒体风险沟通理论

社交媒体很大程度上改变了现有的风险沟通理论，也催生出了一些新的风险沟通理论。本章主要介绍了几种较为经典的社交媒体风险沟通理论。首先，引介了 Austin 等学者的社交中介危机传播模型（social-mediated crisis communication，简称 SMCC），阐释从传统危机传播理论之一 SCCT（situational crisis communication theory）到 SMCC 演进机理①。其次，分析了当代国际著名传播学者 Kim 等提出的问题解决情境理论，探讨公众面临问题困境（风险）认知情境下的心理机制与信息行为。②再次，简要分析了风险的社会网络感染效应和风险的社会放大效应理论。最后，简述了两种社交媒体风险沟通模式：以公众为中心的风险沟通模式和以信息为中心的风险沟通模式。

第一节　社交中介危机传播模型

随着互联互通的快速发展，社交媒体在危机传播、风险传播中所扮演的角色愈来愈重要，社交媒体正影响着传统的风险沟通理论与危机传播理论的价值阐释和应用范围。威廉·班尼特的形象修复理论（image repair theory，简

---

① AUSTIN L, LIU B F, JIN Y. How audiences seek out crisis information: exploring the social-mediated crisis communication model [J]. Journal of applied communication research, 2012, 40(2): 188-207.

② KIM J N, GRUNIG J E. Problem solving and communicative action: a situational theory of problem solving [J]. Journal of communication, 2011, 61(1): 120-149.

称 IRT）、库姆斯的情境危机沟通理论（situational crisis communication theory，简称 SCCT）等危机传播理论的价值在社交媒体时代受到质疑。

一、从 SCCT 到 SMCC

先简单回顾两种危机传播理论的基本内涵。形象修复理论提出的假设是：个人或组织最重要的资产是它的声誉。威廉·班尼特认为，就像其他有价值的资产一样，声誉或公众形象应该从战略高度去维护[①]。任何社会组织必须最大限度地提高其声誉和形象。修复形象的危机应对模式分为五大战略方法：第一个战略是否认，他把否认分为简单否认和转移视线两种。第二个战略是逃避责任，此战略又包括四种不同的战术——不可能性、刺激、偶发性、良好意图。第三个战略是减少敌意，为使组织减少责任，保护声誉和形象，可采用援助、最小化、区分、超脱、反击、补偿等方法，目的是从各个方面减少错误行为传播的范围和程度。第四种战略是亡羊补牢，此战略通过制定相关法律、规定来减少以后类似事件的发生。第五个战略是自责，自责的内容包括道歉、忏悔和寻求公众的宽恕。在归因理论和传统危机传播理论的基础上，库姆斯提出了情境危机沟通理论（SCCT），被普遍认为是研究危机传播较为合理的理论框架[②]，是最近十几年来影响最大的危机传播理论。SCCT 的基本假设是在组织危机情境中的利益相关者（公众）会对组织危机的反应做出判断，即根据组织在危机中的负责任程度而做出不同的反应，而组织则根据公众的不同归因责任反应采取不同的回应策略[③]。SCCT 认为，公众会依据

---

① BENOIT W L. Image repair discourse and crisis communication ［J］. Public relation review, 1997, 23(2): 177–186.

② 史安斌. 危机传播研究的"西方范式"及其在中国语境下的"本土化"问题 ［J］. 国际新闻界, 2008（6）: 22–27.

③ COOMBS W T. Attribution theory as a guide for post–crisis communication research ［J］. Public relations review, 2007, 33(2): 135–139.

组织的先前声誉和危机历史对危机的责任进行归因，即基于责任归因的危机主要为三种：第一种是牺牲者类型，这类危机主要是由不可控外力所导致的，如自然灾害、谣言等组织危机责任归因几乎没有的危机事件；第二种是意外型类型，是由于技术等原因所导致的危机事件，并不是组织有意为之，归因责任较小；第三种是可预防型类型，是组织有意为之或管理不当所导致的，组织归因责任较大。组织可根据具体情境和时间因素采取两种危机回应战略，即主要回应战略和辅助回应战略相结合。主要回应战略可采取三种策略——否认、淡化、重塑。其中，否认回应策略又包含四种具体策略：直接攻击指责者或揭发者、否认（否认危机的存在）、寻找替罪羊（危机应该由他人负责）策略、逃避或者对危机不予理睬。淡化回应策略主要包括两种具体策略：说辞、合理化。说辞是对危机的发生表示无法控制，不是有意为之以减轻责任；合理化是对危机产生的后果进行包装以强调危机并没有想象的那么严重。重塑回应策略包括两种：一是补偿，即强调给予受害者相应补偿和抚慰；二是道歉，即组织表达遗憾和悔悟，并承担全责，请求原谅。当主要回应战略还不能较好地解决危机时，可结合一些辅助的危机传播战略共同应对危机，即支持战略，主要有三种具体策略——提醒、迎合、牺牲者。提醒，即组织高度强调以前做过的好事和先前良好的口碑；迎合，即赞扬和感谢利益相关者予以支持；扮演牺牲者角色，强调组织也是危机的牺牲者。不同的危机类型应采取相匹配的传播策略。

Schultz 等认为，传统危机传播理论有以下几个不足：其一，所有风险与危机置于新媒体环境下，但我们不知道媒体类型如何影响不同危机回应策略的效果；其二，通过社交媒体或者传统媒体进行危机传播，比较媒介效果的实证研究较少；其三，传统的危机传播理论往往以组织视角进行阐释，且传播模式过于简化，需要聚焦到公众认定的危机责任或声誉，以及利益相关者的反应①。社交中介危机传播模型（SMCC）则回应了社交媒体环境下危机传播理论的困境。

二、理论内涵

风险与危机在社交媒体环境下是如何发生、如何传播的，基于这个考虑，Liu 等学者提出了社交中介危机传播模型（SMCC）②，具体见图 2-1 所示。这个理论模型主要关注的是危机信息渠道和信息源交互作用对于消费者危机传播行为的影响。此模型主要包括：第一，把危机信息渠道分成三种——线下口碑、社交媒体与传统媒体。第二、三种危机信息渠道交互作用下消费者之间的传播行为关系：①富有影响力的社交媒体创造者，即危机信息的生产者与传播者；②社交媒体跟随者，即这些人会跟随社交媒体创造者并接受危机信息；③社交媒体沉寂者，即他间接地受到社交媒体创造者的信息影响，通过其他媒体渠道接受危机信息，如社交媒体跟随者的线下口碑传播或传统媒体的影响；④危机信息在传统媒体与社交媒体之间相互传播。第三，危机组织信息源，包括危机类型、危机信息形式、危机信息策略等。社交媒体危机传播模型把这个信息社会称为社交媒体社会，由传统媒体、社交媒体和线下口碑三种媒体形式组成，对于危机传播而言，社交媒体和传统媒体是主要的危机传播渠道。Austin 等对社交中介危机传播模型进行了进一步验证，通过深度访谈和实验法研究，发现社交媒体、线下口碑和传统媒体对消费者的传播行为的影响不同，传统媒体对消费者的影响力依然是最显著的，社交媒体

---

① SCHULTZ F, UTZ S, GRITZ A. Is the medium the message? Perceptions of and reactions to crisis communication via twitter, blogs and traditional media［J］. Public relations review, 2011, 37(1): 20–27.

② LIU B F, AUSTIN L, YAN J. How publics respond to crisis communication strategies: the interplay of information form and source［J］. Public relations review, 2011, 37(4): 345–353.

却在获取危机信息方面扮演最重要的角色①。

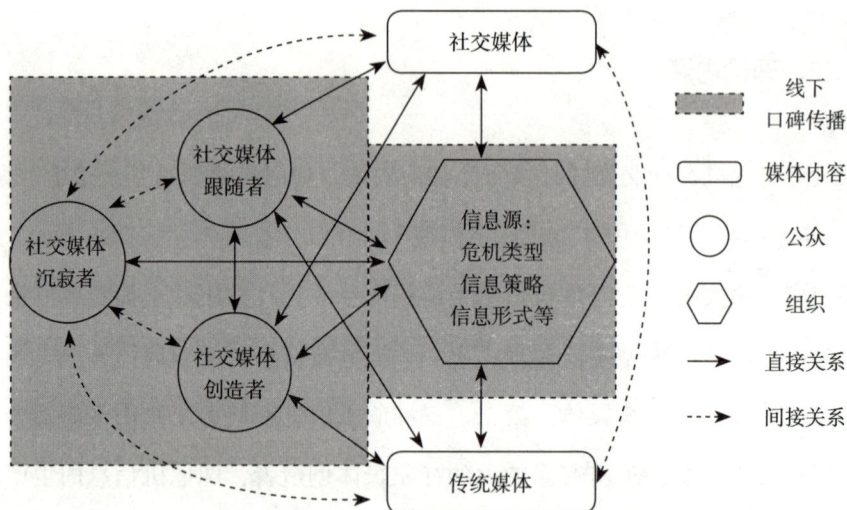

图 2-1　社交中介危机传播模型（SMCC）

三、理论启示

自 2011 年理论产生后，原创作者先后多次通过实验与实证的方式对这一理论模型进行了验证和完善，逐渐成为当前风险沟通与危机传播的重要分析框架。Utz 等学者以实验法探讨了线上危机传播的媒介、危机类型与情绪如何影响公众回应②。李瑞娟基于社交中介危机传播模型研究了政治危机，分析了候选人、新闻媒体、脸书社群三者间的相互作用与互动，验证了该理论的阐释力③。

① AUSTIN L, LIU B F, JIN Y. How audiences seek out crisis information: exploring the social-mediated crisis communication model [J]. Journal of applied communication research, 2012, 40(2): 188-207.

② UTZ S, SCHULTZ F, GLOCKA S. Crisis communication online: how medium, crisis type and emotions affected public reactions in the Fukushima Daiichi nuclear disaster [J]. Public relations review, 2013, 39(1): 40-46.

③ 李瑞娟. 社交中介的政治危机传播 [D]. 中国台北：政治大学，2016.

社交中介危机传播模型作为社交媒体时代的危机传播管理理论，阐释了危机信息来源的途径（传统媒体、社交媒体和口碑传播渠道），并分析了危机信息来源与媒介渠道如何影响危机组织的回应策略，并为组织在危机发生时如何与公众进行沟通提出了建设性策略。社交中介危机传播模型为社交媒体时代的危机传播管理提供了理论框架，揭示了危机在多种信息渠道的相互影响，引导研究者思考社交媒体在风险沟通与危机传播中的作用机制和影响力，社交媒体平台让公众参与信息共享与互动，赋予了风险议题和危机事件更多的样貌。已有越来越多的组织转向社交媒体，一旦发生危机，组织往往第一时间把声明、公告等官方信息在组织的官方微博、微信公众号等社交媒体平台上发布，社交媒体平台已然成为组织的危机沟通平台。社交中介危机传播模型更能回应危机在多种信息渠道与平台的互动共振的危机真实状态，提升危机传播效果。风险沟通与危机传播的角色的能见度越来越高，如何描绘社交媒体中的危机组织、新闻媒体、社交媒体与公众之间的信息沟通过程，以及其他信息源的相互交织渗透的关系，这是社交中介危机传播模型需要进一步研究的重点。社交中介危机传播模型的应用与验证大多是采取基于个案情境的实验法，由于实验法所证明的是实验设计情境的结果，这与现实的、真实的、复杂的危机情境有较大差距。因此，社交中介危机传播模型需要进一步验证其适应性和应用价值。

第二节　问题解决情境理论

基于新媒体环境变化，当代国际著名传播学者詹姆斯·格鲁尼格与金姆在2011年提出了问题解决情境理论。问题解决情境理论是探讨新媒体环境下人们对某一问题（风险）情境的一种信息认知反应与传播行为之间关系的理论模型，它阐释了自变量（问题认知、涉入认知、受限认知、参考标准）、调节变量（问题解决的情境动机）、因变量传播行为（信息搜寻、信息注意、信息筛选、信息许可、信息告知、信息共享）之间的关系，揭示了人们在问题（风险）解决情境中，从内在信息查询、外在信息查询、个人完成阶段，到集体完成阶段的信息加工与传播过程，并强调，通过了解影响人们在问题（风险）情境的因素可以较好地预测人们的传播行为[①]（具体如图2-1所示）。问题解决情境理论从公众视角阐释了面对问题（风险）时的心理认知变化及其传播行为变化，回应了新媒体社会的风险沟通与公共关系新议题。本部分先探讨公众情境理论的发展演变及其与问题解决情境理论的关系，再简述理论启示。

一、从公众情境理论到问题解决理论

公众情境理论由詹姆斯·格鲁尼格在1966年首次提出，在1997年得到修正，并最终演变成当前的问题解决情境理论。公众情境理论是探讨公众及其传播行为的理论[②]。公众情境理论用三个自变量来区分不同的公众类型，并用两个因变量来解释公众在问题（议题）情境下的传播行为。三个自变量分别为：问题认知（problem recognition）、涉入度（level of involvement）、受限认知（constraint recognition）。一方面，因公众在问题认知程度的差异与问题情境的关联大小、公众面对问题时的自身能力与经验不同，公众情境理论把

---

① KIM J N, GRUNIG J E. Problem solving and communicative action: a situational theory of problem solving [J]. Journal of communication, 2011, 61(1): 120–149.

② KIM J N, NI L, SHA B L. Breaking down the stakeholder environment: explicating approaches to the segmentation of publics for public relations research [J]. Journalism and mass communication quarterly, 2008, 85(4): 751–768.

公众区分为非公众、潜在公众、知晓公众和行动公众。格鲁尼格认为，不同公众对组织的重要性是不同的，知晓公众与行动公众作为组织的"战略公众"需要特别重视。另一方面，不同公众对问题情境会做出不同的行为反应，即两个因变量之主动传播行为的信息搜寻（information seeking）和被动传播行为的信息处理（information processing）①。由此，公众情境理论利用市场细分理念，把对组织有影响的"战略公众"从普遍大众中区隔开来，并揭示出不同公众产生不同的传播行为，组织可根据不同公众类型及其传播行为实施有针对性的公关策略。

在公关问题（议题）情境下，不同公众秉持不同观点，这些不同观点是因公众与该问题的相关性而产生的问题意识。因此，公众情境理论阐释了不同情境下公众对问题不同程度的见解，从而形成一个多元的声音，更清楚地描绘了问题与公众的关系。应该说，公众情境理论厘清了以往过于宽泛的"公众"概念，提供了一个能识别出对组织产生影响的战略公众的有效方法，并揭示了在问题情境中公众的认知与传播行为之间的关系，可有效地节约组织的资源，避免无效的沟通。大量的实证研究表明，公众情境理论有较强的解释力和实践价值，被认为是公共关系研究和实践的基础理论②。然而，公众情境理论从提出到现在已过几十年，当前的社会背景与当初提出理论的背景大不相同，尤其是近十几年里，公关环境发生重大变化，由此一些学者呼吁重新审视公众情境理论的内容及理论价值，并提出了以下质疑之处和可能存在的缺陷。

---

① GRUNIG J E. Furnishing the edifice: ongoing research on public relations as a strategic management function [J]. Journal of public relations research, 2006, 18(2): 151–176.

② ALDOORY L, VAN D M. The role of perceived "shared" involvement and information overload in understanding how audiences make meaning of news about bioterrorism [J]. Journalism and mass communication quarterly, 2006, 83(2): 346–361.

（一）"公众"的概念与公关伦理问题

有学者认为，组织并不存在所谓的"战略公众"。Kruckeberg 等认为，如果组织有公众的话，那也是普通公众，并没有所谓的战略公众，因为一般公众概念更能体现组织管理的系统性、组织的普惠性，更加符合公共关系的本质①。Self 也建议重新界定"公众"概念，认为"战略公众"概念严重受到以杜威的实用主义为代表的芝加哥学派的影响。如今公关理念与以前迥异，处在数字时代、多元文化时代和全球化时代，公众概念需重新定义。他认为，21 世纪的公众概念是公众作为一种过程，是因冲突（问题）而不断发展的普遍大众，而不是战略公众所述的停滞不前的群体或达成共识的群体。随着新媒体技术的发展和"地球村"的形成，因某一议题而形成的公众是动态的、变动不居的，战略公众概念可能过时了②。另外，情境理论只关注战略公众，而忽略了不积极公众的重要性，组织的一些利益相关者有时在某一特定议题上并不积极，但它确实会对组织产生重大影响③。当把公众作为一个意识状态或作为集合概念时，传播的性质、作用和影响力就被完全忽略了。

公众情境理论把组织公众分成不同类型，并区别对待。这种人为地把公众区隔开来，关注一些公众，忽略一些公众，会使组织存在社会责任漏洞。因此，战略公众行为被斥为自私的，是为了达成组织目标而讨好那些所谓的战略公众。战略公众概念是一个组织为了完成组织任务，与公众建立关系，是作为组织管理的一个工具，存在控制公众和不道德说服危险，并建议用更

---

① KRUCKEBERG D, VUJNOVIC M. The death of the concept of publics (plural) in 21st century public relations [J]. International journal of strategic communication, 2010, 4(2): 117–125.

② SELF C C. Hegel, habermas, and community: the public in the new media era [J]. International journal of strategic communication, 2010, 4(2): 78–92.

③ HALLAHAN K. The dynamics of issues activation and response: an issues processes model [J]. Journal of public relations research, 2001, 13(1): 27–59.

为伦理的"对话理论"来发展与公众的关系[1]。

（二）理论解释力不强

公众情境理论借用社会心理学领域的认知相关概念作为自变量来区分公众，并阐释了问题情境与公众传播行为之间的关系。然而，简单地套用社会心理学概念并不能充分说明公共关系中公众特定心理与传播行为之间的关系，情境理论没有考虑到公众的诸如情感动机等心理特质，而这些心理特质更接近公众的行为，也更能预测公众的行为，并建议从四个角度来考察公众在问题情境中的认知：大众角度（具有个体稳定特质而形成的人口总和）、情境角度（对某一问题认知而形成的群体）、议题建构角度（作为卷入议题的一种持续状态）、同质性角度（公众作为就某一问题情境试图解决问题而具有群体意识的个体）。显然，情境理论并不能概括公众的全部。后来一些学者试图将一些其他变量整合到公众情境理论模型中以提高理论解释力。Sha 试图用精细加工模型（ELM）结合公众情境理论中的三个自变量预测公众的传播行为，其结果相当理想。其中，提出情境动机变量作为问题认知、限制认知和卷入度的调节变量，更能预测公众的传播行为[2]。另外，一些学者建议把已删除的"参考标准"变量重新恢复，这样能更精确地解释问题认知与行为之间的关系。如有学者在考察不同文化、不同信息源对公众认知及其传播行为的影响时纳入参考标准变量，发现此变量在预测公众的传播行为方面的解释力较强，认为在不同文化情境中，"参考标准"变量不可缺少[3]。

① KENT M L, TAYLOR M. Toward a dialogic theory of public relations［J］. Public relations review, 2002, 28(1): 21–37.

② SHA B EY–L. Cultural identity in the segmentation of publics: an emerging theory of intercultural public relations［J］. Journal of public relations research, 2006, 18(1): 45–65.

③ SRIRAMESH K, MOGHAN S, WEI D. The situational theory of publics in a different cultural setting: consumer publics in Singapore［J］. Journal of public relations research, 2007, 19(4): 307–332.

在公众情境理论中，传播行为只分为信息搜寻和信息处理，这种简单的分法未能全面说明当下社会环境变化导致个体传播行为变化的影响。新媒体技术的不断发展，各种文化之间的冲突与融合都形塑了人们的传播行为，存在更为复杂的传播形态，不能用简单的信息搜寻和信息处理来完整描述人们的传播行为的变化。格鲁尼格认为，公众不仅会主动进行信息搜寻，还会积极地进行信息选择和与他人分享信息[①]。在一项利用公众情境理论分析公众对食品安全的认知与传播的研究中发现，公众传播行为不仅有信息搜寻，还存在分享信息行为，并且分享信息行为会影响公众的认知[②]。

另外，公众情境理论并未说明公众从问题认知到信息行为的演变过程，只关注信息消费的搜寻或获取方面。早在 1998 年就有学者指出，公众情境理论没有详细说明公众在问题情境下的认知与传播行为的演变过程，而这种变化过程对公关议题管理者来说是必要的[③]。

（三）相关变量定义模糊

有学者指出，公众情境理论模型中的一些变量未得到充分的解释和定义，变量的内涵和外延较为模糊。问题认知变量被定义为当人们识别出某一特定情境存在并察觉到其中存在问题需要去改善时，问题认知就出现了。然而这种定义似乎并没有真正把握公众的心理，因为一些公众虽意识到了问题的存在，但由于能力大小和涉入度高低不同，公众可能会去改善，也可能不会去改善。变量涉入度被解释为公众与某一问题情境的关联程度，这一概念也可

---

① GRUNIG J. Paradigms of global public relations in an age of digitalisation[J]. Prism, 2009, 6(2): 1–19.

② ALDOORY L, KIM J N, TINDALL N. The influence of perceived shared risk in crisis communication: elaborating the situational theory of publics [J]. Public relations review, 2010, 36(2): 134–140.

③ BOTAN C H, SOTO F. A semiotic approach to the internal functioning of publics: implications for strategic communication and public relations [J]. Public relations review, 1998, 24(1): 21–44.

能存在歧义。这种事实上的关联性与公众处在某一特定问题情境中感觉到的关联性是有区别的，即客观涉入与感知涉入的差异，在公关管理中应该更注重感知涉入[①]。

二、理论内涵

问题解决情境理论试图去完善公众情境理论。从图 2-2 可看出，问题解决情境理论虽未一一回应公众情境理论的缺陷，但其理论模型发生了较大变化，为了更好地说明这一变化，在此做出详细解释：问题解决情境理论模型中，自变量有四个，即问题认知、涉入认知、受限认知、参考标准；一个调节变量，即问题解决的情境动机；六个因变量，即信息搜寻、信息注意、信息筛选、信息许可、信息告知、信息共享。

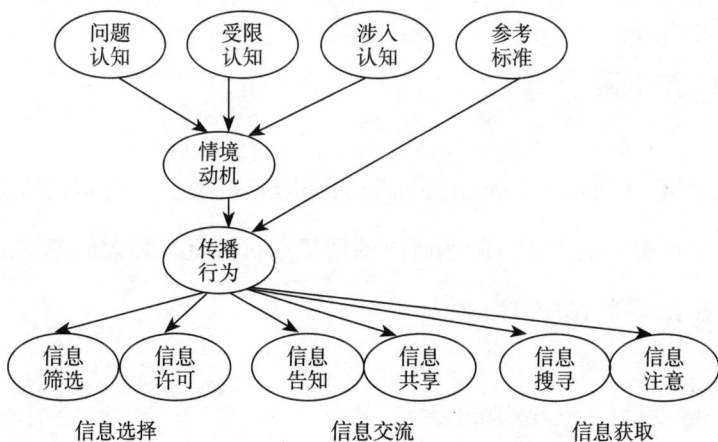

图 2-2　问题解决情境理论模型

---

① KIM J N, GRUNIG J E. Problem solving and communicative action: a situational theory of problem solving [J]. Journal of communication, 2011, 61(1): 120–149.

（一）自变量

（1）问题认知（problem recognition）：指当人们意识到某些事情缺失而形成一个问题，且未能立即解决的一种状态。

（2）涉入认知（involvement recognition）：指人们感知到自己与某一问题情境的关联程度。

（3）受限认知（constraint recognition）：指人们意识到某一问题情境中的束缚，这种束缚限制了人们解决问题的能力。换言之，人们感知自己在解决问题时所面临外界限制的大小。当人们意识到自己在解决某一问题上无能为力或没有足够的能力时，其后续的传播行为将发生变化。

（4）参考标准（referent criterion）：人们在解决问题的情境中，所参考过去问题解决的经验或所使用的知识与主观判断。

（二）调节变量

情境动机（situational motivation in problem solving），是受到社会心理学领域的启发而提出的概念。问题解决的情境动机被定义为人们意识到特定问题情境，并尝试努力解决的一种状态。

（三）因变量：问题解决的传播行为

问题解决理论中的因变量是一个全新概念，旨在更好地说明人们的传播行为。一方面，问题解决理论中的传播行为区分为三种不同的传播行为，并在这三种不同的传播行为中提出主动传播与被动传播两个面向。

（1）信息获取（information acquisition），包括信息搜寻和信息注意。①信息搜寻（information seeking），是一种主动的传播行为，指人们为了解决特定问题而进行主动搜寻信息；②信息注意（information attending），为一种随机遇到的信息，是伴随着信息获取过程中出现的非计划性信息发现，是一种被动的传播行为。

（2）信息选择（information selection），包括信息筛选（主动传播）和信息许可（被动传播）。①信息筛选（information forefending），指人们对特定问题解决方案的价值和相关性进行事先评估从而拒绝接受某些信息。随着信息筛选增加，人们处理信息时不会盲目，会变得具体有针对性，以避免信息冗余和信息不一致；②信息许可（information permitting）。与信息筛选相反，信息许可是人们接受任何有关问题解决的信息。通常，一个较高动机的问题解决者会试图保持对信息选择的开放与包容。因此，人们试图解决问题的努力越大，信息许可行为也越高，尤其是在问题解决的早期阶段。

（3）信息交流（information transmission），包括信息告知（主动传播）和信息共享（被动传播）。①信息告知（information forwarding），人们会就某一问题主动提供信息与建议给他人，即使没有被要求这样做；②信息共享（information sharing），当人们被要求提供某一问题的相关意见、想法和知识时，才会被动地提供信息以供他人分享。

另外一方面，问题解决情境理论把公众在问题解决情境认知中的信息传播过程分为查询阶段（inquiring stage）和完成阶段（effectuating stage）。问题认知初始，人们一般会动用内部信息认知加工，即知识激发阶段（knowledge activation），当内部信息不够时转入外部信息加工，即知识行动阶段（knowledge action），这两个阶段属于查询阶段。在信息查询阶段，问题解决者的积极性主要体现在信息获取和更多的信息许可上。当问题解决的可感知信息丰裕时，人们开始从查询阶段进入完成阶段。在完成阶段，问题解决者会积极地实施可选择的方案，当信息获取足够多，并处于低信息选择意愿和低信息交流意愿时，人们会单独做出解决方案，否则可发展成为集体完成阶段，即人们会相互信息交流，一起把问题解决。因此，在完成阶段，作为积极的问题解决者，很可能把注意力从信息获取转为信息选择和信息交流上。

三、评述与启示

从新理论模型中可发现，问题解决情境理论是建立在公众情境理论基础上，又有所突破。

（一）理论模型的内在联系

公众情境理论的缺陷之一是理论模型变量之间内在紧密联系不强。新理论中，不仅对原有变量做出更为清晰的定义，还重新考察了问题情境中人们的问题认知、涉入认知等变量，恢复了参考标准变量，并用更为接近人们行为的"情境动机"变量作为问题认知、涉入认知、受限认知的调节变量，更好地说明人们的认知变化与行为之间的关系。更为重要的是，问题解决理论规避了公众情境理论简单地把人们的传播行为归为信息搜寻和信息处理的缺陷，详细考察了人们在问题解决情境中的具体传播行为，将其分为信息获取、信息选择和信息交流，并从主动传播和被动传播两个面向把这三种传播行为细化为六种具体的传播形态。因此，新理论提高了情境理论的解释力，更清晰地说明了人们在问题情境中的认知与传播行为，强化了理论模型的内在联系。研究证实，问题解决理论的理论预测能力和模型的内在联系得到了加强。

（二）个体人向社会人转变

本质上讲，公众情境理论框架中的公众是一个经济行为人，即公众的传播行为是为了个人效用最大化而进行的个体决策，为了达到最优决策，人们就更多地搜寻信息并做出信息处理（决策）。问题解决理论中，用"问题解决"代替"决策"。问题解决比决策范围更广，更着眼于人们的最终行为目的，并从问题解决中的人们传播行为进行考察，认为问题解决不仅需要个人的信息决策，人们还会进行信息筛选、信息交换等传播形态。换言之，问题解决不仅是个人决策概念，还是一个集体决策概念。从这可以看出，与公众情境理论相比，问题解决情境理论的思考路径不仅发生了改变，还真正还原了人们传播行为的"社会性"，即把公众从原来的"个体"转变为"社会行为人"，这种社会人是在一个社会网络中获得、选择和共享信息的，而以前的传播学理论很少直接回答传播者之间这种社会互动。因此，问题解决情境理论深化了"公众"的内涵，在很大程度上回应了对原有"公众"概念的质疑，进一步发展了公关传播理论。

（三）公众的问题（风险）认知与传播过程

问题解决情境理论完整地描述了人们在问题解决情境中的传播行为发生过程。为了解决问题，人们会做出一系列判断与传播行为。当一个问题解决者变得积极时，他的信息选择从零碎变为全面，从一般转向特定，从有关转为相关。人们首先会检查信息是否相关，会动用内部储存的经验知识，并进而寻求外部信息源。当信息达到一定程度时，人们形成自己的观感与判断，对一些信息进行筛选或信息许可，当他们处于高信息筛选时，很可能只是使用了外部信息的一部分，当高信息许可出现时，人们解决问题的动机较强，并对外部信息保持较高的包容以试图获得最佳解决方案。但是，在这一过程中，一部分人不但自己会试图解决问题，还会告诉其他人面对这些问题时如何做。这种传播行为影响了他人对问题的观感，并最终形成问题解决的集体行为，而这种传播过程在社交媒体时代是非常普遍。因此，问题解决情境理论比较客观、全面地描述了处在当今社会的公众问题认知与传播行为过程之间的关系。

（四）传播形态

问题解决理论提出了六种传播形态，全面展示人们在问题（风险）解决中的信息认知与传播行为，可以很清晰地了解在问题解决中人们有怎样的传播行为，能为风险沟通实践提供更好的理论工具，也给组织冲突、口碑传播、创新扩散等现象提供理论解释。

问题解决理论中的信息选择（包括信息筛选和信息许可）和信息交流（信息告知与信息共享）变量为公众是如何演化的，及公众是怎样通过传播行为为构建自己的社区提供了理论解释。从问题解决模型中看出，信息选择解释了试图解决问题的传播者不是缺少信息，而是有很强的信息选择性。而信息选择性的强弱在很大程度上解释了公众对某一问题达成共识多寡的程度，公众的信息筛选行为的增加导致缺乏共识，并形成对问题的不同意见。而且，当公众把自己筛选过的信息卖力地告诉他人时，这些信息同样对他人产生了新的问题认知并与他人形成群体意识与组织对抗，甚至形成组织冲突。而组织冲突是公共关系研究最为关注的领域之一，这为研究议题管理提供了一个新的理论框架。

问题解决理论模型解释了处在特定问题解决情境中人们的传播过程。作为积极问题的解决者，他们确实会更积极地进行信息搜寻、信息选择、信息传送和信息共享，这解释了谁最有可能成为口碑传播或创新扩散的传播者。而口碑传播理论主要强调了传播者的传播过程，而没有说明谁最有可能形成口碑传播。因此，问题解决情境理论为口碑传播和创新扩散提供了新的理论解释。

更主动的传播行为即信息搜寻、信息筛选和信息告知，行为表明对特定问题的兴趣与关注。更被动的传播行为如信息注意、信息许可和信息共享表明低水平的涉入可能是一种成功解决问题后人们想摆脱问题情境的愿望。这样，风险沟通者可以有针对性地开展实践活动。

（五）理论应用范围

新理论采用了新名词"问题解决理论"，并淡化了"公众情境"。这是作者试图扩大新理论的应用范围，而不局限于公共关系领域。从主要理论内容看，不仅可以运用到公共关系中的议题管理，还能运用在风险沟通、健康传播、政治传播、科学传播等应用传播领域和公益营销等管理领域。如在健康传播中，能够运用问题解决理论模型去识别哪些人是更积极的信息交流者，自愿地传递与分享健康信息，这样能够开展更具有战略性和有效的健康传播活动。当然，正如金姆和格鲁尼格所说，问题解决理论不是替代公众情境理论，只不过是想扩大理论应用范围来提高其影响力。

第三节　其他两种风险沟通理论

一、风险的社会网络感染效应

个体对风险的认知不仅受到自身知识经验、心理感知等个体因素的影响，还会受到所处的社会网络的影响。尤其是互联互通的社交媒体社会，个体在风险感知与风险决策时受到社会场景与社会网络的影响。Scherer 等提出了风险的社会网络感染效应，该理论认为，个人在面临风险时，会参考社交网络中其他人的看法和行为来进行风险决策①。那些联系紧密的人们最有可能分享相似的信息、态度、信念和行为，而那些联系不紧密的人不可能分享相似的信息，秉持的风险态度与行为也可能不一样。社交网络无须刻意影响各个成员，只要他们保持互动且对其他领域的事物看法相似，这种现象就会自然而然地发生。通常，社交关系越紧密，互动频率越高的群体对风险的反应越会趋于一致。这种现象在社群、微信、微博等社交媒体上非常普遍。

个体处在紧密相连的社会网络中，社交媒体则强化了成员间的联系。当面临风险时，成员间相互交流相互影响，风险感染由此产生。风险的社会网络感染效应揭示，风险沟通不仅仅要考虑个体因素，更需考察社区整体。在风险沟通中劝导人们改变危险行为时，得到其所处的社交网络的支持，也许比直接劝导个体进行说服更加有效。

二、风险的社交媒体放大效应

早在 1988 年，知名风险沟通研究学者皮金等提出了风险的社会放大效应。该理论将风险的评估、风险的感知、社会文化环境、社会制度等多个方面系统地联系起来，从社会学、心理学、文化视角等多个角度切入。该理论认为，社会活动常常会以出乎意料的方式放大风险事件的后果，如同落水石头引起的涟漪，风险也会扩散甚至引发风险放大，由于受到文化与社会心理等诸多因素影响，尤其是在媒体的强大作用下风险呈现放大后果，偏离风险的初始效应，强化或弱化了公众对风险的认知，从而形成从个体到社会的涟漪效应，带来各式各样的社会影响②。

---

① SCHERER C W, CHO A. Social contagion theory of risk perception [J]. Risk analysis an official publication of the society for risk analysis, 2003, 23(2): 261–267.

② 尼克·皮金，罗杰·E. 卡斯帕森，保罗·斯洛维奇. 风险的社会放大 [M]. 谭宏凯，译. 北京：中国劳动社会保障出版社，2010：15.

风险的社交媒体放大效应是风险的社会放大效应的延续与验证。在社交媒体环境下，信息生成与传播机制发生变化，且把关机制尚在完善中，风险的放大效应也越发明显。风险议题更具模糊，谣言更易频发，风险扩散涟漪效应增强，风险扩大化效应明显。这需要风险沟通者充分了解公众的需求，对一个确定的风险所产生的社会波动需做出预设和回应，也更需重视与意见领袖的沟通与互动，第一时间发出权威信息，填补信息真空，以防谣言的滋生和传播。

第四节　社交媒体风险沟通模式

从社交媒体风险沟通对象视角引介两种风险沟通模式——公众视角的风险沟通模式和信息视角的风险沟通模式，可作为新媒体环境下风险沟通模式的参考框架。

一、以公众为中心的风险沟通模式

以往的风险沟通治理模式侧重于管理者视角，不太关注公众的风险认知，不去识别到底什么才是需要传递的信息，只是直接询问科学家认为应该传达的信息，通常认定公众是理性的、对风险是理解的。这种以沟通者和科学家为主的风险沟通时常会导致公众对关键风险产生乐观偏差（optimistic bias）和悲观偏差（pessimistic bias），容易引发负面情绪。这种风险认知与情绪变化在社交媒体的激发下容易形成风险放大效应、风险冲突与风险风暴效应。因此，公众的风险认知是风险沟通治理的关键所在，只有熟悉并理解公众的风险认知，重视并回应公众的现实诉求，才有可能建构起真正化解风险的风险沟通。

学者格兰杰·摩根提出了以公众为中心的风险沟通模式。[①] 他认为，风险沟通的关键是理解公众的风险认知，重视并有效应对公众的心理诉求才能真正化解风险，提升风险沟通效果。他借鉴了认知心理学家丹尼尔·卡内曼在解释影响认知与决策时提出的两个概念来分析影响公众风险认知的因素：其一是可利用性启发式法则（the availability heuristic）。很多时候公众对风险进行认知与判断时，只是简单根据他们头脑中已经存在的和风险相关的信息来确定风险发生的可能性，但公众头脑中的这些信息并不是完整的，很有可能与实际情况是有偏差的，尤其是一些触目惊心的、经过媒体广泛报道的信息会被公众所铭记，在类似事件再次发生时会影响公众的认知和判断。其二是锚定与调整性法则（anchoring and adjustment）。这是指在没有把握的情况下，为了降低判断的随意性和模糊性，公众通常会选择某个参照点即锚为初始估计值，以此作为风险认知与判断的基础，再通过头脑中所能联想到的相关知识对估计值进行一定的调整，得到最终的认知与判断，可能导致公众对风险的理解产生认知偏差。为实现以公众为中心的风险沟通模式的操作化，摩根采取心智模型的方法建构了一个系统性的风险沟通的流程。概括来说，利用心智模型的方法来建构风险沟通可分为"五步走"：第一步，创建专家模型，并使用影响图（influence diagram）的形式来呈现；第二步，进行开放式的心智模型访谈；第三步，进行结构化的问卷调查；第四步，拟定风险沟通草案；第五步，评估风险沟通效果。[②]

以公众为中心的沟通模式为风险沟通提供了一种有效的模式，摆脱以往以沟通者为中心的无效传播的困境，将风险沟通聚焦在公众的实际感知而非客观的风险信息上，在社交媒体环境下真正构建起有效的风险沟通治理模式。

---

① MORGAN G. Risk communication［M］.Cambridge: Cambridge University Press, 2009.

② 马奔，陈雨思. 如何构建有效的风险沟通？［J］. 公共行政评论，2018（2）：176–186.

二、以信息为中心的风险沟通模式

新媒体环境下信息浩如烟海，风险信息庞杂，信息源多元异质，风险沟通存在复杂多变态势。由于公众素养不同，背景复杂，新风险的未知与不确定性，加之无处不在的自媒体现场，一些学者们在反思以"公众需求为中心"的沟通模式在全球性风险沟通体系中的效果，过度关注公众需求，忽略风险信息变动，很可能被公众的特定需求所绑架。有学者提出了"以信息为中心"的风险沟通模式，强调风险信息的公开汇聚与交互，透过互动式辩论形成"系统性多元汇聚"，公众在多元信息呈现中得到真知并能进行自我风险决策。在美国的一些地区，以信息为中心的风险沟通模式被实践部门采纳[①]。

在这个模式中，强调了风险沟通的两个特征："第一，风险沟通是一个互动的过程；第二，风险沟通涉及多元且经常具有竞争性的信息。"[②] 受到特定风险影响的任何人或者人群都是风险过程的利益相关者，相较于专家关注的"危害"而言，普通公众关注的是风险感受，当风险信息没有考量到公众的恐惧感与挫折感时，风险沟通将会招致失败，因此风险沟通需要组织、政府机构和公众之间大范围的互动与交流。为了实现自身利益的最大化，各个组织和政府机构之间会在不同的风险信息上进行争辩，提出竞争性的科学结论，这些竞争性的信息和结论通常会增强公众对于风险感知的不确定性，更加怀疑自己是否真正理解风险将会产生的危害。

正是由于风险沟通的互动性以及多元竞争信息的特征，塞尔瑙等学者将风险沟通视为一个"互动式辩论"（interacting arguments）的过程，试图从互动的视角观察风险沟通，并将信息视为风险沟通的聚焦点。在风险沟通的

---

① SELLNOW T L, ULMER R R, SEEGER M W, et al. 食品安全风险交流方法：以信息为中心［M］. 李强，译. 北京：化学工业出版社，2012：67.

② SELLNOW T L, ULMER R R, SEEGER M W, et al. 食品安全风险交流方法：以信息为中心［M］. 李强，译. 北京：化学工业出版社，2012：51.

过程中，由于风险情境的不确定性以及模糊性，各个组织及政府机构会提出具有竞争性的风险信息，此时在风险沟通的过程中就出现了不同的论据，拥有不同立场的人为他们提出的论据辩护。在面对这些不同的论据时，"公众不会视其中一方是完全正确的，从而完全推翻另一方，相反公众会通过不同论据互动的方式来理解该问题"①。当不同的论据产生一致性的时候，"会聚"（convergence）就会出现，会聚点即是构建风险信息的重要步骤。以往的风险沟通拒绝普通公众的参与，不足以容纳不同论据的表达，对公众的诉求与担忧进行屏蔽，这种沟通者"主宰"的风险沟通方式降低了沟通者和公众这两个不同的知识主体实现会聚的可能性，不利于有效的风险沟通的实现。为实现风险沟通者和多元公众之间的"会聚"，塞尔瑙等倡导以文化为中心的方法，囊括并激励不同的文化群体参与到风险信息的构建过程当中，并调整以往单一发言人的风险信息的传递方式，使得多元的文化群体在风险沟通的过程中都能够掌握话语权，从而实现"系统性多元会聚"。

为应对多元公众的挑战，实现"系统性的会聚"，该模式形成了以文化为中心的多沟通者模型。这种以文化为中心的风险沟通方式打破了传统沟通者对风险沟通信息的主宰，多元公众可以表达他们对风险的感知与诉求，参与到风险信息的构建过程中来，交流风险信息的内容。同时，以文化为中心的风险沟通模型亦改变了风险信息的传递方式，提高公众面对不确定风险情境时的自我效能感，从而有效地回应风险信息。

总体而言，上述两种风险沟通模式尝试性地为社交媒体环境下风险沟通者和技术专家提供一种系统化的风险沟通模式，为公众提供关于风险关键的、重要的和所需的信息，提升风险沟通实践的有效性。但因我国社交媒体的风险沟通缺乏较为规范有效的方法，公众在很大程度上仍然是单向的风险信息接收者，需要根据我国国情对两种沟通模式做出适应性调整。

---

① SHERRIE R W, MARK T. The influence of perceived food risk and source trust on media system dependency. Journal of Applied Communications, 2004, 88(1) : 9-27.

实证篇　基于多元定量研究方法

第三章　公众的风险认知与信息行为

本章基于风险沟通理论对社交媒体情境下公众的风险认知与信息行为进行实证研究。首先利用问卷调查法考察了食品风险情境下公众的风险认知状况及其传播行为间的关系，揭示公众的风险认知与传播行为的内在机理；其次，基于个案研究对名人危机中粉丝的传播行为进行分析，探讨粉丝在社交媒体语境下名人危机中的角色与行为；再次，在最后一个实证研究中，以危机情境传播理论为理论基础，通过 2（危机历史：首次危机与次生危机）×2（回应策略：否认策略与道歉策略）的被试内设计，研究了危机的"次生灾害"传播效应，即危机历史与回应策略不同是如何影响公众的愤怒和组织声誉，进而影响公众的危机二次传播行为。

第一节　风险认知与信息传播行为间关系实证研究

一、研究问题

风险传播行为在社交媒体环境下是非常普遍的。普通公众的风险传播行为对他人风险认知的影响非常显著[①]。当传播的食品风险信息是夸张的而不是

[①]　MARGÔT K. Psychological determinants of reactions to food risk messages [J]. Risk analysis an official publication of the society for risk analysis, 2006, 26(4): 1045–1057.

真实的，是二手信息而不是权威信息时，那么这种风险传播行为可能会强化或弱化公众对食品风险的认知，进而可能引发负面后果。因此，需要考察公众的风险认知及其传播行为之间究竟存在怎样的关系，找到食品风险认知及其传播行为的内在机理，以便提高食品风险沟通效果。本书以问题解决情境理论作为框架，找出食品风险认知情境中的关键变量，对食品风险认知及其传播行为进行实证研究。

根据文献回顾，食品风险沟通研究的重要基础是研究公众感知到的食品风险，而不是事实上的风险，并通过研究公众在食品风险认知情境中的风险传播行为变化来提升食品风险沟通的有效性。公众为解决食品风险问题会做出一系列的判断和行为变化[①]。公众依据感知到的食品风险，搜集风险信息，通过相关风险信息了解风险发展趋势，以便做出风险决策。根据问题解决情境理论，公众不仅通过搜集信息来做出风险决策，还对相关风险信息进行研判筛选，与他人分享风险信息以便做出最优的风险决策。换言之，传播行为可以分为信息获取、信息筛选和信息分享。Kim 等认为，问题情境中的一些因素是导致公众的传播行为的关键[②]。问题解决情境理论中提出了四种关键因素来预测公众的传播行为——问题认知、涉入认知、受限认知和参考标准。本书认为，问题认知是公众对某一问题的感知水平，在食品风险情境中可以用风险认知来解释。根据文献回顾，涉入认知与风险认知中的相关性含义相近，即公众感知到食品风险与自己的密切相关程度。受限认知则指的是公众意识到自己在解决某一问题上无能为力或无法控制的程度。问题解决情

① NEUWIRTH K, DUNWOODY S, GRIFFIN R J. Protection motivation and risk communication [J]. Risk analysis an official publication of the society for risk analysis, 2000, 20(5): 721–734.

② KIM J N, GRUNIG J E. Problem solving and communicative action: a situational theory of problem solving [J]. Journal of communication, 2011, 61(1): 120–149.

境理论中的受限认知与风险认知理论中的自我效能的含义相似[①]。对于参考标准的检验，很多学者检验了参考标准对传播行为的预测能力，结果却没有统一的结论，某些研究结果表明不能预测公众的传播行为。

根据食品风险的相关文献回顾，许多研究表明，公众在食品安全风险情境中非常容易出现乐观偏差[②]。与乐观偏差相反，有些公众却存在悲观偏差（pessimistic bias），认为自己更可能遭遇食品风险伤害而他人则不会受到食品风险的伤害。一方面，在心理学和行为经济学领域相关研究已经证实，悲观偏差总是和人类的一切消极情绪密切相关，在各种决策问题中这种行为偏差对决策者行为也有重要的影响。乐观、悲观和未来世界状态的不确定性密不可分，悲观者总是过低估计有利结果发生的概率而过高估计不利结果发生的概率。负面事件发生的频率与悲观偏差呈正相关关系，即负面事件发生得越频繁，人们的悲观偏差就越容易发生[③]。那些缺乏自我控制感的人如自卑或身体较差的人，感知到风险时会呈现出不同程度的悲观偏差[④]。那么，我国公众在食品风险情境中是否存在乐观偏差和悲观偏差现象呢？需要进行实证分析。另一方面，乐观偏差与悲观乐观偏差可能引发行为变化。一般而言，乐观偏差使得人们降低了风险认知水平，也降低了解决问题的努力，面对风险可能采取风险规避的可能性减少。相反，具有悲观偏差的人的风险规避行为也会更积极。他们担心自己受到更大的伤害，会尽量采取更多的保护

① HARRIS P. Sufficient grounds for optimism? The relationship between perceived controllability and optimistic bias [J]. Journal of social and clinical psychology, 1996, 15(1): 9–52.

② REDMOND E C, GRIFFITH C J. Consumer perceptions of food safety risk, control and responsibility [J]. Appetite, 2004, 43(3): 309–313.

③ KLEIN W M P, LIPKUS I M, SCHOLL S. Self-affirmation moderates effects of unrealistic optimism and pessimism on reactions to tailored risk feedback [J]. Psychol and health, 2010, 25(10): 1195–1208.

④ BLANTON H, AXSOM D, MCCLIVE K P, et al. Pessimistic bias in comparative evaluations: a case of perceived vulnerability to the effects of negative life events [J]. Personality and social psychology bulletin, 2001, 27(12): 1627–1636.

措施来规避风险，即使在一般人看来风险并不会有多大伤害，那些悲观偏差的人还是比较警惕风险。但"乐观偏差、悲观偏差与风险传播行为之间存在怎样的关系"这个学术问题却未得到深入研究。

有效的风险沟通管理方法之一是对不同人群进行针对性的传播沟通[①]。本书认为，在社交媒体环境下，有两类特殊人群需要特别重视：一类人群是高信息分享人群，这类人群经常利用社交媒体传播风险信息，他们活跃在各种社交媒体中，通过风险传播行为影响他人对食品风险的感知。另一类特殊人群是悲观偏差人群。根据风险决策理论，风险认知导致行为变化。当个体的风险认知发生偏差，而且处于悲观偏差状态时，其心理处于一种紧张与焦虑状态，会采取积极的风险规避行为，甚至采取过激的风险规避行为。悲观偏差与风险传播行为之间存在怎样的关系呢？悲观偏差水平高的人群的风险传播行为会发生怎样的变化呢？目前还没有学者对此进行深入探讨。

本章以问题解决情境理论为理论分析框架，以农药残留为食品安全风险类型，以风险认知水平、涉入认知、受限认知与乐观偏差作为食品风险认知情境因素，以信息获取、信息筛选、信息分享考察公众的风险传播行为，探讨果蔬农药残留风险情境中的风险认知情境因素与风险传播行为之间的关系。本节的研究框架如图3-1所示。

---

① RICKARD L N. In backyards, on front lawns: examining informal risk communication and communicators [J]. Public understanding of science, 2011, 20(5): 642–657.

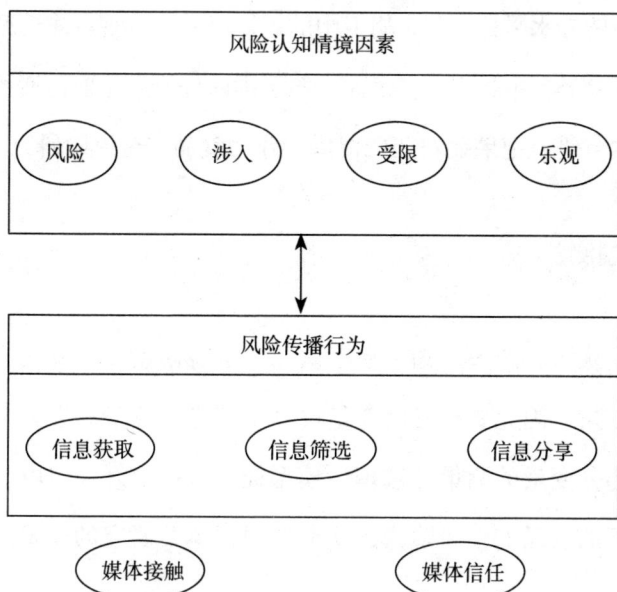

图 3-1 食品风险认知与风险传播行为关系实证研究构架

二、研究方法

（一）风险类型的选择

在国外研究中，Sparks 等发现，农药残留、细菌、脂肪三类常见的食品安全风险认知中，公众对食品中残留农药的风险认知水平最高[1]。在一项长达十年的调查研究中发现，在所有风险认知中，最高的风险认知是农药残留问题[2]。在国内，在一项对杭州公众做的果蔬食品安全风险认知调查中发现，农

---

[1] SPARKS P, SHEPHERD R. Public perceptions of the potential hazards associated with food production and food consumption: an empirical study [J]. Risk analysis an official publication of the society for risk analysis, 1994, 14(5): 787–799.

[2] WHALEY S R, TUCKER M. The influence of perceived food risk and source trust on media system dependency [J]. Journal of applied communications, 2004, 88(1): 9–27.

药残留的风险感知水平最高[1]。胡卫中的近期研究也发现，农药残留风险认知水平在所有风险类型中最高[2]。因此，鉴于国内外研究中农药残留风险较为典型与突出，本节研究把果蔬农药残留风险作为食品安全风险研究对象。

（二）变量测量

由于风险认知、涉入认知、受限认知、乐观偏差、情境动机、传播行为等变量是潜变量，因此要对各潜变量设计量表进行测量。根据本节研究掌握的资料，大部分变量的测量已被理论模型提出者构建好。但由于本节研究考察我国情境下的食品安全风险沟通研究，根据本节研究的需要，对其量表进行了适度调整。

根据学者 Sparks 等[3] 的研究，结合胡卫中[4]、Kim 等[5] 对风险认知的测量与问题解决情境理论中的变量测量，本节研究风险问题认知时用熟悉性、严重性、风险暴露程度来测量，问题如下：

Q1：我觉得果蔬农药残留安全问题越来越严重。

Q2：我觉得果蔬农药残留安全问题不严重（反向，测量时分数计算特别处理）。

Q3：我认为果蔬农药残留给我很危险的印象。

---

① 周洁红. 消费者对蔬菜安全的态度、认知和购买行为分析——基于浙江省城市和城镇消费者的调查统计［J］. 中国农村经济，2004(11)：44-52.

② 胡卫中. 消费者食品安全风险认知的实证研究［D］. 杭州：浙江大学，2010.

③ SPARKS P, SHEPHERD R. Public perceptions of the potential hazards associated with food production and food consumption: an empirical study［J］. Risk analysis an official publication of the society for risk analysis, 1994, 14(5): 787-799.

④ 胡卫中. 消费者食品安全风险认知的实证研究［D］. 杭州：浙江大学，2010.

⑤ KIM J N, GRUNIG J E. Problem solving and communicative action: a situational theory of problem solving［J］. Journal of communication, 2011, 61(1): 120-149.

Q4：过去我曾听过果蔬农药残留安全问题。

Q5：我认为大多数人会受到果蔬农药残留安全问题的影响。

Q6：我认为我了解果蔬农药残留安全问题。

根据 Kim 等 [1] 对涉入认知的定义，结合 Dai [2] 的量表测量，本节研究的涉入认知的测量如下：

Q7：我认为果蔬农药残留安全问题与我密切相关。

Q8：比起周围的人，我认为我比较关心果蔬农药残留安全问题。

Q9：我认为果蔬农药残留安全问题对我周围的人很重要。

Q10：我认为果蔬农药残留安全问题对我来说很重要。

根据学者 Renn [3] 的研究，食品安全的风险沟通最大的障碍是对食品风险不可控制的不确定性、风险问题的复杂性以及如何评估风险的模糊性。根据文献综述，受限认知与自我效能含义类似。因此，本节研究的受限认知用以下问题来测量：

Q11：目前果蔬农药残留安全问题是无法解决的。

Q12：要解决果蔬农药残留安全问题会改变我的饮食习惯，我无法做到。

① KIM J N, GRUNIG J E. Problem solving and communicative action: a situational theory of problem solving [J]. Journal of communication, 2011, 61(1): 120–149.

② DAI J J.From the public's perspective: narrative persuasion's mechanism, usage and evaluation in pap smear campaign among Chinese women living in the US [D]. Master's thesis, Jack J. Valenti school of communication, University of Houston, 2011.

③ RENN O. Risk perception and communication: lessons for the food and food packaging industry [J]. Food additives and contaminants, 2005, 22(10): 1061–1071.

Q13：我觉得果蔬农药残留安全问题涉及太多因素，就算我想解决，也无法避免受到果蔬农药残留安全问题的影响。

Q14：大家对果蔬农药残留安全问题说法不一，我不知道怎样才能真正避免受到果蔬农药残留安全问题的影响。

对乐观偏差的测量，参考 Jansen 等的研究[①]，主要通过直接测量法，让被调查者直接回答果蔬农药残留的食品安全风险是否更可能发生在自己身上，采用 5 点计分（5 表示事件发生在自己身上的可能性远小于周围的人，即乐观偏差；3 表示无认知偏差；1 表示事件发生在自己身上可能性远大于周围人，即悲观偏差）。因此，本节研究的乐观偏差的测量为：

Q15：我认为，我受到果蔬农药残留安全问题的影响的可能性比较大。

变量传播行为分为三种具体的传播行为，分别是信息获取、信息筛选和信息分享行为，用信息搜寻、信息注意、信息筛选、信息许可、信息告知、信息分享来测量。基于 Kim 等[②]的研究量表，并根据本书研究需要，信息获取包括信息搜寻和信息注意两个层面，信息筛选包括信息选择和信息许可两个层面，信息分享包括信息告知和信息共享两个层面，具体测量如下。

信息获取变量测量：

Q16：我会经常搜集果蔬农药残留安全问题的信息。

Q17：果蔬农药残留安全问题一旦发生，我会积极地搜寻相关信息。

---

① JANSEN L A, APPELBAUM P S, KLEIN W M P, et al. Unrealistic optimism in earlyphase oncology trials [J]. Ethics and human research, 2011, 33(1): 1–8.

② KIM J N, GRUNIG J E. Problem solving and communicative action: a situational theory of problem solving [J]. Journal of communication, 2011, 61(1): 120–149.

Q18：我时常从互联网上搜集果蔬农药残留安全问题的最新信息。

Q19：我周围的人认为我花了很多时间搜集果蔬农药残留安全问题的信息。

Q20：当媒体报道果蔬农药残留安全问题时，我会关注此新闻。

Q21：我会注意果蔬农药残留安全问题的最新发展。

Q22：如果有人告诉我一些关于果蔬农药残留安全问题的信息时，我会花些时间倾听。

信息筛选变量测量：

Q23：我会有选择地挑选有关果蔬农药残留安全问题的信息。

Q24：我会对果蔬农药残留安全问题信息进行研究，判断哪些信息有价值。

Q25：若发生果蔬农药残留安全问题，我会对某些果蔬农药残留安全问题的信息保持可疑态度。

Q26：为了避免受到果蔬农药残留安全问题的影响，我会进一步核实看到的风险信息。

Q27：对于果蔬农药残留安全问题，不管从哪里来的信息，我都愿意倾听。

Q28：在果蔬农药残留安全问题上，我有时候甚至会接受与自己原来相反的观点。

Q29：我对果蔬农药残留安全问题信息保持谨慎，因为这些信息提供者可能有自己的利益考虑。

信息分享变量测量：

Q30：在果蔬农药残留安全问题上，我会主动地与他人讨论。

Q31：当我得知发生果蔬农药残留安全问题时，我会主动告诉他人，避免受其影响。

Q32：我喜欢主动与他人讨论果蔬农药残留安全问题。

Q33：我喜欢与他人分享我关于果蔬农药残留安全问题的知识与看法。

Q34：我不会主动与别人讨论果蔬农药残留安全问题，但别人在我面前讨论时，我会留意。

Q35：当别人在讨论果蔬农药残留安全问题时，我会参与进去讨论。

Q36：当与别人讨论果蔬农药残留安全问题时，都是我听别人讲的机会多。

以上测项根据测量的具体问题顺序，采用李克特5级量表法（非常不同意、比较不同意、无所谓、比较同意、非常同意），从非常不同意给1分到非常同意给5分进行测量。

（三）问卷设计

根据相关研究文献资料，本节研究首先初步设计了一份调查问卷。接着，针对这份调查问卷初稿，作者咨询了相关学者，并根据他们的发现和建议，对调查问卷内容做出了相应的修正和调整，最终确定了问卷调查。

（四）预调查与信效度检验

为确保调查问卷具备良好的品质，保证量表的构念信度与效度，在正式问卷调查实施之前，有必要对调查问卷进行前测，这样可以透过预调查数据，了解各变量的信度，保证调查问卷的研究价值。

信度指的是测量的一致性与正确性。换言之，使用这种测量工具，测量值与真实值是否相同，或不同的研究者使用同一种测量工具与方法是否会获得一致的结果。在李克特量表法中常用的信度检验方法为"Cronbach's α"系数，用来检定各题项间的凝聚程度。大多数学者的观点认为，总量表的信度系数如果大于 0.9，则表示该量表的信度非常好，如果在 0.8 ～ 0.9 之间则表示该量表的信度较好，如果在 0.7 ～ 0.8 之间则表示可以接受，如果信度系数小于 0.7，则总量表必须重新设计。但如果是针对总量表中的分量表而言，其信度系数最好要大于 0.7，不过在 0.6 ～ 0.7 之间也是可以接受的。如果研究者的目的是编制探索性研究问卷，则信度系数在 0.5 ～ 0.6 之间便已经足够。因此，本节研究根据信度系数皆大于 0.7 作为参考值，前测中的各项目测量如果没有达到 0.7，则删除；若大于 0.7，但删除其中某项能够进一步提升信度系数则进行删除，以保证量表的高信度，并最终确定问卷调查量表。

预调查根据研究设计，采取便利性调查方法，调查对象为江西赣州某大学的本科生，共调查了 50 人，现将调查数据进行各变量题项的一致性检验分析。

本节研究对前测数据之各变量全部进行题项间一致性信度检验（具体信度系数见表 3-1）。首先，对风险认知变量进行题项间一致性检验，结果发现，整体 Cronbach's α 值为 0.877，这表明整体的风险认知变量测量有较高的可靠性。但如果删除 Q6，风险认知的整体 Cronbach's α 值上升为 0.91，量表则非常可信。因此，本节研究在正式问卷调查中删除 Q4。其次，对变量涉入认知进行检验，发现涉入认知的整体 Cronbach's α 值为 0.75，若删除 Q9，整体 Cronbach's α 值则上升到 0.86，因此正式问卷调查中删除该题项。接着，对受限认知变量进行一致性检验，发现整体 Cronbach's α 值为 0.73，这表明受限认知的信度可以接受。然后，对三种传播行为进行一致性检验。通过数据分析发现，信息获取变量的整体 Cronbach's α 值为 0.68，这说明可信度不高，需要对量表进行调整。当删除 Q22 和 Q23 题项时，整体 Cronbach's α 值则上升到 0.80。因此，本节研究在正式问卷调查中删除这两项。信息筛选变量的整体 Cronbach's α 值为 0.82，这表明信息筛选变量的可信度系数较高。信息分享行为的整体 Cronbach's α 值为 0.78，若删除题项 Q35、Q37 题项，整体 Cronbach's α 值则上升到 0.83。因此，本节研究在正式问卷调查中删除这两项。

表 3-1　各变量 Cronbach's α 值

变量	风险认知	涉入认知	受限认知	信息寻求行为	信息筛选行为	信息分享行为
删除前	0.877	0.75	0.73	0.68	0.82	0.78
删除后	0.91	0.86	0.73	0.80	0.82	0.83
删除后各量表题项信度系数	Q1、Q2 Q3、Q4 Q5 系数大于 0.8	Q7、Q8 Q10 系数大于 0.8	Q11、Q12 Q13、Q14 系数大于 0.7	Q17、Q18 Q19、Q20 Q21 的系数大于 0.7	Q24、Q25 Q26、Q27 Q28、Q29 Q30 系数大于 0.7	Q31、Q32 Q33、Q34 Q36 的系数大于 0.7

量表的信度保证是基本条件，但并不足够。信度高也可能会无效甚至完全无效。因此，在假设检验之前，需要对问卷及样本数据的效度进行检验。本节研究从内容效度方面检验量表和数据的效度。内容效度指的是量表的内容或题项是否能恰当地测量出研究者所需衡量的心理特质或行为程度。内容效度高低取决于题项取样的代表性程度，主要依赖专家对取样适应程度的分析而定。如果专家评价认为量表题项对于将测量的构念有很高的代表性，就可以判断量表的内容效度高，反之则低。然而，此种内容效度检验方法有主观随意之嫌，很难做到真正客观。因此，为了降低主观随意性，本节研究采用"量表评分法"来验证内容效度，即要求几位博士研究生试填答，所有题项都得到了 80% 以上认同。而且，在实际的调查过程中，调查对象普遍反映问卷中的问题都容易理解，这表明问卷具有较高的效度。

（五）正式问卷调查与数据采集

　　根据研究问题与正式问卷的内容，食品安全风险的调查对象最好是日常食品的购买者和使用者，如家庭主妇和已经成家立业的人员等群体。同时，本节研究为了提高样本的代表性，在抽样上兼顾了沿海发达地区和内陆地区。因此，通过下述方式开展问卷调查。第一，在福建省福州市某超市门口随机拦截访问，发放问卷100份，回收问卷38份，并在这些问卷中标明"福超"字样以便区别其他样本；第二，向福建省福州市一所大学的MBA学员发放问卷100份，回收64份，并在这些问卷中标明"MBA"字样以便更好地做统计分析；第三，在江西省瑞金市某超市门口随机拦截访问，发放问卷100份，回收问卷46份，并在这些问卷中标明"瑞超"字样以便区别其他样本；第四，向江西省赣州市一所高校的成人教育函授班学生（学生来自赣南地区18个县市）发放问卷调查100份，回收91份，并在这些问卷中标明"成教"字样以便区别其他样本；第五，为了更广泛地获取福州地区和江西赣州地区的样本，在QQ群中寻找来自福州地区和赣州地区的公众，通过QQ将问卷的电子版随机发放给这两个地区熟悉的和陌生的QQ用户，并记录已经发放问卷的QQ号码，核对并剔除重复填写的调查对象，共发放问卷200份，回收问卷92份，为了区分92个样本来自哪些地区，对此做了详细的标记，其中来自福建省地区的样本为40份，来自江西省的问卷为52份。综合统计分析，共发放问卷600份，回收问卷331份，回收率为55.17%。回收问卷之后，对问卷进行了整理，发现填答缺漏太多（10题以上未做答）的问卷有32份，乱填答的问卷有8份（所有选项的得分都一样或呈现出明显的规律性），不符合答题要求的（要求单选实际操作为多选）为10份。因此，剔除掉这50份无效问卷后，得到的有效问卷为281份，有效率为46.83%。

　　样本的基本特征如下（详见表3-2）：在性别上，男性占39%，女性占

61%；在年龄上，19 岁以下为 6%，20 ～ 29 岁为 19%，30 ～ 39 岁为 36.5%，40 ～ 49 岁为 27.5%，50 ～ 59 岁为 7.5%，60 岁以上为 3.5%；在教育程度上，高中以下为 17.5%，大专为 30%，本科为 33.0%，硕士以上为 19.5%；在婚姻状况上，未婚为 36.5%，已婚为 61.0%，离异为 2.5%；家庭人口数上，2 人以下为 6%，3 人为 39.5%，4 人为 27%，5 人以上为 27.5%；在个人月收入上，1 500 以下为 3%，1 501 ～ 2 000 元为 11.5%，2 001 ～ 3 000 元为 31%，3 001 ～ 5 000 元为 35%，5 001 ～ 7 000 元为 8%，7 001 ～ 10 000 元为 6.5%，10 001 以上为 5%。

表 3-2　果蔬农药残留风险之样本结构（N=281）

人口统计变量	分类项目	百分比	人口统计变量	分类项目	百分比
性别	男	39.0%	健康状况感知	很健康	22.5%
	女	61.0%		健康	51.0%
年龄	19 岁以下	6.0%		一般	21.5%
	20 ～ 29 岁	19.0%		较差	5.0%
	30 ～ 39 岁	36.5%	家庭人口数	2 人以下	6.0%
	40 ～ 49 岁	27.5%		3 人	39.5%
	50 ～ 59 岁	7.5%		4 人	27.0%
	60 岁以上	3.5%		5 人以上	27.5%
个人月收入	1 500 元以下	3.0%	教育程度	高中以下	17.5%
	1 501 ～ 2 000 元	11.5%		大专	30.0%
	2 001 ～ 3 000 元	31.0%		本科	33.0%
	3 001 ～ 5 000 元	35.0%		硕士以上	19.5%
	5 001 ～ 7 000 元	8.0%	婚姻	未婚	36.5%
	7 001 ～ 10 000 元	6.5%		已婚	61.0%
	10 001 元以上	5.0%		离异	2.5%

本节研究的调查样本来自福建省和江西省，为了检验两个地区的样本是否存在差异，对两个地区的调查样本的基本特征进行比较，并进行显著性差异检验。通过独立样本检验差异的非参数检验[①]，分析结果见表 3-3。统计结

① 吴明隆. SPSS 统计应用实务［M］. 北京：科学出版社，2003：90.

果表明，来自两个地区的样本在所有基本统计特征上都没有显著差异，即表示本节研究中的有效样本在抽样地区上不存在显著的差异，进而可以说明抽样地区并不会对研究结果造成显著的偏差。

表 3-3　果蔬农药残留风险的调查样本地区偏差检验

人口统计变量	性别	年龄	教育程度	个人月收入	婚姻状况	健康状况	家庭人口数
显著性	0.874	0.081	0.129	0.071	0.942	0.983	0.853

注：福州地区有效样本为 117，江西地区有效样本为 164。

三、数据分析与结果讨论

（一）数据分析

1. 基本数据分析

首先是食品安全风险认知过程方面的描述性统计分析（见表 3-4），对风险认知水平的 5 个题项进行加总取平均值后，风险认知的均值为 3.71，标准差为 1.071，体现了公众对果蔬农药残留的风险有一定程度的认知。对涉入认知进行均值分析，涉入认知的均值为 3.54，标准差为 0.971，反映了公众对果蔬农药残留的风险有一定的涉入程度。对受限认知的题项加总后取平均值，受限认知的均值为 3.33，标准差为 0.786，反映了公众对果蔬农药残留的风险问题有一定的受限认知，公众在一定程度上无法避免受到果蔬农药残留的影响。变量乐观偏差的得分为 2.74，标准差为 1.016，这表明，整体而言，公众对果蔬农药残留风险认知不仅没有乐观偏差，反而是一种悲观偏差。公众认为自己比他人更容易受到果蔬农药残留风险的影响。对风险信息获取行为进行加总后求取平均值，信息获取行为的均值为 3.60，标准差为 0.906，反映了公众对在果蔬农药残留风险议题上的信息获取行为有一定的活跃度。对信息筛选行为进行加总后取平均值，信息筛选行为的均值为 3.40，标准差为 0.857，反映了公众在果蔬农药残留的风险信息会采取一定程度的筛选行为。信息分享行为的均值为 3.58，标准差为 0.764，体现了公众在一定程度上会把果蔬农药残留风险信息传播给他人。

表 3-4　果蔬农药残留风险情境之风险认知情境与风险传播行为均值

变量	均值	标准差	变量	均值	标准差
风险认知	3.71	1.071	信息获取行为	3.60	0.906
涉入认知	3.54	0.971	信息筛选行为	3.40	0.857
受限认知	3.33	0.786	信息分享行为	3.58	0.764
乐观偏差	2.74	1.016			

对具有不同人口统计学特征的公众群体的风险认知均值进行分析，分别选取了性别、教育程度、婚姻状况、年龄、个人月收入、家庭人口数、身体状况感知等方面划分出不同的公众群体，分析工具选取了百分比、均值和标准差。表 3-5 中的统计结果显示了不同性别、教育程度、婚姻状况、年龄、个人月收入、身体状况感知、家庭人口数等方面风险认知的状况，从整体来看，各个群体的风险认知的标准差不大，说明数据的离散程度不大。统计结果显示：①女性比男性对果蔬农药残留的风险认知水平稍微高一些，但没有显著差异；②教育程度高的人群对果蔬农药残留的风险认知高于教育程度低的人群；③从婚姻状况来看，离异人群比已婚人群和未婚人群的风险认知水平更高；④从年龄来看，年龄大的人群比年龄小的人群的风险认知水平更高；⑤经济收入高人群的风险认知与经济收入低人群并无多大差异；⑥从调查对象的身体健康状况感知来看，身体健康状况好的比身体健康状况差的人群的风险认知水平更低；⑦从家庭人口数来看，家庭人口多的与家庭人口少的人群在风险认知的均值上并无多大的差异，不存在家庭人口数多的人群的风险认知水平高于家庭人口数少的家庭。

表 3-5　果蔬农药残留风险情境之人口统计变量的风险认知水平

人口统计变量	分类项目	比例	均值	标准差
性别	男	39.0%	3.68	1.073
	女	61.0%	3.72	0.964
教育程度	高中以下	17.5%	3.42	1.137
	大专	30.0%	3.71	1.096
	本科	33.0%	3.74	1.134
	硕士以上	19.5%	3.91	0.817
婚姻状况	未婚	36.5%	3.12	1.628
	已婚	61.0%	3.60	1.141
	离异	2.5%	3.94	0.858
年龄	19 岁以下	6.0%	3.23	1.175
	20 ~ 29 岁	19.0%	3.53	1.195
	30 ~ 39 岁	36.5%	3.71	0.446
	40 ~ 49 岁	27.5%	3.80	1.172
	50 ~ 59 岁	7.5%	4.20	0.745
	60 岁以上	3.5%	4.26	0.542
个人月收入	1 500 元以下	3.0%	3.77	1.105
	1 501 ~ 2 000 元	11.5%	3.85	1.117
	2 001 ~ 3 000 元	31.0%	3.39	1.218
	3 001 ~ 5 000 元	35.0%	3.81	0.953
	5 001 ~ 7 000 元	8.0%	3.82	0.946
	7 001 ~ 10 000 元	6.5%	4.09	1.009
	10 001 元以上	5%	3.92	0.875
身体状况感知	很健康	22.5%	2.80	1.119
	健康	51.0%	3.53	0.956
	一般	21.5%	3.69	1.273
	较差	5.0 %	3.81	1.131
家庭人口数	2 人以下	6.0%	3.68	1.064
	3 人	39.5%	3.67	1.013
	4 人	27.0%	3.74	1.116
	5 人以上	27.5%	3.65	1.132

从人口统计学角度对乐观偏差均值也进行了分析，分别选取了性别、教育程度、婚姻状况、年龄、个人月收入、身体状况感知、家庭人口数等方面划分出不同的群体。表3-6中的统计结果显示了不同性别、教育程度、婚姻状况、年龄、个人月收入、身体状况感知、家庭人口数等方面乐观偏差的状况。从整体来看，各个群体的乐观偏差的标准差也不大，说明数据的离散程度不大。结果显示：①从性别来看，女性的悲观偏差程度比男性略微高，但差异不显著；②从教育程度来看，除了高中以下人群外，大专以上的人群都出现了不同程度的悲观偏差，而且教育程度高的人群比教育程度低的人群的悲观偏差水平更高；③从婚姻状况来看，离异人群比未婚人群和已婚人群的悲观偏差水平更高，未婚人群比已婚的悲观偏差水平更低；④从年龄来看，19岁以下人群出现了乐观偏差，其余年龄的人群出现了悲观偏差，而且年龄大的人群比年龄小的人群的悲观偏差水平更高；⑤从个人月收入来看，月收入在1 500元以下的人群出现了乐观偏差，5 000～7 000元人群没有出现认知偏差，其余人群出现了悲观偏差现象；⑥从身体状况感知来看，身体很健康的人群出现了乐观偏差，其余人群出现了悲观偏差，而且身体自我感知差的人群比身体自我感知好的人群的悲观偏差水平更高；⑦从家庭人口数看，全部呈现出了一定程度的悲观偏差，其中2人以下的家庭的悲观偏差水平为2.78，家庭人口数为3人的悲观偏差水平为2.68，家庭人数为4人的悲观偏差水平为2.45，家庭人数为5人以上的悲观偏差水平为2.94。

表3-6 果蔬农药残留风险之人口统计变量的乐观偏差水平

人口统计变量	分类项目	比例	均值	标准差
性别	男	39.0%	2.78	1.052
	女	61.0%	2.72	0.998
教育程度	高中以下	17.5%	3.08	1.106
	大专	30.0%	2.80	0.958
	本科	33.0%	2.64	0.955
	硕士以上	19.5%	2.62	1.085

人口统计变量	分类项目	比例	均值	标准差
婚姻状况	未婚	36.5%	2.66	1.017
	已婚	61.0%	2.80	1.026
	离异	2.5%	2.60	0.894
年龄	19 岁以下	6.0%	3.42	1.100
	20 ~ 29 岁	19.0%	2.93	1.021
	30 ~ 39 岁	36.5%	2.78	1.003
	40 ~ 49 岁	27.5%	2.59	0.975
	50 ~ 59 岁	7.5%	2.47	1.100
	60 岁以上	3.5%	2.41	1.254
个人月收入	1 500 元以下	3.0%	3.83	1.169
	1 501 ~ 2 000 元	11.5%	2.78	0.850
	2 001 ~ 3 000 元	31.0%	2.76	1.066
	3 001 ~ 5 000 元	35.0%	2.66	0.976
	5 001 ~ 7 000 元	8.0%	3.00	1.095
	7 001 ~ 10 000 元	6.5%	2.46	1.050
	10 001 以上	5.0%	2.50	0.850
身体状况感知	很健康	22.5%	3.10	0.941
	健康	51.0%	2.81	0.959
	一般	21.5%	2.67	1.343
	较差	5.0%	2.31	1.012
家庭人口数	2 人以下	6.0%	2.78	1.120
	3 人	39.5%	2.68	1.015
	4 人	27.0%	2.45	1.023
	5 人以上	27.5%	2.94	1.012

2. 特殊人群的风险认知和风险传播行为数据分析

本节研究的特殊人群指的是两类人群，一类人群是信息分享行为比较活跃的人群，这类人群倾向于喜欢把风险信息告诉他人，属于二次风险传播，从而影响他人对风险的感知，容易导致风险信息失真和扭曲，甚至产生谣言，引起恐慌。因此，有必要对风险信息分享行为活跃的人群进行分析。另一类人群是悲观偏差人群。本节研究的前一部分证实了悲观偏差现象，有必要对悲观偏差的人群进行分析，进一步探析悲观偏差人群的风险认知和风险传播行为，从而对风险沟通管理决策提供依据。

（1）高信息分享人群的风险认知和风险传播行为分析。

为了探求信息分享行为活跃度较高的公众有怎样的风险认知水平和有怎样的其他传播行为，现对信息分享活跃程度不同的样本进行分析与比对。首先对所有样本进行排序，以信息分享变量均值为关键词，降序进行排列，取出高信息分享样本93例（约占总体样本的1/3），求取相关均值。从数据来看（见表3-7），高信息分享人群的各种变量水平比总体均值均有所提高。风险认知水平上，从总体均值3.71上升到3.94，这反映了具有高信息分享行为的人群的风险认知水平也更高；涉入认知上，从总体均值3.54上升到4.12；受限认知上，从总体均值3.33上升到3.72。从具体的传播行为水平看，相差最大的是信息获取，从总体均值3.60上升为4.38，其次是信息分享，从3.58上升为4.26，差异最小的是信息筛选，从3.40上升至3.81。这说明具有高信息共享行为的人群风险认知水平比一般公众要高，感知到的风险与个人的相关性更高，对食品风险认知的自我效能也较高。与此同时伴随着较为活跃的信息寻求行为和较低的信息筛选行为，这也暗含着具有高信息共享行为的人群很可能在未核实相关风险信息的情况下把这些风险信息与他人分享，容易引发食品谣言。

表3-7　果蔬农药残留风险情境中的高信息分享人群与总体样本的均值比较

变量	总体均值	高信息分享下	变量	总体均值	高信息分享下
风险认知	3.71，SD=1.071	3.94，SD=0.683	信息获取	3.60，SD=0.906	4.38，SD=0.657
涉入认知	3.54，SD=0.971	4.12，SD=0.554	信息筛选	3.40，SD=0.857	3.81，SD=0.642
受限认知	3.33，SD=0.786	3.72，SD=0.661	信息分享	3.58，SD=0.764	4.26，SD=0.289
乐观偏差	2.74，SD=1.016	2.51，SD=0.832			

（2）悲观偏差人群的风险认知与风险传播行为分析。

最后，为了探求食品安全悲观偏差人群的传播行为，现对乐观偏差水平不同的样本进行分析与比对。首先对所有样本进行排序，以乐观偏差均值为关键词，进行排序，取出均值低于中间值的样本104例，求取相关均值。从数据来看（见表3-8），悲观偏差人群的各种变量水平与总体均值相比有较大差异。风险认知从总体均值3.71上升到3.86，涉入认知从总体均值3.54上升到3.98，受限认知从总体均值3.33上升到3.73，乐观偏差水平从2.74下降到1.69。而从具体的传播行为看，差异最大的是信息分享，由均值3.58上升为4.33，其次是信息获取，从3.60上升为4.31，变化最小的是信息筛选，从3.47上升至3.52。从这些数据看，食品安全的悲观偏差人群的风险认知水平更高，涉入认知水平更高，受限认知也更高，乐观偏差值极低，而且在这种悲观偏差的影响下，他们的风险传播行为与总体人群的传播行为相差较大，风险信息寻求和信息共享行为都十分活跃。但与风险信息寻求和信息共享行为相比，信息筛选行为却显得非常不活跃。这也直接证实了具有较高悲观偏差的人群很可能在认知偏差影响下，获取各种风险信息，却不对这些风险信息采取必要的筛选与过滤就传播给他人，与他人分享这些信息。

表3-8　果蔬农药残留风险情境中的悲观偏差人群与总体均值比较分析

变量	总体均值	悲观偏差下	变量	总体均值	悲观偏差下
风险认知	3.71，SD=1.071	3.86，SD=0.788	信息筛选	3.40，SD=0.857	3.52，SD=0.727
涉入认知	3.54，SD=0.971	3.98，SD=0.679	信息分享	3.58，SD=0.764	4.33，SD=0.611
受限认知	3.33，SD=0.786	3.73，SD=0.557	信息获取	3.60，SD=0.906	4.31，SD=0.625
乐观偏差	2.74，SD=1.026，	1.69，SD=0.554	风险规避行为	3.37，SD=0.804	3.79，SD=0.533

3. 相关分析

为了弄清楚食品风险情境中公众的风险传播行为，在统计方法上，采取相关分析，即对风险认知情境因素与风险传播行为之间关系进行相关分析。但在使用相关分析之前，需分析变量风险认知、受限认知、涉入认知和乐观偏差之间是否存在高度相关。若这些变量存在高度相关，则会对变量之风险传播行为的解释造成重叠或重复，结论也就不可信。因此，先对风险认知过程因素进行相关分析，然后对风险认知情境因素与风险传播行为进行相关分析。

（1）风险认知情境因素之间的相关性分析。

根据皮尔逊相关分析后的数据显示（见表 3-9），风险认知与受限认知之间相关性不显著（$r=0.017$，$P > 0.05$）。风险认知与涉入认知的相关性显著（$P < 0.01$），但相关系数为 0.344，表明风险认知水平越高，涉入认知也越高，反之亦然。风险认知与乐观偏差的相关性非常显著（$P < 0.01$），相关系数为 -0.269，表明风险认知水平越高，乐观偏差水平越低，反之亦然；受限认知与涉入认知的相关性不显著（$r=0.056$，$P > 0.05$）。受限认知与乐观偏差之间的相关性非常显著（$P < 0.01$），但相关系数为 -0.214，表明公众对风险的受限认知越高，乐观偏差水平就越低，反之亦然；涉入认知与乐观偏差之间存在非常显著的相关关系（$P < 0.01$），相关系数为 -0.317，表明公众对风险的涉入认知越高，乐观偏差水平就越低，反之亦然。一般认为，相关系数在 0.1 ～ 0.3 之间属于低度相关，0.4 ～ 0.6 之间属于中等程度相关，在 0.7 以上属于高度相关。根据上述结果，风险认知过程因素之间相关性最高的是风险认知与涉入认知之间的相关性，相关系数为 0.344，属于低度相关。因此符合下一步的统计分析。

表 3-9　果蔬农药残留风险情境之风险认知情境因素之间的相关性分析（$N=281$）

情境因素	风险认知	受限认知	涉入认知	乐观偏差
风险认知	1	0.017	0.344**	−0.269**
受限认知	0.017	1	0.056	−0.214**
涉入认知	0.344**	0.056	1	−0.317**
乐观偏差	−0.269**	−0.214**	−0.317**	1

注：**$P < 0.01$，*$P < 0.05$。

（2）风险认知情境因素与风险传播行为之间的相关性分析。

首先，对风险认知水平与三种具体的风险传播行为进行皮尔逊相关性分析（见表3-10）。数据显示，风险认知与信息获取行为之间存在非常显著的正相关（$r=0.745$，$P=0.000 < 0.01$），表明风险认知水平越高，风险信息获取行为就越活跃，反之亦然；数据表明，风险认知与信息筛选行为之间也存在非常显著的正相关（$r=0.695$，$P=0.000 < 0.01$），表明风险认知水平越高，风险信息筛选行为也越活跃，反之亦然；通过对风险认知与风险信息分享行为进行相关性分析，发现风险认知与风险信息分享行为之间存在非常显著的正相关（$r=0.709$，$P=0.000 < 0.01$），表明食品安全风险认知水平越高，风险信息分享行为也越活跃。

其次，对受限认知与三种具体的风险传播行为进行皮尔逊相关性分析（见表3-10）。统计结果表明，受限认知与风险信息获取行为之间有显著的正相关（$r=0.187$，$P=0.033 < 0.05$），表明风险的受限认知越高，信息获取行为就越活跃；数据显示，受限认知与风险信息筛选行为之间也存在显著的相关性（$r=0.133$，$P=0.046 < 0.05$），受限认知水平越高，风险信息筛选行为也越活跃；通过对受限认知与风险信息分享行为的相关性分析发现，受限认知与风险信息分享行为之间也存在显著的正相关性（$r=0.152$，$P=0.039 < 0.05$），受限认知越高，其信息分享行为也越活跃。

再次，对涉入认知与三种具体的风险传播行为进行皮尔逊相关性分析（见表3-10）。统计结果表明，涉入认知与风险信息获取行为之间存在非常显著的正相关（$r=0.688$，$P=0.000 < 0.01$），表明涉入认知水平越高，风险信息获取行为就越活跃，反之亦然；数据表明，涉入认知与信息筛选行为之间也存在非常显著的正相关（$r=0.659$，$P=0.000 < 0.01$），表明涉入认知水平越高，风险信息筛选行为也越活跃，反之亦然；通过对涉入认知与风险信息分享行为之间进行相关性分析，发现涉入认知与风险信息分享行为之间存在非常显

著的正相关（r=0.673，P=0.000＜0.01），表明食品安全风险的涉入认知水平越高，风险信息分享行为也就越活跃。

最后，对乐观偏差与三种具体的风险传播行为进行皮尔逊相关性分析（见表3-10）。统计结果表明，乐观偏差与风险信息获取行为之间存在非常显著的负相关（r=-0.275，P=0.000＜0.01），表明乐观偏差水平越高，风险信息获取行为就越不活跃，反之亦然；数据表明，乐观偏差与信息筛选行为之间也存在非常显著的负相关（r=-0.251，P=0.000＜0.01），表明乐观偏差水平越高，风险信息筛选行为也就越不活跃，反之亦然；通过对乐观偏差与风险信息分享行为进行相关性分析，发现乐观偏差与风险信息分享行为之间存在非常显著的负相关（r=-0.262，P=0.000＜0.01），表明公众对食品安全风险的乐观偏差水平越高，风险信息分享行为也就越不活跃。

表3-10 果蔬农药残留风险之风险认知情境因素与风险传播行为之间的相关分析（N=281）

	风险信息获取行为	风险信息筛选行为	风险信息分享行为
风险认知	0.745**	0.695**	0.709**
受限认知	0.187*	0.133*	0.152*
涉入认知	0.688**	0.659**	0.673**
乐观偏差	-0.275**	-0.251**	-0.262**

注：**$P < 0.01$，*$P < 0.05$。

（二）研究结果讨论

1. 风险认知情境因素的均值统计结果的讨论

根据风险认知情境因素之风险认知水平（M=3.71）、涉入认知（M=3.54）、受限认知（M=3.33）的均值统计结果可知，公众对当前的果蔬农药残留风险问题比较关注。这种结果可能与目前的食品安全环境有关，当前我国食品安全事件频发，影响了公众对食品安全的危害与风险的感知，流露出对当前食品安全的担忧和焦虑，反映了我国目前的食品安全现状不容乐观。而且，作为风险的一种，食品风险与公众日常生活密切相关，人们也会更加关注食品安全风险。

从人口统计变量来看风险认知水平高低（见表3-5）：①女性与男性对果蔬农药残留的风险认知水平没有显著差异。一般而言，女性在家庭食品消费中起着主导地位，对家庭成员身体健康状况的关心程度高于男性，也更容易关注食品风险信息，对食品风险的认知更为敏感，但结果与预期不一致，可能与食品风险类型有关。果蔬农药残留风险被证实是风险认知水平较高的食品安全风险类型，很可能导致男女公众对果蔬农药残留的风险认知都大致处于同一水平上，也可能与调查的样本数量或抽样地区差异导致的误差有关。②教育程度高的人群对果蔬农药残留的风险认知高于教育程度低的人群，这可能是教育程度高的人群的食品安全风险知识更多，可能也会更关注风险信息，而当下的食品安全风险事件频发，使得教育程度高的人群对这些食品安全事件的担忧，导致了更高的风险认知。③从婚姻状况来看，离异人群比已婚人群和未婚人群的风险认知水平更高，已婚人群比未婚人群的风险认知水平更高。一般而言，离异人群的安全感相对较低，对于食品安全风险也更为敏感，而已婚人群成家立业，更为关注家人的健康，相较于未婚人群，对于食品安全也更为重视和更为关注。④从年龄来看，年龄大的人群比年龄小的人群的风险认知水平更高。一般而言，年龄越大，身体状况倾向于越差，抵抗能力也越弱，对于食品安全风险也更为关注和重视，对于果蔬农药残留的风险认知水平更高。⑤果蔬农药残留的风险认知不仅受到外界因素影响，还受到个体经济条件的影响。收入高的个体倾向于选择有机果蔬等产品来规避果蔬农药残留的风险。因此相对于收入低的人来说，收入高的人群对于风险认知倾向于更低。但本节研究调查的结果显示与预期结果不符，经济收入高人群的风险认知与经济收入低人群并无多大差异，其原因可能是：一是调查样本太少造成了误差；二是调查地区并无多少诸如有机果蔬等替代性产品，公众即使有钱也没有多少选择余地，对果蔬农药残留的风险认知可能与收入水平的相关性不大。⑥从调查对象的身体健康状况感知来看，身体健康状况好的比身体健康差的人群的风险认知水平更低。身体自我感知越健康，抵抗疾病和风险的能力越强，对于外界的风险认知也倾向于越低。⑦从家庭人口数来看，家庭人口多的与家庭人口少的人群在风险认知的均值上并无多大的差异，不存在家庭人口数多的人群的风险认知水平高于家庭人口数少的家庭。

公众对食品安全风险认知的乐观偏差的均值为 2.74，食品安全风险不仅没有乐观偏差，还出现了一定程度的悲观偏差，担心自己比他人更容易受到食品风险的危害。研究结果与国外学者关于食品安全风险认知中的乐观偏差的研究结论相反①。这可能有几方面的原因：①当前我国食品安全事件频发，接连不断的食品安全事件充斥于耳，导致公众对食品安全风险问题的过度担忧，形成了悲观偏差。以前的研究也表明，在经历了负面事件后，人们存在悲观偏差倾向②。②复杂的风险沟通环境。我国食品安全风险的新闻发布制度不完善，食品风险沟通管理经验不足，非常容易出现食品安全事件发生后传播不及时或缺乏权威的新闻信息等因素，影响了公众对食品安全问题的感知。加之自媒体时代人人都是业余记者，公众对感知的食品风险与他人进行分享的可能性大大增加，也会增加公众对食品安全风险的认知偏差。③个体原因。个体的自我控制感弱（这点从受限认知的均值可看出）或食品安全风险知识缺乏时很容易出现认知偏差。一些研究也发现，相较于正面信息，个体更倾

① DIJK H V, FISCHER A R H, HONKANEN P, et al. Perceptions of health risks and benefits associated with fish consumption among Russian consumers ［J］. Appetite, 2011, 56(2): 227–234.

② BLANTON H, AXSOM D, MCCLIVE K P, et al. Pessimistic bias in comparative evaluations: a case of perceived vulnerability to the effects of negative life events ［J］. Personality and social psychology bulletin, 2001, 27(12): 1627–1636.

向于接受负面信息[①]。

从人口统计变量来看食品安全风险中的悲观偏差水平高低（见表3-6）：①女性的悲观偏差程度与男性的悲观偏差程度没有显著差异。如前所述，男女之间对食品安全风险认知水平也没有显著差异，很可能造成男女公众的悲观偏差也没有显著差异。②除了高中以下人群外，大专以上的人群都出现了不同程度的悲观偏差，而且教育程度高的人群比教育程度低的人群的悲观偏差水平更高。一般而言，高中以下学历人群的食品安全风险知识较少，对于食品风险危害的理解没有那么深入。而高学历人群对于食品风险危害理解更为深入，接触越多的食品风险知识，可能越倾向于高估风险。③离异人群比未婚人群和已婚人群的悲观偏差水平更高，未婚人群比已婚的悲观偏差水平更低。这可能是离异人群经历了负面事件后，对风险的认知发生了变化，过高估计风险造成的伤害。而已婚人士可能更有一种安全感，理性地认识风险。而那些未婚人士，大多是青年人，身体状况良好。④19岁以下人群出现了乐观偏差，其余年龄的人群出现了悲观偏差，而且年龄大的人群比年龄小的人群的悲观偏差水平更高。已有研究证实[②]，青少年有明显的乐观偏差现象。而随着年龄的增长，抵抗风险的能力越来越弱，对于风险的感知更为敏感，也更可能高估风险，甚至夸大风险水平。⑤月收入在1 500元以下的人群出现了乐观偏差，5 000～7 000元人群没有出现认知偏差，其余人群出现了悲观偏差现象。从这个结果来看，并不符合预期。一般而言，收入高的群体对食品风险的认识更趋于理性化，规避风险的选择路径也更多，而收入低的人群抵抗风险能力弱，对于风险的认知可能会高估。这可能是由于样本少或者抽样地区差异所造成的误差，也可能是因为食品风险是无法规避的，即使收入高，

① LIU S, HUANG J C, BROWN G L. Information and risk perception: a dynamic adjustment process[J]. Risk analysis an official publication of the society for risk analysis, 1998, 16(6): 689–699.

② CHAPIN J, STACY D L A, COLEMAN G. Optimistic bias among potential perpetrators and victims of youth violence[J]. Adolescence, 2005, 40(160): 749–760.

可替代的产品选择少。⑥身体很健康的人群出现了乐观偏差，其余人群出现了悲观偏差，而且身体自我感知差的人群比身体自我感知好的人群的悲观偏差水平更高。这与 Blanton 等 [①] 的研究结果一致，身体较差的人感知到风险时会呈现出不同程度的悲观偏差。⑦家庭人口数多少与悲观偏差水平并没有任何联系，家庭人口多并不代表悲观偏差水平就高。这种结果可能与调查样本少造成误差有关。

2. 风险传播行为的统计结果的讨论

从三种具体的风险传播行为均值看，公众在食品安全风险情境中的风险传播行为比较活跃（$M_{信息获取}$=3.60，$M_{信息筛选}$=3.40，$M_{信息分享}$=3.58），而且呈现出立体式的传播行为，公众不仅有风险信息获取行为，还存在信息筛选和信息分享行为，证实了 Kim 等的问题解决情境理论的内部作用机制 [②]。这点不难理解，较之于传统媒体社会，当下的信息社会里提供给公众传播的媒体机会大大增加，尤其是在 Web 2.0 时代，公众很容易把风险信息进行传播并与他人共享。以前学者注重的是食品安全风险认知下的个体的信息获取能力以便个体做出风险决策，而当下的公众在面对食品安全风险情境时，似乎靠个体力量完全不可能达成最好的决策，或者说在风险认知情境中需要抱团，采取社会互动的集体方式，即信息分享，共同应对食品安全风险，这也是信息社会给公众带来新的行为变化。但与此同时产生了一个新的问题：当风险信息分享行为越来越频繁时，各种风险认知相互碰撞，生成所谓的风险二次传播，最终产生信息冗余。因此，公众在面对浩如烟海的风险信息时不得不进行信息筛选。但从这三种风险信息传播行为均值大小比较来看，排在首位的是信

---

① BLANTON H, AXSOM D, MCCLIVE K P, et al. Pessimistic bias in comparative evaluations: a case of perceived vulnerability to the effects of negative life events［J］. Personality and social psychology bulletin, 2001, 27(12): 1627–1636.

② KIM J N, GRUNIG J E. Problem solving and communicative action: a situational theory of problem solving［J］. Journal of communication, 2011, 61(1): 120–149.

息获取行为，然后是信息分享行为，最后是信息筛选行为。这在一定程度上说明，对果蔬农药残留风险比较担忧的公众需要更多的风险信息，并会把这些风险信息传播给他人，与此同时对这些风险信息却相对较少地进行筛选和核实。

根据风险认知情境因素与传播行为的相关分析结果可知，食品安全风险认知情境因素与三种具体的风险传播行为之间的关系都显著。风险认知水平与三种具体的传播行为的相关系数都接近或超过 0.7，揭示了公众的食品风险认知水平高低与食品风险传播行为活跃程度关系比较密切，人们试图通过风险传播行为来了解和解决食品风险问题。食品风险认知水平越高，风险信息获取行为也越活跃。与问题解决情境理论的内涵一致，某一问题的认知水平越高时，其信息获取行为就越活跃。当感知到风险越高时，公众越需要相关的信息进行风险决策。同时面对大量的风险信息且风险认知水平处于高位时，也更需要对这些风险信息进行核实和筛选，以便做出更好的风险决策。而风险认知高的公众会把相关的风险信息告诉周围的人，提醒身边的人提防风险，与他人共同探讨食品风险问题，也让自己对当前的食品风险情境有更好的了解，以便及时做出风险决策。这个研究结果表明，问题解决情境理论应用到食品风险沟通领域能够探析公众的信息分享行为。这与最近的一项研究结果一致：在一项探讨公众器官捐赠的研究中发现，对器官捐赠的问题认知水平越高，公众越会与他人共享器官捐赠信息，共同探讨捐赠问题①。但从风险认知水平与三种具体的风险信息传播行为的相关系数大小来看，风险认知水平与风险信息获取行为的正相关程度最大，其次是风险信息分享行为，最后是信息筛选行为，这在一定程度上表明，风险认知情境中，最有可能的风险传

① KIM J N, SHEN H, SUSAN E M. Information behaviors and problem chain recognition effect: applying situational theory of problem solving in organ donation issues [J]. Health Communication, 2011, 26(2): 171–184.

播行为是信息获取行为和信息分享行为，然后才是对这些风险信息进行核实和筛选。

涉入认知与风险信息传播行为之间的相关系数都超过了 0.6，说明风险信息与自我相关性越高时，三种风险信息传播行为也越活跃。当感到风险与自己相关时，公众倾向于搜寻相关的风险信息，这与 Major 在 1999 年的研究结果一致[①]。当公众意识到风险与自我相关时，会对相关风险信息进行核实、选择，也会把风险信息告诉他人，与周围人探讨食品风险。从涉入认知与三种具体的风险传播行为的相关系数大小来看，涉入认知与信息获取行为的正相关关系程度最高，其次是信息分享，最后是信息筛选行为。与上述结果类似，这在一定程度上表明，在风险认知情境中，最有可能的风险传播行为是信息获取行为和信息分享行为，然后才是对这些风险信息进行核实和筛选。

受限认知与三种具体的风险传播行为之间的相关系数在 0.13～0.19 之间。虽然相关系数不高，但相关性也是较为显著的。这表明食品安全风险问题越缺乏控制感，风险信息传播行为也越活跃。从受限认知与三种具体的风险传播行为的相关系数大小来看，受限认知与信息获取行为的正相关关系程度最高，其次是信息分享，最后是信息筛选行为。与上述结果类似，这在一定程度上表明，风险认知情境中，最有可能的风险传播行为是信息获取行为和信息分享行为，然后才考虑对这些风险信息进行核实和筛选。

乐观偏差与三种具体的风险传播行为之间存在显著的负相关。相关系数处于 -0.25～ -0.28 之间。换言之，食品安全风险的乐观偏差水平越高，传播行为就越不活跃，公众的食品安全的悲观偏差水平越高，风险传播行为就越活跃。一般而言，当公众自认为自己比他人受到食品风险伤害的概率更小时，是过低估计了风险的负面影响，他的行为也会随之发生变化，淡化或忽略食

---

① MAJOR A M. The utility of situational theory of publics for assessing public response to a disaster prediction [J]. Public relations review, 1998, 24(4): 489–508.

品风险，搜集相关风险信息的意愿也不强烈，把风险信息告诉他人的意愿也没有那么高，信息核实、过滤的积极性也不高。而一旦悲观偏差水平处于高位时，感知到自己比他人更容易受到食品风险的影响，对食品风险很敏感，风险稍有波动，公众很可能焦虑和紧张，其风险传播行为也会随之变得活跃起来，搜集相关的风险信息，告诉周围的人，对这些风险信息进行核实和筛选过滤。从乐观偏差与三种具体的风险传播行为的相关系数大小来看，乐观偏差与信息获取行为的正相关关系程度最高，其次是信息分享，最后是信息筛选行为。与上述结果相近，这在一定程度上表明，在风险认知情境中，最有可能的风险传播行为是信息获取行为和信息分享行为，然后才考虑对这些风险信息进行核实和筛选。种种结果表明，处在食品风险情境中的公众，最先想到的是获取信息和传播信息，至于对这些风险信息进行核实和筛选是次要的事情。

3. 特殊人群的风险传播行为结果的讨论

在食品安全风险沟通中需要关注一些特殊人群，本节研究关注了两类特殊人群，一类是高信息分享行为的人群。这一人群喜欢传播信息，与他人分享风险信息。他们利用社交媒体便捷、快速的平台优势参与食品安全风险沟通。根据研究结果，那些高信息分享行为的人群处在食品安全风险情境中，无论是风险认知水平还是受限认知、涉入认知水平、风险规避行为与总体样本都不一样，他们的风险认知水平更高，认为风险与自己更为相关，认为自己对风险的管控能力更弱，也更会采取预防措施消除风险威胁。而且，高信息分享人群的悲观偏差水平比总体样本更高，换言之，那些风险信息分享行为较活跃的人群认为自己比他人更容易受到风险威胁，在食品安全风险情境中发生认知偏差的可能性更大。更重要的是，这类人群的风险传播行为属于一种"两高一低"的特点，即风险信息获取行为活跃、风险信息分享行为活跃和风险信息筛选行为相对不那么活跃。在食品安全风险认知下，高信息分享行为的公众会根据自己的经验解读风险（即生成自己的风险版本），并非常主动地告诉他人。然而，这种主动告诉他人风险信息的行为是在缺少信息过滤和缺乏核实情况下进行的，这一特点使得风险信息极易发生扭曲与失真，很容易生成不实的风险信息，形成二次风险传播，影响他人对风险的感知，也极有可能形成风险的扩大效应。

值得关注的另一类人群是悲观偏差人群。以往的研究大多关注食品安全风险情境中的乐观偏差，对于悲观偏差较少谈及。本节研究发现，悲观偏差人群的风险认知情境与总体样本有很大差异。悲观偏差人群的风险认知水平比总体样本更高，他们认为食品风险与自己更为相关，认为自己的风险控制能力更弱，认为自己更容易受到风险的威胁和伤害，采取风险规避行为和措施的可能性也更大。而且，这类人群的风险传播行为也有"两高一低"的特点，即悲观偏差人群在食品安全风险情境中的风险信息获取行为活跃，风险信息分享行为也较为活跃，而风险信息筛选行为相对不那么活跃。当下的食品谣言容易滋生和传播，与"两高一低"的风险信息传播特点密切相关。在风险情境中，公众需要知道大量的风险信息，他们的信息获取行为非常活跃，若风险事件当事人没有及时权威地提供信息，很容易使得这两类特殊人群的风险认知水平迅速提高，他们很可能会从各种渠道中获取相关的风险信息，而且，他们的风险信息分享行为非常活跃，而信息筛选行为相对不活跃，使得风险信息经过这两类人群后被扭曲、失真，再传播给他人，那么带来的后果很可能是食品谣言滋生，谣言漫天飞舞，造成人群的焦虑和社会恐慌。

四、小结

本节以果蔬农药残留为食品风险类型，基于问题解决情境理论，通过问卷调查对食品安全风险认知情境与风险传播行为之间的关系进行了探索性研究。根据统计数据和讨论结果进行综合研判与分析，可以总结为以下几点：

（1）我国公众对当前食品安全状况较为担忧，出现了一定程度的悲观偏差。

（2）公众在食品安全风险情境中的风险传播行为较为活跃，且呈现为立体式的传播状态。公众会通过风险信息获取行为、信息筛选行为和信息分享行为试图了解食品风险，解决食品安全风险问题。

（3）研究结果显示，食品风险认知水平越高，其风险信息获取行为就越活跃，信息筛选行为越活跃，信息分享行为也越活跃；食品风险的涉入认知越高，风险信息获取行为越活跃，信息筛选行为越活跃，信息分享行为也越活跃；食品风险的受限认知越高，信息获取行为越活跃，信息筛选越活跃，信息分享行为也越活跃；然而，食品风险的乐观偏差水平越低，信息获取行为就越活跃，信息筛选行为越活跃，信息分享行为也越活跃。

（4）特殊人群的食品风险传播行为很容易滋生和传播食品谣言。研究结果表明，处在食品风险情境中很容易发生信息获取行为和信息分享行为，而信息筛选行为相对不那么活跃，反映了公众在风险情境中有一种获取更多的风险信息的心理和传播风险的强烈欲望，然后才考虑到核实、过滤风险信息，对风险信息提出一定的要求。那些高信息分享和悲观偏差人群处在风险情境中，对风险信息更为敏感，他们的传播行为都容易伴随着"两高一低"（高信息分享、高信息获取、低信息筛选）现象。由此，食品风险信息在传播过程中极易导致扭曲与变异，滋生食品谣言。而新媒体给这些人群提供了传播风险信息的条件，也给这些人群带来了风险信息传播能力的大大提高，食品谣言的滋生和传播更加普遍，从而引发食品恐慌。

第二节　粉丝：偶像危机中社交媒体传播管理的代理人？

粉丝是着迷于特定明星、名流、影视、体育节目、乐队的人，是能够对他们所迷恋的对象提供大量信息的人，是能够引证他们所喜欢的台词或对白、给出相关资料出处的人①。作为青年亚文化，粉丝现象的突出表现在于粉丝群体以其特有的兴趣和习惯，以他们的身份、他们所做的事以及他们做事的地点而在某些方面呈现为非常规状态（non-normative）或边缘状态的人②。当下中国的粉丝构成主要是 20 世纪 80—90 年代及之后出生的人群③。这些粉丝是在新媒体环境下长大的，他们的思想与观念受到新媒体的重要影响，他们的生活、学习、工作与新媒体无缝对接，贴吧、论坛、QQ 群、微博、微信等社交媒体成为粉丝们建构粉丝文化的工具与平台。过去大众媒体掌握传播的渠道，成为粉丝文化的生产者，如今新媒体技术打破了传统媒体社会的二元结构，粉丝也成为这种亚文化的生产者、消费者和传播者。国内关于新媒体环境下粉丝的研究较少，主要对新媒体环境下的粉丝行为进行了宏观的、总体的论述，缺少对具体案例的集中观察，相对缺乏细致的文本分析和更具针对性的研究，容易忽略粉丝文化的差异性和矛盾性，遮蔽研究问题的复杂性。另外，先前研究的对象大多聚焦于常态化的粉丝，对非常态化和特殊节点

① HILLS M. Michael Jackson fans on Trial? "Documenting" emotivism and fandom in wacko about jacko [J]. Social semiotics, 2007, 17(4): 459–477.

② 孟登迎. "亚文化" 概念形成史浅析 [J]. 外国文学, 2008 （6）: 93–102.

③ 陈霖, 杨培. 大众传播媒介对 " 粉丝 " 亚文化的再现——以央视对 " 杨丽娟事件 " 的报道为例 [J]. 文艺研究, 2012 （4）: 35–41.

（如危机）粉丝的研究也较少。通过用户生成内容的社交媒体特性可以清晰地追溯粉丝们的行为踪迹，窥见粉丝们在社交媒体中的文本生产力、符号生产力和声明生产力。由此，本节基于危机传播理论，通过在线内容分析法，探究社交媒体中的粉丝们在体育偶像危机情境下的心理与行为规律。

一、社交媒体、危机传播与体育粉丝

（一）体育粉丝与社交媒体

"粉丝"是英文"fans"的音译，"fans"本义指迷恋与狂热，中文里与"迷"相对应。粉丝是运动、电影等的狂热爱好者，对名流等的狂热仰慕者[①]。粉丝是现代名流制度凭借大众传媒制造出来的[②]。亨利·詹金斯用"媒介粉"（media fandom）的概念来说明粉丝、偶像和媒体之间的关系。若没有大众传播媒介作为沟通平台，具有现代特点的粉丝就无法形成，在当前的新媒体环境下更是如此。亨利·詹金斯指出，粉丝是所有新媒介技术的最早使用者和推广者之一。国内学者蔡骐认为，新传播技术媒介迷，其主要特征是不仅对某些明星，而且对某些特定的媒介内容表现出极度的喜爱，他用"粉丝型公众"来形容新媒体环境中的粉丝[③]。粉丝型公众有别于一般的传统公众，也有别于昔日的追星一族。他们以新传播技术为依托不断发展蔓延，其内部成员之间有着相似的品位风格、语言行为，确立了粉丝群体在大众传播链条中的独特定位[④]。体育粉丝是当今社会粉丝文化的重要组成部分。今天体育粉丝的出现已

[①] 王进安. "粉丝"昵称及其语言规范［J］. 福建师范大学学报（哲学社会科学版），2010（2）：125-129.

[②] 陶东风. 粉丝文化读本［M］. 北京：北京大学出版社，2009：118.

[③] 蔡骐. 大众传播中的明星崇拜和粉丝效应［J］. 湖南师范大学社会科学学报，2011（1）：131-134.

[④] 蔡骐. 粉丝型受众探析［J］. 新闻与传播研究，2011（2）：33-41.

经打破了原来的传播格局，体育粉丝更主动地站出来，原有的权力结构已经受到了挑战，体育粉丝也成为大众体育文化的生产者和消费者[1]。在新媒体环境下，体育粉丝与偶像之间的互动出现了新的变化。社交媒体是一种数字化工具和应用。Pew 研究中心把社交媒体定义为围绕用户生成或用户管理的内容如微博、博客、视频、论坛与社会网络而形成的新的互联网应用。这种用户生成与消费内容（user-generated content）的社交媒体的特性有助于用户之间互动与内容交换。社交媒体作为信息生成与消费融为一体的特点为粉丝追星提供了最快捷、最有力的工具。粉丝们通过社交媒体得以结识偶像，有了与偶像零距离持续互动的机会，继而支持偶像并与其他粉丝互动，甚至可能白发地建构属于粉丝们的虚拟社区，形成所谓的具有一定约束力、初具规范的"自组织形式"，如百度明星贴吧。粉丝们长年累月驻守这些贴吧，将亲身搜集的偶像信息、图片等在第一时间上传帖子，与他人分享。粉丝投入大量时间和精力与偶像互动的这种高度参与性，成为新媒体环境中的粉丝的一大特征。这与在新媒体早期的特点相差甚远。传统门户网站时期，粉丝们除了新闻跟帖以外，基本上处于"只读"状态，参与的机会和形式也都是有限的[2]。现在他们可以通过微信、微博、论坛等社交媒体搜集与宣传偶像的相关信息，呈现出粉丝之间、粉丝与偶像之间的深度互动。孙娟等也认为，体育粉丝会通过 QQ、微博等社交媒体与偶像进行互动[3]。这也间接说明了粉丝在社交媒体中新的传播特点。显然，粉丝在常态化下的沟通互动与在特殊时刻是不同的。偶像处于危机时刻时，粉丝可能会与常态有所不同。于是，本书提出：

问题 1：作为媒介粉的体育粉丝在体育偶像危机中是如何使用社交媒体的？

---

[1] 李丰荣, 雷震, 王利森. 体育粉丝与当代大众体育文化 [J]. 成都体育学院学报, 2011（5）：59–62.

[2] 蔡骐, 肖芃. 文化与商业建构的粉丝虚拟社区——解析果粉与威锋网 [J]. 国际新闻界, 2012（7）：92–96.

[3] 孙娟, 王志伟. 体育粉丝研究 [J]. 体育文化导刊, 2012（7）：39–42.

（二）粉丝在体育偶像危机情境中的传播行为

危机被认为是不可预期的事件，且会威胁到利益相关者的重要期待并对组织或个人产生严重负面后果的一种感知[①]。于此而言，危机是感知危机而不是实际危机。危机传播则是对这种感知危机的一种传播管理，是应对危机所必要的信息的搜集、处理和传播。摆脱危机的关键是通过与不同公众沟通，重新获得公众的认可，这样才能真正修复受损的声誉。在 Benoit 看来，形象和声誉是组织至关重要的资产，危机恰恰最容易使得形象和声誉受损，一旦发生危机，组织或个人需要动用一切传播资源（如采取五种危机传播策略：否认、推诿、减少伤害、改正错误、悔悟）对形象进行修复（即危机传播目的之一是构筑与维护良好形象）[②]。Coombs 在危机传播传统研究基础上进行了整合并提出了情境危机传播理论（situational crisis communication theory，简称 SCCT）。SCCT 认为人们会依据组织或个人的先前声誉和危机历史对危机的责任进行归因，即作为几乎没有归因责任的牺牲者型危机，作为归因责任较小的意外型危机和作为归因责任较大的可预防型危机[③]。组织或个人根据归因责任大小采取两种危机传播战略，即主要战略和辅助战略相结合。主要的传播战略可采取三种策略：否认、淡化、重塑。否认传播策略又包含三种具体策略：直接攻击指责者或揭发者、否认（否认危机的存在）和寻找替罪羊（危机应该由他人负责）策略。淡化传播策略包括三种具体策略：说辞、合理化和隔离。说辞是对危机的发生表示无法控制，不是有意为之以减轻责任；

① SCHULTZ F, UTZ S, GRITZ A. Is the medium the message? Perceptions of and reactions to crisis communication via twitter, blogs and traditional media［J］. Public relations review, 2011, 37(1): 20–27.

② BENOIT W L. Image repair discourse and crisis communication［J］. Public relations review, 1997, 23(2): 177–186.

③ COOMBS W T, HOLLADAY S J. The negative communication dynamic: exploring the impact of stakeholder affect on behavioral intention［J］. Journal of communication management, 2007, 11（4）: 300–312.

合理化，即对危机产生的后果进行包装，以强调危机并没有想象的那么严重；隔离，即在组织内部把相关当事人隔离，以便减轻危机责任。重塑传播策略包括两种：一是补偿，即强调给予受害者相应补偿和抚慰；二是道歉，即组织表达遗憾和悔悟，并承担全责，请求原谅。当主要传播战略还不能较好地解决危机时，可结合一些辅助的危机传播战略共同应对危机，即支持战略，主要有三种具体策略——提醒、迎合、牺牲者。不同的危机类型应采取相匹配的传播策略，牺牲者类型危机应该可采取否认策略，意外型危机应该采取淡化策略，而可预防型危机采取重塑策略。危机传播策略不匹配将导致传播效果弱化甚至出现负传播效果。若主要危机传播战略能与辅助传播战略相结合，则组织的危机传播效果较好。站在公关角度，粉丝作为公众的身份是模糊的，游离于内部公众与外部公众之间。相对于一般公众，粉丝更为偶像的利益着想，但又不完全处在内部公众的角色。因此，作为特殊公众的粉丝，偶像发生危机，粉丝在危机中的行为反应可能较为复杂，存在对内传播和对外传播行为。作为偶像追随者的粉丝，偶像发生了危机，粉丝的心理和行为必然会发生变化。若危机事件中偶像作为牺牲者形象出现，粉丝可能会与偶像共命运，统一对外，采取必要的措施来维护偶像的形象；若危机事件是偶像故意为之导致的，归因责任大，此时粉丝的心情是复杂的。若偶像故意为之所形成的印象与粉丝的期待不一致，造成认知与情感的不协调，是"反目成仇"还是"不离不弃"呢？因此，本书提出：

问题2：粉丝在体育偶像危机中是否会采取对内传播策略和对外传播策略？采取何种危机传播策略？

（三）粉丝在体育偶像危机情境中的情绪反应

认知评价理论的一个核心观点是人们处在困境如危机情境中的处理方式因人而异，流露出来的情绪也不同[①]。公众对危机中的组织或个人带有某种特定的情绪，有时是正面的如同情，也可能是负面的如愤怒。正面情绪对危机传播管理至关重要。研究发现，对造成危机的组织或个人的同情被认为是提高危机传播效果的利好信息[②]。高兴与危机情境、危机组织有关。在危机中公众与组织的利益不一致时，公众在危机初期感到高兴；若与危机组织的利益相一致，高兴则主要出现在危机后期。越来越多的研究关注对危机组织产生重要影响的负面情绪。危机中公众表现出的负面情绪主要有三种：一种是独立归因情绪如焦虑、恐惧和害怕；另外一种是内部归因情绪如尴尬、罪恶感和羞耻；还有一种是外部归因情绪如厌恶、蔑视和愤怒[③]。当组织出现的危机可能是由公众的不当处理而引发的，可能会出现如尴尬、罪恶感之类的内部归因情绪；焦虑、恐惧等独立情绪更多与牺牲者型危机所造成的不可控的致命伤害相联系；组织在危机中应承担部分责任或大部分责任时，公众的愤怒、厌恶等外部归因情绪较为明显。最近的研究发现，当人们卷入到组织故意为之而产生的危机时，会体现出较为强烈的愤怒情绪[④]。粉丝包含着过度的情感展示，粉丝会通过调动和组织情感投入构建出个人的身份和权力感。因此，

---

① YAN J. The effects of public's cognitive appraisal of emotions in crises on crisis coping and strategy assessment [J]. Public relations review, 2009, 35(3): 310–313.

② LEE S, CHUNG S. Corporate apology and crisis communication: the effect of responsibility admittance and sympathetic expression on public's anger relief [J]. Public relations review, 2012, 38(5): 932–934.

③ CHOI Y, LIN Y H. Consumer responses to mattel product recalls posted on online bulletin boards: exploring two types of emotion [J]. Journal of public relations research, 2009, 21(2): 198–207.

④ UTZ S, SCHULTZ F, GLOCKA S. Crisis communication online: how medium, crisis type and emotions affected public reactions in the Fukushima Daiichi nuclear disaster [J]. Public relations review, 2013, 39(1): 40–46.

长久情感投入的粉丝会在某种特殊时刻流露出与其相关的诸多情绪。由于情感过度投入，粉丝会在偶像互动时呈现出一种歇斯底里的倾向，或在比赛等特殊时刻与场合中变成一群潜在的狂热分子。例如那些见到偶像就尖叫、哭泣的青少年，或在体育比赛中咆哮、骚动的狂热球迷。有些足球粉丝由于某种情绪的宣泄而被社会称为"足球流氓"。研究发现，足球流氓的暴力行为与愤怒、兴奋等非理性情绪有关联[①]。若偶像出现负面事件，作为"自己人"的粉丝的心情应该是复杂的。于是，本书提出：

问题3：体育偶像危机事件中，粉丝的正面情绪和负面情绪是怎样的？这些情绪是否因危机发展而发生变化？

二、研究方法

（一）案例选择

1. 案例选择条件

在社交媒体冲击下，粉丝的概念发生了流变。微博的"粉丝"可用来说明自己受关注的公众数量，这种泛化的概念模糊了粉丝原本意涵。微博主的粉丝多并不代表真正的粉丝数量，很可能夹杂着大量的"僵尸粉"（即不是粉丝）。因此，本节研究中提及的社交媒体中的粉丝依然是"偶像迷"，是对偶像产生极大兴趣的追随者，即在追星过程中，对社交媒体投入度、参与度较多的粉丝。社交媒体的粉丝不仅关注偶像，还进行信息生产、消费和传播。另外，网络的虚拟性很容易遮蔽真实信息。在网络世界中存在的"网络水军"

---

① 陶东风. 粉丝文化读本［M］. 北京：北京大学出版社，2009：275.

现象在一定程度上使我们难以辨别真伪粉丝。大量的明星或组织雇佣网络水军扮演粉丝来达到网络公关或网络营销目的。尤其是组织发生危机时，更可能雇佣网络水军扮演粉丝角色对他人进行攻击或反攻。这种有意为之的伪粉丝并不能真实反映粉丝在危机事件中的自然反应。当前，网络水军的主要兵力集中在商业领域。靠"吸粉"来维持高关注度的演艺明星雇佣网络水军担当粉丝的例子也并不少见[①]。因此，对研究社交媒体环境中的粉丝的案例提出了较为苛刻的要求。本节研究选取"孙杨被罚危机事件"作为合适的研究案例。其理由为：第一，孙杨作为实力型体育运动员，其魅力主要来自体育成绩，一旦出现危机事件，雇佣网络水军作为粉丝来进行网络公关的可能性较小，粉丝在孙杨危机事件中的反应是自然真实的，不是人为虚构的；第二，孙杨的粉丝群体已在百度贴吧中创建孙杨吧，孙杨也在新浪微博开通微博账户。且在危机事件中，孙杨作为当事人仅在新浪微博中做出公开回应；第三，"孙杨危机事件"属于孙杨归因责任较大，且危机事件涉及孙杨恋情，可能导致粉丝的情绪与行为反应较为复杂。

2. 案例简介

"孙杨危机事件"首先从孙杨公开恋情开始的。孙杨在 2013 年 1 月 25 日凌晨发了一条微博："在乎我的人，请不要伤害我在乎的人。"微博发后不久，孙杨删除了此微博，但此微博却被孙杨粉丝发现并迅速传播开。第二天有媒体报道称孙杨的恋情并没有得到家人和教练的认同。2013 年 1 月 30 日，孙杨首次承认自己有女友，而后众多媒体和网民不断爆料，孙杨因恋爱几次违反队规，四十多天没有进行系统的训练，严重影响训练进程，又爆出孙杨师徒不和，预换教练的事件。孙杨因恋爱而引发换教练的事件在网络上引起轩然大波。2 月 4 日下午，孙杨所属的浙江体育职业技术学院宣布了对孙杨的处罚

---

① 李彪，郑满宁. 微博时代网络水军在网络舆情传播中的影响效力研究——以近年来 26 个网络水军参与的网络事件为例 [J]. 国际新闻界，2011（10）：30-36.

决定，扣发孙杨一个月的训练津贴，并且暂停其商业活动和个人代言。2月10日，孙杨在自己的新浪官方微博上发了条文字内容为"谣言止于智者"的微博，首次对此次事件做出回应。此后，事件持续发酵，有媒体和网民爆料孙杨恋情的相关信息。3月1日，孙杨教练朱志根在接受采访时主动释放了和解信号，并关心孙杨的训练情况。3月2日，孙杨在新浪微博上发了一张师徒合影，并配以文字"阳光总在风雨后"。3月4日，孙杨在新浪微博上发出微博，内容为"上午的训练结束了，今天天气真好"。也是在3月4日，孙杨师徒在五十多名记者的注视下拥抱，两人冰释前嫌。至此，"孙杨危机事件"宣告结束。

（二）社交媒体内容分析

能在社交媒体中找到孙杨粉丝群体的平台有两个，分别是百度贴吧的孙杨吧和新浪微博的孙杨官方微博。因此，本节研究主要对在危机期间孙杨粉丝产生的这两种社交媒体中与危机事件相关的内容进行分析。危机期间，孙杨并没有直接在百度孙杨吧中出现或直接做出回应，而是在新浪微博的孙杨官方微博中进行了回应。危机期间，孙杨在新浪微博中共发微博信息十条，涉及危机事件有关的有三条微博。第一条发于2月10日的微博，文字内容为"谣言止于智者"；第二条发于3月2日，微博文字内容为"阳光总在风雨后"，并配有与教练朱志根的合影；第三条写于3月4日，微博内容为"上午的训练结束了，今天天气真好"。截至3月6日，这三条微博共产生了8 140个粉丝的转发，产生了13 544条评论。

本节研究以危机当事人对危机做出回应为依据，把孙杨危机事件分为三个阶段。第一阶段，从2013年1月26日危机爆发到2月10日孙杨在新浪微博中首次做出回应；危机第二阶段，到3月2日孙杨师徒和好，训练恢复常态；此后为第三阶段，即危机后期。内容抽取方法参考 Aldoory 等的研究，采取社会媒体内容随机抽样[①]。抽取的内容从 2013 年 1 月 26 日开始（因孙杨于 2013 年 1 月 25 日凌晨在新浪微博中公开恋情）到 2013 年 3 月 6 日。要抽取粉丝产生的危机反应信息，首先要找到孙杨的粉丝。截至 2013 年 3 月 6 日，孙杨的新浪官方微博数据显示的"粉丝"超过 1 170 万，百度孙杨贴吧的粉丝为 28 174 个。因此，根据孙杨粉丝的特点，用"孙杨""爱孙杨""喜欢孙杨""小白杨"等关键词在新浪微博和百度孙杨吧中的粉丝群体中剥离出铁杆粉丝，共找到孙杨粉丝共计 86 个（贴吧 51 个粉丝，新浪微博 35 个粉丝），接着根据这 86 个粉丝的账户提供的信息顺藤摸瓜，找出在危机期间所产生的与孙杨危机事件相关的百度贴吧内容、新浪微博内容，共计 839 则信息，删除无语义信息（如无意义的标点符号）最终获取了 342 则信息，并把这些信息进行编号。

为了回答本节研究提出的三个问题，把粉丝在孙杨危机事件中的传播策略类目分为对内传播策略、对外传播策略和无法辨认或其他传播策略信息类目。对内传播策略分为：支持与安慰孙杨、批评孙杨、粉丝之间相互传播、互相支持类目；对外传播策略分为主策略和辅策略，主策略包括三大传播策略——否认型传播（包括攻击指控者、替罪羊和直接否认），弱化型传播策略（包括合理化和淡化策略），重建型传播策略（道歉）。辅助传播策略包括提醒策略和牺牲者角色策略。在粉丝在危机期间的情绪反应类目上，把情绪类目分为正面情绪、负面情绪和无情绪或其他情绪类目。正面情绪包括同情（指的是粉丝对孙杨的同情）和高兴等其他正面情绪；负面情绪包括愤怒（因孙杨危机而对外界感到愤怒）、悲伤、焦虑、失望和羞耻。

---

① ALDOORY L,KIM J N,TINDALL N. The influence of perceived shared risk in crisis communication:Elaborating the situational theory of publics ［J］.Public Relations Review, 2009, 36(2): 134–140.

三、研究结果

（一）体育粉丝的传播策略分析

从表 3-11 可以看出，粉丝在偶像危机中不仅会做出行为反应，还会采取不同的传播策略进行传播管理。在 342 则信息中，粉丝在偶像危机中的对外传播策略上比例为 48.3%，在对内传播策略上比例占 45%，无法辨认或其他传播策略的比例为 6.7%。在对外传播策略中，否认型占全部信息的 32.5%，其中寻找替罪羊策略最多（13.2%），其次是攻击指控者的传播策略（12.9%），最后是直接否认策略（6.4%）；弱化型传播策略比例为 7.6%，其中合理化策略为 5.2%，淡化策略为 2.4%；重建型传播策略之道歉策略为 1.2%；在对外传播策略的辅助传播策略上，提醒策略为 6.4%，牺牲者角色为 0.6%。在对内传播上，粉丝最多采取安慰孙杨的传播策略（28%），其次是批评孙杨的传播策略（12.6%），再次是采取了粉丝之间的相互传播管理策略（4.4%）。

表 3-11　体育粉丝在偶像危机情境中的危机传播策略

危机传播策略		百分比	危机传播策略		百分比
对外传播策略（48.3%）	否认型传播策略（32.5%） 　　直接否认	6.4%	对外传播之支持型传播策略（7%）	提醒	6.4%
	攻击指控者	12.9%		牺牲者角色	0.6%
	寻找替罪羊	13.2%	对内传播策略（45%）	安慰孙杨	28%
	弱化型传播策略（7.6%）　合理化	5.2%		批评孙杨	12.6%
	淡化	2.4%		对粉丝传播管理	4.4%
	重建型传播策略　道歉	1.2%	无法辨认或其他传播策略		6.7%

粉丝在不同阶段采取的传播策略是否不同呢？从图 3-2 可以看出，在对外传播策略方面，粉丝在危机第一阶段主要采取否认型和弱化型传播策略，随着危机的发展，否认型和弱化型传播策略迅速减少。而支持型的传播策略

在整个危机期间较为均匀分布，道歉策略虽然极少，但并不集中在某个危机阶段。对内传播策略方面（如图 3-3 所示），粉丝采取的安慰孙杨、批评孙杨传播策略在第一阶段最多，在第二、第三阶段逐渐减少。粉丝之间相互传播的策略主要集中在危机第一阶段，到第二阶段迅速减少，第三阶段就没有了。

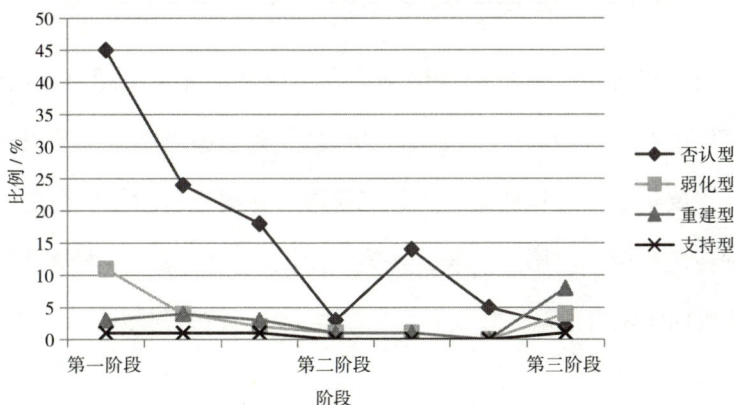

图 3-2　粉丝的对外传播策略

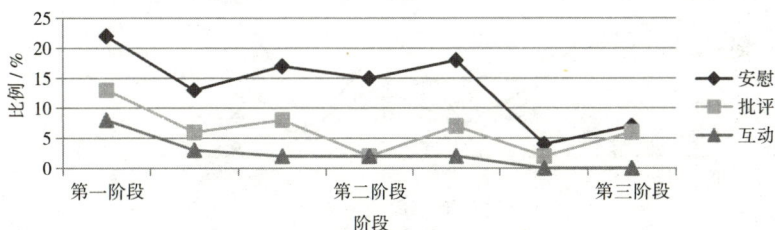

图 3-3　粉丝的对内传播策略

（二）粉丝的情绪反应分析

粉丝在偶像危机情境中的情绪反应方面（见表 3-12 所示），正面情绪比例为 27.4%，负面情绪比例为 46.9%，无情绪或无法识别的比例为 25.7%。在正面情绪中，同情比例为 14.3%，高兴等其他正面情绪比例为 13.1%；在负面情绪中，愤怒与厌恶情绪最普遍（18.4%），其次是悲伤（15.6%），然后是焦虑（6.7%），接着是失望（5.3%），最后是羞耻（0.9%）。

表 3-12　体育粉丝在偶像危机中的情绪反应

情绪类型		百分比	情绪类型		百分比
正面情绪 （27.4%）	同情	14.3%	负面 情绪	愤怒与厌恶	18.4%
	高兴等正面情绪	13.1%		悲伤	15.6%
负面情绪： （46.9%）	焦虑	6.7%		失望	5.3%
	羞耻	0.9%	无情绪或无法识别		25.7%

　　不同的危机阶段，粉丝的情绪是否会出现波动呢？从图 3-4 可以看出，同情主要发生在危机的第一阶段和第二阶段，到了第三阶段几乎没有了。愤怒也同样主要集中在危机的第一、第二阶段，在第三阶段较少出现。而高兴主要集中在危机第二、第三阶段，在第一阶段很少出现。但粉丝呈现出来的悲伤在危机期间较为平稳，并没有发生在某个阶段较为强烈波动的情况。

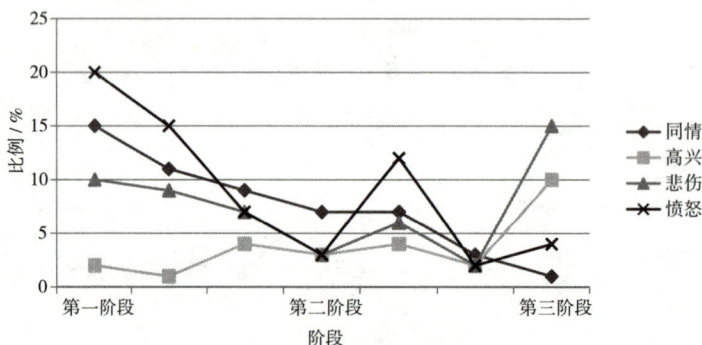

图 3-4　粉丝的情绪反应

四、结论与讨论

　　本节基于危机传播理论，以"孙杨危机事件"为案例，搜集百度贴吧和新浪微博粉丝在孙杨危机期间产生的社交媒体内容进行研究，通过内容分析，可以得出以下结论。

（一）体育粉丝担当了体育偶像危机传播管理的免费代理人

社交媒体时代，粉丝不单纯是偶像的支持者和追随者，更是偶像危机事件传播管理的免费代理人。"孙杨危机事件"发生后，粉丝们采取多种危机传播策略第一时间进行积极回应，即使孙杨本人并未做出任何回应。攘外必先安内，危机发生后，粉丝们对孙杨表现出极大的同情，但也有不少粉丝批评孙杨的做法，希望孙杨积极训练。与此同时，面对外界舆论压力，一些铁杆粉丝与其他孙杨粉丝进行了沟通，相互打气，坚决打击一些"叛变者"。对外传播策略上，积极地寻找大量的相关佐证维护孙杨的形象。在危机爆发后，当事件本身的真假尚未证实，事件当事人也未做出任何表态时，根据大众媒体的报道、广大网民的质疑，粉丝们大多采取否认型的传播策略，要么直接攻击爆料者、媒体的报道，要么回应称造成危机与孙杨无关，或称是孙杨女友造成的、是教练造成的，要么直接否认危机的存在。与此同时，粉丝们在危机初期也采取了弱化传播策略，宣称危机并不是孙杨有意为之，人（年轻人）都有犯错误的时候，或称危机造成的后果并没有媒体所说的那么严重，试图减轻危机归因责任，降低危机给孙杨带来的负面影响。当危机事件的真假已证实，孙杨也做出正面回应后，粉丝们所采取的否认型传播策略迅速下降，弱化型传播策略也随之下降，但粉丝们并未采取道歉等重建型传播策略。但值得注意的是，支持型的传播策略在危机期间始终较为平稳，粉丝们不断提供各种有关孙杨以前获得的各种成绩和荣誉的视频、文本和图片，时刻提醒媒体和广大网民孙杨以往付出的努力和取得的佳绩。由此可以看出，整体而言，粉丝们作为偶像的危机代理人，利用社交媒体进行了积极的危机传播管理。在关键时刻，孙杨粉丝们呈现出了一种有效的较为规范的"自组织"特点。本研究结果与婧鸣等人的研究结论相反，即微博粉丝不仅停留在表层的沟通与交流，还存在利益勾连和深层互动①。因此，作为拥有大量粉丝的组织或个人（偶像）一旦陷入危机，需要支持和引导粉丝们在社交媒体的危机传播管理，把它作为一种非官方的危机传播管理策略，与官方的危机传播管理相结合，相互协同处理危机。

（二）危机期间，体育粉丝比体育偶像本人更有可能利用社交媒体进行积极回应

"孙杨危机事件"发生后，粉丝们第一时间在社交媒体中对媒体和网友的报道做出回应。而作为危机当事人的孙杨却迟迟未做出任何回应，直到一个礼拜后。粉丝们的积极回应试图降低爆料者与媒体对孙杨的责难，维护孙杨形象，这在一定程度上减轻了危机事件对孙杨的负面影响，发挥了正面作用。若没有粉丝们的"无私帮助"，"孙杨危机事件"的结果可能会朝着另外一个方向发展。另外一方面，社交媒体作为自媒体，为粉丝们与偶像的互动沟通提供了一个绝佳平台，把遍布各地的"孤立"粉丝整合在一起，形成一个参与媒介文化、粉丝文化的虚拟组织。社交媒体扩充了粉丝的活动范畴，使得粉丝的文本生产力快速增长，甚至可以让粉丝先于传统媒体获得偶像信息，先于偶像获取偶像信息，并对其动态进行传播管理，尤其是在特殊时刻（危机），社交媒体中的粉丝甚至能够发挥警报器和灭火器作用，时刻警惕各种负面信息，第一时间发出警报，并试图消除各种对偶像不利的负面信息。

（三）体育粉丝在体育偶像危机情境中的情绪反应是复杂且矛盾的

粉丝与偶像有着十分微妙的关系，偶像的一举一动可能牵动着粉丝的神经。当"孙杨危机事件"发生后，粉丝们的情绪反应相当复杂，可以说五味

---

① 靖鸣，王蓉. 微博"粉丝"现象及其存在问题［J］. 新闻与写作，2012（6）：25-29.

俱全。总体而言，危机期间粉丝的负面情绪最强烈，对危机事件的爆料者和报道者表现出极大的愤怒和厌恶，当孙杨对危机做出了正面回应后，粉丝们的愤怒与厌恶迅速消退。但粉丝们的悲伤与难过始终伴随，这可能因为此危机与孙杨恋情有关。在危机期间，还夹杂着对孙杨的失望，对危机事件的焦虑和感到羞耻等负面情绪。与此同时，粉丝们在危机期间也呈现出了正面情绪。尤其是在危机发生后，粉丝们流露出了对孙杨的同情，当得知孙杨与教练和好并恢复正常训练时，粉丝们的忧愁也烟消云散，愉快心情随之而来。在危机期间，一些粉丝时而高兴、激动，时而愤怒、悲伤、焦虑，这种正面情绪、负面情绪全面爆发，导致语言暴力，尤其是在孙杨的新浪微博评论区里，一些粉丝们口无遮拦、污言秽语，形成微博暴力，而在百度贴吧上并未那么明显（这可能与吧主的管控与删贴权力有关）。

第三节 危机"次生灾害"之传播效应实验研究

一、问题的提出

近年来，一些地方政府和企业出现危机事件后采取"先表态，后烂尾；先道歉，后整改"的危机公关策略被媒体曝光，《中国青年报》《人民日报》《光明日报》等主流媒体纷纷发表评论谴责当事人的这种"热回应冷处理"的危机公关处理策略。"热回应冷处理"甚至成为一些地方政府和企业应对危机事件的工作套路。"热回应冷处理"现象成为众矢之的，引起舆论哗然，危机组织的这种投机与侥幸心理被公众杀了个"回马枪"，使得危机组织再一次陷入危机旋涡中，危机呈现扩大化，形成所谓的"次生危机"。那么，值得深究的是："热回应冷处理"形成的次生危机所带来的负面影响有多大？是否比首次危机还要严重？若组织在次生危机中采取"热回应热处理"，公众还能相信组织吗？作为危机组织，如何应对次生危机所引发的负面传播效应？目前还很少有研究从理论层面和实证上对这些问题进行探讨。由此，本节基于危机传播理论，通过实验法对"热回应冷处理"产生的次生危机之传播效应进行研究。

二、理论回顾与研究假设

（一）危机传播与热回应冷处理

危机被认为是不可预期的事件，且会威胁到利益相关者的重要期待并对组织或个人产生严重负面后果的一种感知①。于此而言，组织危机是感知危机而不是实际危机。危机传播则是对这种感知危机的一种传播管理，是应对危机所必要的信息的搜集、处理和传播。摆脱危机的关键是通过与不同公众沟通，重新获得公众的认可，这样才能真正修复受损的声誉。危机发生后公众对组织反应的评价比危机事件本身更重要，组织应该对危机做出负责任的反应才能修复组织形象。组织形象和声誉是组织至关重要的资产，危机恰恰最容易使得组织形象和组织声誉受损，一旦发生危机，组织需要动用一切传播资源（如采取五种危机回应策略：否认；推诿；减少伤害；改正错误；悔悟）对组织形象进行修复（即危机传播目的之一是构筑与维护组织良好形象）②。但处在复杂危机情境中的公众未必会对组织所做的努力采取完全一致的心理

---

① SCHULTZ F, UTZ S, GRITZ A. Is the medium the message? Perceptions of and reactions to crisis communication via twitter, blogs and traditional media [J]. Public relations review, 2011, 37(1): 20–27.

② BENOIT W L. Image repair discourse and crisis communication [J]. Public relations review, 1997, 23(2): 177–186.

期待，可以看出 Benoit 的视角是基于造成危机的当事者一方，缺少对危机中的公众的关注。Coombs 则认为要有效解决危机，必然要考虑到造成危机的各种情境，只有根据不同危机情境提出不同沟通策略才能有效解决危机[①]。因此，在归因理论和传统危机传播理论基础上，Coombs 提出了情境危机传播理论（situational crisis communication theory，简称 SCCT），被普遍认为是研究危机传播较为合理的理论框架[②]，是最近十几年来影响最大的危机传播理论[③]。SCCT 的基本假设是在组织危机情境中利益相关者（公众）会对组织危机的反应做出判断，即根据组织在危机中的负责任程度而做出不同的反应，而组织则根据公众的不同归因责任反应采取不同的回应策略[④]。

　　不同的危机类型应采取相匹配的传播策略。牺牲者类型危机由于几乎没有归因责任，因此更多的是采取淡化回应策略，并可适当采取如提醒等辅助策略，若出现谣言需要采取否认回应策略，正本清源；意外型危机由于归因责任较小，一般采取淡化回应策略，并同时采取重建传播策略恢复组织声誉，若出现毫无根据的指责，亦可采用否认回应策略；而可预防型危机由于归因责任较大，必须采取重塑的传播策略，适当采取迎合和提醒辅助策略。如果危机回应策略不匹配，将导致传播效果弱化甚至出现负效果，使得危机进一步恶化。不过，虽然相匹配的回应策略所带来的传播效果较好，但相对地也要付出昂贵的成本与代价，也可能导致某些行动公众以此作为对抗组织的筹码。而且，由于信息不对称，即使公众感知到组织归因责任较大，在缺乏证

① COOMBS W T, HOLLADAY S J. Helping crisis managers protect reputational assets: initial tests of the situational crisis communication theory [J]. Management communication quarterly, 2011, 16(2): 165–186.

② 史安斌. 危机传播研究的西方范式及其在中国语境下的本土化问题 [J]. 国际新闻界, 2008（6）: 22–27.

③ MEHTA A, XAVIER R. Tracking the defining moments of crisis process and practice [J]. Public relations review, 2012, 38(3): 376–382.

④ COOMBS W T. Attribution theory as a guide for post-crisis communication research [J]. Public relations review, 2007, 33(2): 135–139.

据的情况下，即使组织采取不匹配的传播策略对组织的影响也不一定很大。另外，即使危机造成了组织受到某种损害，可能由于组织与公众之间的地位悬殊，或者相关法规对其缺乏惩戒威慑力，也会使得组织忽视危机的善后处理。这些因素可能导致了组织的"热回应冷处理"现象。

危机传播策略是关于危机发生后"说什么"和"做什么"的危机公关活动。于此而言，"热回应冷处理"是危机爆发后，组织重视了"说什么"，却在"做什么"方面没有下文。但从 SCCT 理论来看，危机传播（回应）策略中已经包含了必须践行的措施等内容，即包括了"说什么"和"做什么"（这里的"做什么"不仅包括"准备做什么"，还包括"已经做了什么"的信息）。因此，"热回应冷处理"就是组织采取了与危机类型相匹配的回应策略，但事实上这种相匹配的回应策略是虚假的。严格地说，"热回应冷处理"本质上不属于匹配的回应策略，而属于一种不匹配的回应策略。另外，结合国内多个"热回应冷处理"危机案例，本节研究认为，与牺牲者型和意外型的危机相比，可预防型危机更可能采取"热回应冷处理"。这是因为可预防型危机归因责任较大，组织存在明显的故意犯错行为，若要彻底整改就必须付出很大代价，故为了尽快摆脱危机而采取虚假的重塑型的回应策略（即虚假的道歉和赔偿等）。因此，"热回应冷处理"只是在言语上搪塞公众，并未践行该策略或践行不到位，出现虎头蛇尾或干脆无作为引发舆论压力。正是这种不彻底的回应策略导致了组织再一次陷入危机中，由组织的首次危机转化成了次生危机。本节研究的次生危机是相对于首次危机而言的，是一种危机状态。显然，次生危机是组织采取虚假的匹配回应策略导致的，是故意为之，次生危机的归因责任大，属于可预防型的危机。因此，不管首次危机的危机类型是牺牲者型，还是意外型或可预防型，到了次生危机，都转化成了归因责任较大的可预防型危机。于是，首次危机成为次生危机的历史。SCCT 虽然涉及危机历史，却很少进行实证研究。由此，本节研究认为值得探讨的具体问题是：

次生危机所产生的负面影响是否比首次严重呢？严重到何种程度？若次生危机中采取真实的高度匹配的重塑型回应策略（道歉与补偿策略）是否能迅速降低负面影响，挽回组织已经受损的组织形象呢？次生危机中采取真实的高度匹配的重塑型回应策略所产生的传播效果比首次危机中采取否认策略还要严重吗？这是本节研究需要解决的问题。因此，根据这些问题与实验需要，本节研究采取了：①控制首次危机与次生归因责任。由于次生危机是可预防型危机，因此，本节研究把首次危机同样设定为归因责任较大的可预防型危机，这样就控制了无关变量。②因研究的危机类型为可预防型，危机回应策略选择了否认策略与重塑型（道歉与补偿）策略两种，这样就可以比较在次生危机中采取真实的高度匹配的重塑型回应策略与在首次危机中采取否认型的不匹配的回应策略之间的传播效应。本节研究的否认策略具体指的是直接否认危机事实；道歉策略指的是组织表达遗憾和悔悟，并承担全责，请求公众原谅。

（二）危机传播效应

危机对组织而言，到底是走向危险，还是一个转机？影响其走向的关键点是危机传播效果。如何评估危机传播效果，Coombs认为，评估危机所造成的实际影响较为关键，危机对公众的实际影响主要通过两条路径：一条是情绪反应，另外一条是组织声誉评价，并最终相互影响公众的行为意愿[①]。根据本节研究需要，把愤怒情绪、组织声誉和危机二次传播行为作为考察危机传播效果的主要面向。

---

① COOMBS W T. Information and compassion in crisis responses: a test of their effects [J]. Journal of public relations research, 1999, 11(2): 125–142.

1. 公众在危机情境中的愤怒

公众的情绪伴随着危机而产生，有正面情绪，也有负面情绪。正面情绪通常有同情、高兴等，负面情绪主要有愤怒、害怕、焦虑和悲伤等。由于某种情绪与特定危机情境有关，过去的研究已经从对危机中情绪总体特点的研究转向了与危机责任归因相联系的特定情绪的研究，只有这样才能提高危机传播管理的有效性[①]。归因理论认为，公众会对危机进行责任归因，并经历一个情绪反应。负面情绪反应在危机中普遍存在而且被认为是公众对危机的一种自然反应[②]。而愤怒被认为是危机中一种较为关键的负面情绪反应，是公众对当事人的一种怨恨的情绪激发[③]。当公众认为当事人在危机中的行为是负面的且对危机负有不可推卸的责任时，愤怒情绪随之而来[④]。尤其是危机威胁到公众的利益或与公众的预期不一致时，公众倾向于对危机负有责任的一方感到愤怒。愤怒的公众总觉得需要对危机做点什么，激发他们去情绪宣泄或采取进一步的行动来消除这种负面情绪。因此，愤怒会促使公众对危机组织进一步的评价和行为反应。哪些因素会影响公众的愤怒情绪呢？一些研究表明，危机与公众高度相关时更有可能出现愤怒。如高涉入公众的愤怒情绪发生的频率会随时间的推移而增加[⑤]。最近研究也发现，当公众卷入到组织故意为之

① YAN J, HONG S Y. Explicating crisis coping in crisis communication [J]. Public relations review, 2010, 36(4): 352–360.

② JUAN M, MADERA D, SMITH B. The effects of leader negative emotions on evaluations of leadership in a crisis situation: the role of anger and sadness [J]. The leadership quarterly, 2009, 20(2): 103–114.

③ MONIQUE M T. Using emotion in risk communication: The Anger Activism Model [J]. Public Relations Review, 2007, 33: 114–119.

④ COOMBS W T. Attribution Theory as a guide for post-crisis communication research [J]. Public Relations Review, 2007, 33: 135–139.

⑤ CHOI Y, LIN Y H. Consumer responses to mattel product recalls posted on online bulletin boards: exploring two types of emotion [J]. Journal of public relations research, 2009, 21(2): 198–207.

的危机时，会表现出较为强烈的愤怒情绪[①]。在牺牲者型、意外型和可预防型危机类型中，公众对可预防型危机的归因责任较高，产生最为强烈的愤怒情绪[②]。这是因为组织明知故犯，公众对有意损害公众利益的组织不满，产生的认知不协调程度大，进而对组织产生愤怒情绪。对于有"前科"的危机组织来说，给公众产生了"坏行为"的印象[③]。因此，采取"热回应冷处理"做法的组织一旦被公众知晓，更可能使公众感到愤怒。由此，本书提出：

假设 1：与首次危机相比，次生危机所产生的愤怒更为强烈。

2. 组织声誉

危机给组织造成了何种后果，一个重要的衡量指标是声誉评价。这是因为危机会威胁组织声誉，让公众觉得有理由去对一个组织产生坏的联想。声誉是吸引它的公众且代表组织过去行为和未来期待的认知价值，是组织宝贵的无形资产[④]，甚至有学者把"危机"定义为对声誉资产的一种威胁，可见组织声誉对组织的重要性。好声誉能给组织吸引更好更多的资源，相反，若危机带来不好的声誉，可能会使组织很长时间陷入危机泥潭中。Coombs 等认为，危机责任归因、危机传播策略、危机历史与公众关系史等因素都会影响组织

---

① UTZ S, SCHULTZ F, GLOCKA S. Crisis communication online: how medium, crisis type and emotions affected public reactions in the Fukushima Daiichi nuclear disaster [J]. Public relations review, 2013, 39(1): 40–46.

② YAN J, PARK S A, LEN-RÍOS M E. Strategic communication of hope and anger: a case of duke university's conflict management with multiple publics [J]. Public relations review, 2010, 36(1): 63–65.

③ COOMBS W T. Impact of past crises on current crisis communication: insights from situational crisis communication theory [J]. Journal of business communication, 2004, 41(1): 265–289.

④ JUAN M, MADERA D, SMITH B. The effects of leader negative emotions on evaluations of leadership in a crisis situation: the role of anger and sadness [J]. The leadership quarterly, 2009, 20(2): 103–114.

声誉，此外，负面的情绪如愤怒也会影响人们对危机组织的声誉评价[①]。若组织危机归因责任越大，组织的声誉评价就越负面，而非故意的危机对组织声誉的影响较小。为了避免声誉进一步受损或对声誉进行修复，组织必须采取危机传播策略。采取相匹配的传播策略比采取不匹配的传播策略会使组织声誉评价更高，如对可预防型危机采取道歉的传播策略比否认策略使组织声誉受损更小。我国老话"事不过三"，若组织的"热回应冷处理"做法引发了公众的不满，此时如能够真正悔改并采取弥补措施，采取道歉策略和一些支持性的辅助回应策略，公众也可能会原谅组织的。若组织先前就与公众的关系不好或者以往有危机历史，可能会使组织的声誉雪上加霜，使得组织的声誉进一步恶化[②]。让公众感觉到，组织屡次发生危机，表明组织没有为防范危机再次发生做出应有的努力。因此，本书提出：

假设 2a：次生危机比首次危机受到的组织声誉影响更大。

假设 2b：次生危机中采取道歉策略比采取否认策略对组织声誉的影响更小，也小于首次危机中采取的否认策略。

3. 危机二次传播

组织危机不仅使得公众对组织声誉进行评价和出现情绪反应，公众还可能对危机组织采取进一步的行动，如传播行为。公众的危机传播行为主要包括对危机的负面评价和对危机信息再次传播，前者主要指负面口碑传播，后者指的是危机二次传播。首先，从概念上对危机二次传播、负面口碑传播加以区别。危机二次传播指的是公众对接收到的危机信息与他人进行交流、分

---

① COOMBS W T, HOLLADAY S J. Further explorations of post-crisis communication: effects of media and response strategies on perceptions and intentions [J]. Public relations review, 2009, 35(1): 1–6.

② COOMBS W T, HOLLADAY S J. Unpacking the halo effect: reputation and crisis management [J]. Journal of communication management, 2006, 10(2): 123–137.

享与评论的行为意愿[①]。换言之，危机信息首先从初信息源（当事者或爆料者）通过某一信息渠道发出，公众在知晓后由于传播欲望导致对该危机信息再一次传播，是对危机信息的一种整体的传播行为。负面口碑传播则是公众告诉他人有关组织或产品的不满意体验，是一种单纯的负面评价传播。负面口碑传播被认为是公众很有可能产生的对组织的声讨行动。归因责任较大的危机会产生更多的负面口碑，那些采取否认策略的组织比采取道歉的组织可能产生更多的负面口碑。而且，负面口碑传播会进一步影响公众对危机的归因责任[②]。如今的新媒体社会，组织危机所产生的负面口碑出现了加速传播。尤其是在微博媒体的传播环境中，公众不再是单纯的信息被动接收者，还通常扮演危机信息甚至是谣言的生产者和传播者[③]。处在危机情境里的公众不仅会对组织危机进行评论，还会生产和传播自己版本的危机信息。因此，学者们对在社交媒体环境下出现危机信息分享与交流（即危机的二次传播）备受关注。Utz 等研究了信息渠道对危机二次传播的影响，并发现危机信息从传统媒体上传播比从社交媒体上传播对公众的次生危机传播行为影响更大[④]。次生危机所带来的归因责任比首次危机高，当公众知晓组织发生了危机而且还不整改时，公众可能会对危机信息进行传播与分享，如再次核实危机是否对亲朋好友产生影响或用传播行为来"讨伐"组织的再次犯错。因此，本书提出：

---

① SCHULTZ F, UTZ S, GRITZ A. Is the medium the message? Perceptions of and reactions to crisis communication via twitter, blogs and traditional media［J］. Public relations review, 2011, 37(1): 20–27.

② LIU B F, AUSTIN L, YAN J. How publics respond to crisis communication strategies: the interplay of information form and source［J］. Public relations review, 2011, 37(4): 345–353.

③ 夏雨禾. 突发事件中的微博舆论：基于新浪微博的实证研究［J］. 新闻与传播研究，2011（5）：43–51.

④ UTZ S, SCHULTZ F, GLOCKA S. Crisis communication online: how medium, crisis type and emotions affected public reactions in the Fukushima Daiichi nuclear disaster［J］. Public relations review, 2013, 39(1): 40–46.

假设 3：次生危机比首次危机产生更多的危机二次传播行为。

如上所述，次生危机比首次危机所产生的负面影响更大，激起公众的愤怒情绪也可能更强烈。危机历史带给当前危机组织更大的威胁，并进一步影响组织声誉[①]。一些研究发现，负面情绪会引发公众对组织声誉的评价并带来特定的行为，如愤怒会使企业声誉受损进而影响企业的产品销售。Coombs 等的研究也证实，愤怒的公众很可能对组织有所行动，首当其冲的是对组织的声誉评价较为负面，进而会引发危机二次传播[②]。但是，若组织本身有好的声誉则能够减轻公众的负面情绪和负面的行为意愿。因此，本书提出：

假设 4：在危机中，当公众感到更为愤怒时会对组织声誉做出更低的负面评价，进而有更多的危机二次传播行为，即组织声誉在愤怒与危机二次传播中具有中介效应。

三、实验设计

（一）实验设计与刺激物

本节研究的目的是探讨"热回应冷处理"所引发的二次危机之传播效应，在此采取 2×2 的被试内设计，即测试的第一因素为危机历史：首次危机与次生危机；第二因素为危机回应策略：否认与道歉。这样形成四个危机情境版本：

---

① YAN J, PARK S A, LEN-RÍOS M E. Strategic communication of hope and anger: a case of duke university's conflict management with multiple publics [J]. Public relations review, 2010, 36(1): 63–65.

② COOMBS W T, HOLLADAY S J. Unpacking the halo effect: reputation and crisis management [J]. Journal of communication management, 2006, 10(2): 123–137.

首次危机 × 否认；首次危机 × 道歉；次生危机 × 否认；次生危机 × 道歉。

实验的前提条件是设计一个所有被试都能够理解并且可能面临的危机情境，这样被试才可能在真正遇到危机时心理与行为变化与实验场景近似。因此，刺激物采用饮用水污染危机。自来水是必需品，公众的涉入度高。因实验设计中的次生危机为故意为之的可预防型危机，首次危机也设计为可预防型危机（由自来水厂管理不善导致饮用水氟超标，自来水有异味），控制了无关变量的差异。这样，实验虚构出四个水污染危机情境。因在江西省进行实验，危机组织选为江西 ×× 自来水厂，与被试特点相匹配。

（二）被试与实验程序

本实验在江西某大学的实验室完成。首先进行预实验，邀约了 10 位大学生对四个危机情境版本和问卷进行测试，发现了四个版本和问卷中的语言表述存在小问题并进行了完善。正式实验中，选取被试条件为家在江西省 ×× 市的大学生，一共有 162 人参与，收回有效问卷 150 份。实验首先由主试宣读实验任务和要求，而后发放问卷，每呈现一个危机情境后被试填写问卷。

（三）变量测量

被试在看完刺激物后填写一份问卷，测量被试处在不同危机回应策略中的愤怒、组织声誉和危机二次传播情况。愤怒采用 Coombs 等的量表[①]，由"我对该自来水厂的回应策略感到生气；该自来水厂的回应策略不会让我感到生气；该自来水厂的回应策略让我感到恼怒；该自来水厂的回应策略让我感

---

① COOMBS W T, HOLLADAY S J. The negative communication dynamic: exploring the impact of stakeholder affect on behavioral intention ［J］. Journal of communication management, 2007, 11(4): 300–312.

到不高兴"四个测项组成，Cronbach's α 值为 0.913；组织声誉采用 Coombs 等 [1] 的量表，测量该组织在这个危机案例中的声誉评价，由"该自来水厂在此次危机中的表现是关心公众利益的；根据该自来水厂的回应策略我认为其是可以信赖的；根据该自来水厂的回应策略，我倾向于相信该自来水厂的说法；在大部分情况下，我倾向于支持该自来水厂的做法；根据该自来水厂的回应策略，我不相信该自来水厂有说实话"等五个测项组成，Cronbach's α 值为 0.874；危机二次传播采用 Friederike 等 [2] 的量表，由"看完这个版本的材料后，我很可能与亲朋好友分享此信息；看完这个版本的材料后，我会把这些信息告诉陌生人；看完这个版本的材料后，我会对此发表评论"等三个测项组成，Cronbach's α 值为 0.829。以上量表均采用李克特 5 级量表来测量。

四、实验结果

第一，对因变量愤怒进行方差分析，发现危机历史与回应策略之间产生了交互效应 [F（1，149）=18.845，P=0.000 < 0.01]，如图 3-5 所示。这说明四个版本之间对愤怒的影响存在差异。通过进一步的单纯主要效果方差分析发现，被试面对否认回应策略，次生危机中体现出来的愤怒水平比首次要强烈 [$M_{次生}$=4.40 > $M_{首次}$=4.11；F（1，149）=16.665，P=0.000 < 0.01]；被试在面对道歉回应策略后，次生危机体现出来的愤怒水平同样比首次强烈 [$M_{次生}$=4.33 > $M_{首次}$=3.52；F（1，149）= 93.775，P=0.000 < 0.01]；而在首次危机中，否认策略比道歉策略引起的愤怒更为强烈 [$M_{否认}$=4.11 > $M_{道歉}$=3.52；F（1，149）=41.772，P=0.000 < 0.01]；但在次生危机中，否认策略与道歉策略

---

① COOMBS W T, HOLLADAY S J. Further explorations of post-crisis communication: effects of media and response strategies on perceptions and intentions [J]. Public relations review, 2009, 35(1): 1-6.

② SCHULTZ F, UTZ S, GRITZ A. Is the medium the message? Perceptions of and reactions to crisis communication via twitter, blogs and traditional media [J]. Public relations review, 2011, 37(1): 20-27.

引起的愤怒却没有明显的差异 [$M_{否认}$=4.40，$M_{道歉}$=4.33；F（1，149）=0.994，P=0.32 > 0.05]，这说明组织若发生次生危机，无论是道歉还是否认引起的愤怒水平已无差异。因此，假设1成立。

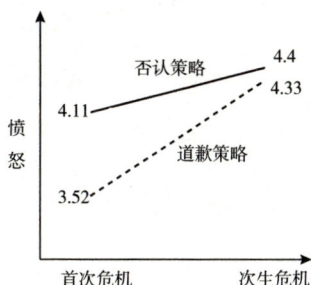

图3-5　危机次数与回应策略对愤怒的交互影响

第二，对因变量组织声誉进行方差分析发现，危机历史与回应策略之间也产生了交互效应 [F（1，149）=8.476，P < 0.01]，如图3-6所示。这说明四种危机情境对声誉的影响存在差异。通过进一步的单纯主要效果方差分析发现，面对否认回应策略，首次危机与次生危机所产生的组织声誉评价无差异 [$M_{次生}$=1.94，$M_{首次}$=2.07；F（1，149）=1.708，P=0.193 > 0.05]；若采取道歉策略，次生危机比首次危机的声誉评价更低 [$M_{次生}$=2.41 < $M_{首次}$=2.94；F（1，149）=29.897，P < 0.01]，因此假设2a部分成立；而在首次危机中，否认策略比道歉策略所产生的组织声誉评价更低 [$M_{否认}$=2.07 < $M_{道歉}$=2.94；F（1，149）=92.014，P=0.000 < 0.01]；次生危机中，否认策略比道歉策略所产生的组织声誉评价水平同样更低 [$M_{否认}$=1.94 < $M_{道歉}$=2.41；F（1，149）=23.670，P=0.000 < 0.01]。因此，假设2b部分成立。

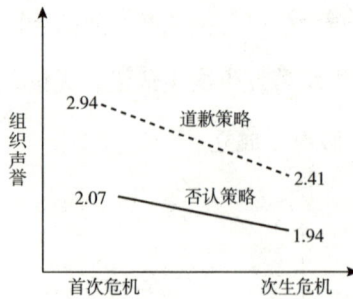

图 3-6　危机次数与回应策略对组织声誉的交互影响

第三，对因变量危机二次传播进行方差分析，危机历史与回应策略之间同样产生了交互效应 $[F(1, 149)=31.108, P=0.000 < 0.01]$，如图 3-7 所示。这也说明四个危机情境对危机二次传播的影响存在差异。因而进一步进行单纯主要效果方差分析发现，被试面对否认回应策略，次生危机所引发的危机二次传播行为比首次危机更明显 $[M_{次生}=4.00 > M_{首次}=3.80; F(1, 149)=5.060, P=0.026 < 0.05]$；被试在面对道歉回应策略时，次生危机所引发的危机二次传播行为比首次危机更明显 $[M_{次生}=3.99 > M_{首次}=3.18; F(1, 149)=97.822, P=0.000 < 0.01]$；而在首次危机中，否认策略比道歉策略引起的危机二次传播更为强烈 $[M_{否认}=3.80 > M_{道歉}=3.18; F(1, 149)=52.572, P=0.000 < 0.01]$；但是在次生危机中，否认策略与道歉策略引起的危机二次传播却没有差异 $[M_{否认}=4.00, M_{道歉}=3.99; F(1, 149)=0.022, P=0.882 > 0.05]$，这说明组织若发生次生危机，无论是道歉还是否认引起的危机二次传播行为已无差异。因此，假设 3 成立。

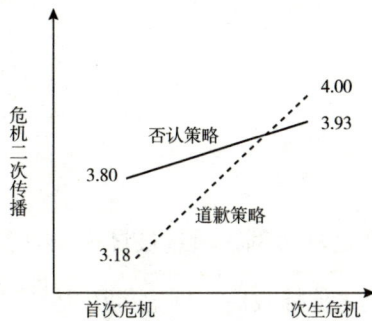

图 3-7 危机次数与危机二次传播的交互影响

第四，为了检视组织声誉在愤怒与危机二次传播中是否存在中介效应，通过四个回归方程来检验（如图 3-8 所示）。首先，在第一个回归方程中，把愤怒作为自变量，组织声誉作为因变量进行回归分析，发现回归方程显著（$\beta = -0.672$，$P < 0.01$）。其次，在第二个回归方程中，把愤怒作为自变量，危机二次传播作为因变量进行回归分析，发现回归方差显著（$\beta = 0.384$，$P < 0.01$）。再次，在第三个回归方程中，把组织声誉作为自变量，危机二次传播作为因变量进行回归分析，发现回归方差显著（$\beta = -0.329$，$P < 0.01$）。最后，把愤怒、组织声誉一起作为自变量，危机二次传播作为因变量进行回归分析发现，回归方程中，愤怒变量不再那么显著（$\beta = 0.107$，$P = 0.041 < 0.05$）。这说明组织声誉在愤怒与危机二次传播中起着部分中介效应，假设 4 成立。

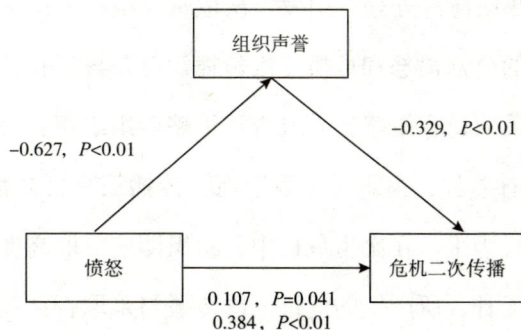

图 3-8 组织声誉的中介作用

五、结论与意义

（一）研究结论

本节研究以水污染危机为例，通过被试内设计探讨了"热回应冷处理"现象所引发的二次危机之传播效应，即危机历史与回应策略不同是如何影响公众愤怒和组织声誉的，进而影响公众危机二次传播的。由此，得出如下研究结论：

（1）次生危机比首次危机之负面传播效应更明显。从研究结果来看，危机历史与回应策略对危机传播效应的影响具有交互效应，说明四个危机情境对危机传播效应的影响有差异。次生危机所引发的公众愤怒和所产生的危机二次传播行为比首次危机都更为明显。次生危机中采取道歉策略所产生的组织声誉评价也比首次危机中采取道歉策略更低。而且，研究还发现，次生危机即使采取高度顺应公众意愿的道歉策略，所产生的公众愤怒也比首次采取否认策略还要强烈（$M=4.33 > M=4.11$），次生危机引发的危机二次传播也更为活跃（$M=3.99 > M=3.80$）。这也说明若"热回应冷处理"现象一旦被公众发现并再次引发危机，即使采取补救措施，其所带来的负面传播效果也比第一危机中采取否认策略还要大。

（2）一旦"热回应冷处理"引发二次危机，组织无论采取道歉或否认回应策略，所造成的公众愤怒和危机二次传播没有差异，且都非常明显。在次生危机中，虽然采取道歉策略比采取否认策略后组织声誉会更高，但所引发的公众愤怒却没有差异，组织无论采取何种传播策略公众都感到非常愤怒，进而体现在传播行为上。在次生危机中，组织即使采取高度顺应公众意愿的传播策略也于事无补，所产生的危机二次传播与采取否认策略所产生的危机二次传播已经没有差异了。这说明，当组织一而再发生危机时，所引发的负面传播效应非常明显，公众很难原谅组织的这种过错行为。

（3）良好的组织声誉能一定程度上缓冲危机负面传播效应。研究结果显示，组织声誉能在公众愤怒与危机二次传播中有部分中介效应，公众的愤怒情绪会因组织声誉进而影响危机二次传播。这证实了组织声誉好能够在危机冲击中起到缓冲作用，减轻对组织的伤害。但组织声誉差却能激发危机二次传播行为。另外，研究结果还显示，面对组织的否认回应策略，公众对次生危机所产生的组织声誉评价与首次危机的组织声誉评价并没有差异，这也说明了良好的组织声誉确实能够减轻危机所产生的冲击。若组织能在次生危机中采取道歉策略，公众对组织的声誉评价还是比首次危机中采取否认策略高，这也间接说明了良好的组织声誉给组织带来的好处。

（二）研究意义

本节的研究结论对理论和实践都有一定的意义与启示。首先，本节研究对"热回应冷处理"现象所引发的危机传播效应进行了理论上的分析，把危机历史分为首次危机与次生危机，并与回应策略进行组合，从而对其传播效应进行了实证研究，深化了危机传播理论关于危机历史的研究，为研究危机传播效应提供了新思路。

其次，本节的研究结论对于危机管理实践具有一定的借鉴意义。组织一旦发生危机，不管何种危机类型，也不管采取何种传播策略，其处理原则是组织在第一时间采取相应的措施优先保护公众，避免相关公众进一步受到伤害和事态进一步恶化。然后再考虑采取相匹配的回应策略，尤其是在次生危机中，应尽量采取高度顺应的回应策略，必须重视对受害者的关注和责任担当，尽量避免组织声誉进一步受到伤害，缓和公众的愤怒情绪和降低公众的危机二次传播行为。公众的愤怒情绪被认为是危机传播管理者特别需要重视的，它能引发一系列对组织产生重要影响的公众负面行为。由此可见，对公众的愤怒情绪管理必须受到管理层重视，尤其是在次生危机后更要特别对待，千万不要轻易使用否认策略，需要采取道歉策略与支持性的辅助策略相结合的危机公关策略来抚平公众的情绪，挽回组织声誉，避免不必要的危机二次传播的发生。而危机二次传播让组织较容易引起信息失真，也可能引发谣言[①]。总之，组织采用"热回应冷处理"的做法一旦被发现，所引发的负面传播效果非常明显，组织需要主动与公众互动沟通，尤其是与媒体公众进行沟通，及时采取补救措施，切不可采取反效果的不匹配的传播策略。另外，在每个公民都是业余记者的新媒体社会里，"热回应冷处理"很容易被发现，危机组织切不可冒险为之。

（三）研究限制及未来研究方向

从理论与实证上来看，本节存在以下的缺陷与不足，若在未来的研究中对其进行完善，则能提高研究结果的可靠性。

第一，从实验对象来看，本节研究的实验对象是学生群体，即使考虑到了实验对象与刺激材料相关，其研究结果也未必能反映所有公众的立场。未来研究有必要采集非学生群体且能够反映危机事件的公众作为实验对象。

第二，本节的实验数据来源于水污染危机事件类型，若能同时考虑多种行业，尤其是搜集我国社会频发的多种典型的危机事件作为研究对象，其研究结果的解释力则可更高。

第三，本节只处理了危机历史与两种回应策略之间的组合关系，未来研究还可以考虑更多危机情境，如加入更多的回应策略，或融入其他变量如涉入度、媒体形式等一起探讨"热回应冷处理"现象所引发的危机传播效应。当然，还可讨论产生"热回应冷处理"现象背后的原因及规避措施。

---

① 禹卫华. 从手机谣言到恐慌行为：影响因素与社会控制——基于第三人效果框架的历时研究 [J]. 新闻与传播研究，2011（6）：57-64.

第四章　风险沟通的社交媒体效应与专家角色

社交媒体的用户生成内容（user generated content）的特点使普通公众有机会、有条件传播风险信息，容易使食品风险信息在传播过程中发生扭曲与变异，这对风险沟通管理带来了严重挑战，考察社交媒体环境中的风险沟通问题成为风险治理亟须解决的重要课题。本章分析了社交媒体（也包括其他媒体）在风险沟通中扮演的角色与作用。首先基于控制实验法分析了微博环境中公众的食品风险认知及其传播行为，即不同微博信息源与不同微博信息传播方式对公众的风险认知和传播行为的影响差异。其次，基于危机传播理论通过对危机爆发阶段和危机回应阶段的两次实验研究，并把危机情境因素之危机涉入度和危机信息内容因素之策略匹配度纳入研究框架，反复验证了媒介形式对危机传播效果的影响。最后，基于内容分析法与语义分析法，试图通过对 10 年来（2008—2017 年）反对转基因（下文统一简称为"反转"）的新闻报道的描绘，勾勒出国内媒体反转的基本面貌和媒介特征，厘清反转新闻潜藏的社会关系，进而反思转基因的风险沟通机制。

第一节　微博的风险沟通效应

一、研究问题

微博是当前使用最广泛，也最具有典型性的社交媒体[①]。由于微博具有信息传播快速、便捷、范围广等优势，在食品风险沟通领域，不仅企业会利用微博等平台进行及时发布产品安全信息，大众媒体和专家也利用微博平台来及时传播食品风险信息。很多组织早已关注到社交媒体的这些特点，在发生风险时为了满足利益相关者信息需求，利用社交媒体及时与利益相关者进行沟通互动。与此同时，社交媒体因有互动性和草根性特点，以及信息赋权，普通公众也有条件、有能力利用微博媒体进行社会互动，正如新浪微博中的转发、评论功能使得公众生产和传播危机信息极为便捷，接收到风险信息后便可立即转发和评论。

因此，在实际的微博信息传播环境中，各种微博信息源纷纷加入风险沟通中。但是，各种微博信息源在传播风险信息时对公众的影响是否有差异呢？并未见到相关研究，这是本节研究需要考察的。其次，在微博环境中，风险沟通有多种传播方式，一种是微博账户的原创微博信息，这种信息的传播方式是微博主根据已知的风险信息进行书写进而在自己的账户中进行传播，属于原创的信息传播方式；另外一种是转发自己亲朋好友的风险信息。这种

---

① 刘振声. 社交媒体依赖与媒介需求研究——以大学生微博依赖为例 [J]. 新闻大学，2013(1): 119–129.

信息传播方式是微博主在自己的微博界面中看到粉丝的微博，觉得有价值进而转发；还有一种是转发来自组织或权威专家的微博风险信息，即微博主遇到组织或权威专家的微博信息时觉得微博信息有价值，并把这些风险信息进行转发，从而使得这些风险信息得到进一步的传播。微博中便捷和快速的传播也使得风险信息在传播中极易发生扭曲和失真，从而对公众的风险认知产生重要影响。因此，本节研究的目的是考察微博媒体环境中的各种信息源和风险传播方式对公众的影响。在此，本书提出以下关键问题：

问题1：微博中不同食品风险信息源（专家微博账户、普通微博账户、大众媒体的微博账户）对公众的风险认知和风险传播行为产生怎样的影响？

问题2：微博中食品风险信息的不同传播方式（原创微博的信息传播方式、转发普通微博账户信息的传播方式和转发第三方调查机构微博的信息传播方式）对公众的风险认知和风险传播行为产生怎样的影响？

问题3：公众在遭遇到食品风险信息后，从何种信息渠道对这些风险信息进一步核实与搜寻？

问题4：公众在遭遇到食品风险信息后，通过何种传播渠道对这些风险信息进行分享与传播（风险信息二次传播）？

本部分的具体研究框架如图4-1所示。

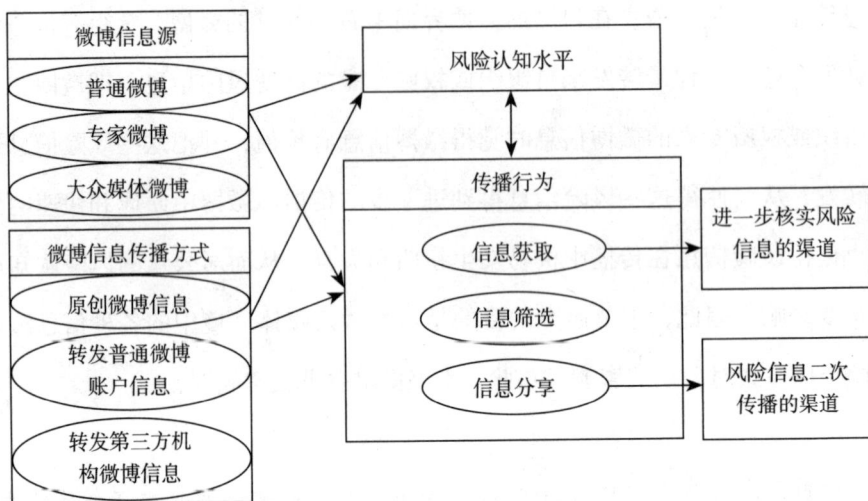

图 4-1　微博环境中风险认知与传播行为研究构架

二、研究设计

本节要探讨的是微博环境中公众的风险认知和传播行为，即不同微博信息源与不同微博信息传播方式对公众的风险认知和传播行为的影响差异。因此，本部分采取实验法进行研究。在实验之前进行深度访谈，作者要对研究对象的安全风险认知、传播行为、社交媒体的使用等方面有个基本了解，在此基础上，再用实验法来收集数据。

具体的研究程序如下。

（一）深度访谈

学者 Zaltman 曾指出，深度访谈是研究风险沟通理论不可或缺的方法[①]。本节研究利用深度访谈获取公众日常的媒体接触情况、风险信息渠道接触情

---

① 陶晓波. 网络负面口碑对消费者态度影响的实证研究——兼论企业的应对策略［M］. 北京：知识产权出版社，2006：105.

况以及社交媒体环境中风险传播的关键节点等内容，并根据深度访谈的结果进行实验设计。

具体而言，本节研究的深度访谈设计如下。

访谈提纲：在访谈提纲的制订上，本节研究将采取梯式访谈法的设计思路，即由浅入深地不断追问访谈对象。

1.访谈问题

（1）你平时使用哪些社交媒体（如微博、博客、论坛）？你平时会接触传统媒体吗？接触何种传统媒体？

（2）请你回忆一下最近感知到的食品安全风险？你是从哪些渠道（社交媒体与传统媒体）获取信息的？为什么从这些信息渠道获取？

（3）当你从这些渠道看到了食品安全风险信息时，你是否会想进一步了解（核实）这些食品安全风险信息？通过何种信息渠道进一步核实？

（4）当你从这些渠道看到了食品安全风险信息时，是否会告诉别人？告诉谁？通过什么渠道告诉他们？

（5）你注意何种微博账户？如何看待普通微博账户、大众媒体微博账户以及专家微博账户？在食品风险情境中你倾向于相信哪种微博信息源（普通微博账户、大众媒体微博账户以及专家微博账户）？你如何对待这些微博主的食品安全风险信息？是否会转发与评论？

（6）在食品风险情境中你相信哪种专家的话？你如何看待专家开通微博？不同专家的微博对你产生影响了吗？对你产生了何种影响？

2.访谈对象

在访谈对象上，考虑到我国社交媒体用户逐步走向性别均衡，且以年轻群体为主的客观事实，本节研究选取了8名男性与8名女性为访谈对象。8名男性中，4名是大三学生，1名中学生，1名已经参加工作3年，2名参加工作2年；8名女性中，4名来自在读大三学生，1名已参加工作1年，1名参加工作2年，1名已经毕业但未找到工作。

3. 访谈程序

为了控制访谈质量，本访谈选择了相对安静的地点，即江西省赣州市章贡区某大学的一间会议室。作者事先分别联系访谈对象到达约定地点，根据访谈提纲分别与访谈对象进行了深度沟通，待访谈结束后，作者以小礼物作为答谢。

在深度访谈后，按照数据精简、数据呈现、得出结论的程序进行定性研究。首先根据这些访谈对象的回答对每一个问题的共同点进行了提炼，去除细枝末节，然后根据共同点进行了关键词分析，并结合社交媒体的相关知识，得出了如下的初步结论。

第一，大学生是社交媒体的重度使用者，社交媒体渠道如新浪微博、微信等是他们阅读外界新闻的主要渠道，同时传统媒体如报纸也是他们获取新闻信息的渠道之一。

第二，大学生对很多具体的食品风险知识缺乏，诸如对生物技术风险的知识不了解，也不太关注，对大米、水果等与日常生活密切相关的食品风险感知却很敏感，对牛奶、果汁饮料的风险信息也较为关注。

第三，访谈对象获取食品安全风险信息主要通过社交媒体和传统媒体，尤其是社交媒体。由于手机的方便和随时在线，大学生能随时随地获取相关的食品安全风险信息。也通过社交媒体渠道把这些风险信息告诉周围的人。

第四，对于微博中的风险信息，大多数访谈对象流露出了对风险信息的关注，也通过转发的传播方式告诉亲朋好友，甚至会通过原创的传播方式对风险信息进行加工和传播。他们都倾向于相信传统媒体微博账户和专家微博账户。

在深度访谈后，作者对社交媒体环境中的食品风险沟通有了初步的了解。接下来进行正式实验的设计。

（二）实验设计

1. 实验材料

本实验探讨的是微博环境中公众的食品风险认知与风险传播行为，即找到微博环境对公众的食品风险认知与传播行为产生重要影响的关键节点。通过实际考察国内的微博环境，参考国外学者对 Facebook、Twitter 的研究[1]，并结合深度访谈结果，作者认为微博环境中微博信息源与微博信息传播方式是关键节点。其中，食品沟通领域中的微博信息源大概可以分为普通微博账户、传统大众媒体微博账户和专家微博账户；微博信息传播方式大致有原创微博、转发微博两种，但转发微博可以细分为转发普通微博账户信息的传播方式和转发权威机构或知名人物的微博信息的传播方式。因此，本节研究拟考察微博信息源（普通微博账户、大众媒体微博账户和专家微博账户）与微博信息传播方式（传播原创的风险信息、转发来自普通微博账户的风险信息、转发来自第三方调查机构的风险信息）对风险认知和风险传播行为的影响差异。实验采取 3×3 的被试间设计，这样形成了 9 个食品风险情境的实验版本（详见表 4-1）：第一，普通微博账户 + 传播原创的风险信息；第二，普通微博账户 + 转发来自普通微博账户的风险信息；第三，普通微博账户 + 转发来自第三方调查机构的风险信息；第四，大众媒体的微博账户 + 传播原创风险信息；第五，大众媒体的微博账户 + 转发来自普通微博账户的风险信息；第六，大众媒体的微博账户 + 转发来自第三方调查机构的风险信息；第七，专家微博账户 + 传播原创风险信息；第八，专家微博账户 + 转发来自普通微博账户的风险信息；第九，专家微博账户 + 转发来自第三方调查机构的风险信息。

在实验刺激材料的选择上，作者选择了大米，虚构出一个关于赣南大米

---

[1]　SCHWARZ A. How publics use social media to respond to blame games in crisis communication: the Love parade tragedy in Duisburg 2010 [J]. Public relations review, 2012, 38(3): 430–437.

镉超标的食品风险信息。理由为：第一，根据先前的深度访谈内容中得出的结论，被访对象较为关注的食品安全风险类型之一是大米的安全问题；第二，实验地点选择在江西赣州，2013 年初发生了赣南大米被检测出镉超标的食品安全事件，生活在赣州地区的人群较为关注大米的食品风险问题。

表 4-1　微博信息源与信息传播方式对风险认知和传播行为影响之实验设计

社交媒体环境中的食品安全风险信息情节设计	微博信息源	风险信息传播方式
赣南大米镉超标（普通微博账户＋原创微博信息）	普通微博账户	原创微博信息
赣南大米镉超标（普通微博账户＋转发普通微博账户的信息）	普通微博账户	转发普通微博账户信息
赣南大米镉超标（普通微博账户＋转发第三方调查机构的微博信息）	普通微博账户	转发第三方调查机构的微博信息
赣南大米镉超标（传统媒体微博账户＋原创微博信息）	南方都市报	原创微博信息
赣南大米镉超标（传统媒体微博账户＋转发普通微博账户信息）	南方都市报	转发普通微博的信息
赣南大米镉超标（传统媒体微博账户＋转发第三方调查机构的微博信息）	南方都市报	转发第三方机构的微博信息
赣南大米镉超标（专家微博账户＋原创微博信息）	范志红	原创微博信息
赣南大米镉超标（专家微博账户＋转发普通微博账户信息）	范志红	转发普通微博信息
赣南大米镉超标（专家微博＋转发第三方调查机构的微博信息）	范志红	转发第三方机构微博信息

2. 参与实验人群

选择怎样的实验对象关系到研究结论的可靠性。为了控制实验质量，实验对象在以下几个方面进行了控制：第一，实验对象选择了大三学生或即将毕业的大四学生，他们都有过实习或工作的经历，社会化程度相对高，对于食品安全也较关注，更重要的是，他们是社交媒体的主要使用者；第二，选择了赣州本地人群，他们关注赣南大米的镉超标问题，使得实验对象与刺激材料相对匹配；第三，实验对象是社交媒体的经常使用者。在招募过程中，作者都会询问实验对象的社交媒体的使用情况，排除那些没有社交媒体使用经验的人群；第四，本实验排除了先前的访谈对象；第五，作者在招募过程中会提醒参与对象，参与实验是自愿的，并不存在义务责任或伦理尴尬。

本实验采取被试间设计（between-subjects design），即把实验对象平均分配到各组，每个小组只参与一个实验情境。本次实验中共分为 9 个小组，每个小组为 40 人，这样参加实验的总人数达到 40×9=360 人。

3. 变量测量

（1）自变量：自变量之微博信息源分为普通微博账户、专家微博账户和传统媒体微博账户。微博信息源的选择上，普通微博账户采取虚构出的一个名为张晓兰的普通微博账户名。传统媒体微博账户虚拟为南方都市报在微博中开通的微博账户（因南方都市报是一家覆盖全国的大众媒体，具备较大的市场影响力，而且南方都市报的微博账户已经开通了多年，微博信息更新速度快，粉丝也有相当大的规模）。专家的微博账户虚拟为中国农业大学食品与营养学副教授范志红的实名认证微博。范志红的新浪微博账号在食品与营养界颇具影响力，微博粉丝超过百万。自变量之风险信息传播方式的选择上，体现为原创风险信息、转发普通微博账户的风险信息、转发第三方调查机构的风险信息。其中转发普通微博账户的风险信息中的普通账户虚拟为李丽芳的微博。转发第三方机构微博账户的风险信息中的第三方机构虚拟为中国食品安全调查与研究中心。为了体现信息源和信息传播方式的真实性，在具体的实验设计中使用真实微博账户界面，把设计好的内容用 PS 软件加进微博界面中。

（2）因变量：本实验的因变量与果蔬农药残留风险认知和风险传播行为实证研究中的变量测量类似，只不过在语言表述上有所调整，具体如下：

①风险认知。

在看完以上内容后，我觉得赣南大米食品安全问题越来越严重。

在看完以上内容后，我觉得赣南大米的食品安全问题不严重（反向，测量时分数计算特别处理）。

在看完以上内容后，我认为赣南大米镉超标的安全问题给我很危险的印象。

在看完以上内容后，我认为过去我曾听过赣南大米镉超标的安全问题。

在看完以上内容后，我认为周围的人会受到赣南大米镉超标的安全问题的影响。

②风险传播行为。

信息获取变量测量：

看完以上内容后，我会经常搜集赣南大米镉超标的安全问题的信息。

看完以上内容后，我会积极地搜寻相关信息。

看完以上内容后，我将从互联网上搜集赣南大米安全问题的最新信息。

看完以上内容后，当媒体报道再次报道赣南大米安全问题时，我会关注此新闻。

信息筛选变量测量：

看完以上内容后，我会对这些信息进行研究，判断哪些信息有价值。

看完以上内容后，为了避免受到赣南大米镉超标安全问题的影响，我会进一步核实这些风险信息。

看完以上内容后，我会有选择地倾听赣南大米镉超标安全问题的相关信息。

看完以上内容后，对于赣南大米镉超标安全问题，不管从哪里来的信息，我都欢迎倾听。

看完以上内容后，在赣南大米安全问题上，我有时候甚至会接受与自己原来相反的观点。

看完以上内容后，我对赣南大米安全问题的报道保持谨慎，因为这些信息提供者可能有自己的利益考虑。

信息分享变量测量：

看完以上内容后，在赣南大米镉超标安全问题上，我会主动地与他人讨论。

看完以上内容后，我会主动告诉他人这些信息，避免他人受其影响。

看完以上内容后，我喜欢主动与他人讨论赣南大米镉超标安全问题。

看完以上内容后，我喜欢与他人分享我关于赣南大米镉超标安全问题的知识与看法。

看完以上内容后，当别人在讨论赣南大米镉超标安全问题时，我会参与进去讨论。

以上变量测量采用李克特6级量表法（非常不同意为1分、比较不同意为2分、不同意为3分、同意为4分、比较同意为5分、非常同意为6分）。

③风险二次传播渠道。

看完内容后，我会通过以下渠道把这些风险信息告诉我熟悉的人或他人（可多选）。

①微博或博客；②微信；③手机短信或电话；④其他社交媒体；⑤亲朋好友等线下口碑传播渠道；⑥其他渠道；⑦以上都不是。

4. 操控检验

为了检验本实验的设计是否有效、实验对象能否识别出自变量，有必要对实验设计进行操控检验。操控检验主要测试社交媒体信息源和微博信息传播方式。因此，在实验中设计两个问题供实验对象填答：

第一个问题：

此微博主是谁？

①普通微博账户；②范志红的微博账户；③南方都市报的微博账户。

第二个问题：

此微博里的内容来源于？

①微博主自己的原创信息；②微博主转发来自普通微博账户的信息；③微博主转发来自第三方调查机构的信息。

如果实验对象能对后两个问题进行正确回答，百分比越高，说明实验对象越能进入实验情境，也表明实验设计是成功的。

5. 实验前测

为了使得正式实验顺利完成，有必要先进行前测。在大学生中招募实验对象20名，按照实验步骤进行，发现九个实验风险情境版本放到多媒体教室中出现了字体太小，实验对象无法清楚地阅读完成的情况。因此，在实验前测完成后对九个版本进行了重新调整，使得版本的界面更清晰，让实验对象更容易理解和阅读。另外，对实验问卷的文字表述也进行了微调，使其更方便实验对象阅读和填答。

6. 正式实验实施

实验地点选择在某大学的多媒体教室，把实验室的灯光控制好，将实验室的窗帘放下，使得实验空间相对安静，视线能够聚焦到多媒体屏幕上，实验对象能够看清楚多媒体屏幕上呈现出来的文字与图片，避免无关变量的干扰。作者邀请了 2 名具有实验操作经验的同事作为实验实施的助手，负责联络实验对象，协调实验地点，准备实验前的所有材料。实验分为 9 组，每一个小组为 40 人，为了不耽误实验对象的时间，作者事先与参与对象沟通，通知他们大致实验时间，在实验室门口等候。正式实验中，首先由作者宣读实验的任务、实验要求、实验操作的基本程序，以及实验中出现的伦理问题。然后，由 2 名实验助手分别发放已经设计好的实验问卷到实验对象手中，并提醒实验问卷是根据所看到的材料进行填写。接着作者打开已经准备好的实验情境材料，实验对象根据实验材料填答问卷，实验对象填写完之后交给实验助手，实验助手同时发放已经准备好的小礼品给参与对象作为答谢。在一个实验情境完成之后，清理实验场所，并准备好下一组的实验材料。接着邀请下一组的实验对象，按照实验材料展示、刺激、填写的顺序进行，一共完成了 9 个小组的实验。在当天的下午四点半完成了全部的实验。

在实验完成后，作者和两位实验助手对实验问卷进行了检查，发现在实验情境之专家微博 × 原创微博信息的传播方式的版本中，只有 39 份实验问卷，缺少 1 份。其余的实验问卷填答符合研究要求。作者和两位实验助手对本次实验的得失进行了讨论，总结了如何控制实验的基本经验，为作者的下次实验研究奠定基础。

7. 数据分析方法

本部分研究采用 SPSS 16.0 软件进行分析统计，先对基本数据做描述性统计分析，然后进行方差分析。因实验采用的是 3×3 的被试间设计，在分析微博信息源和信息传播方式对风险认知和风险传播行为影响差异时，用双因子独立样本方差分析，验证微博信息源与信息传播方式的交互作用及其主效应情况。

三、数据分析与结果讨论

（一）数据分析

1. 操控检验

本实验的目的是探讨社交媒体环境中公众的食品风险认知和风险传播行为，即微博信息源（普通微博账户、大众媒体微博账户和专家微博账户）与微博信息传播方式（传播原创的风险信息、转发来自普通微博账户的风险信息、转发来自第三方调查机构的风险信息）对食品风险认知和风险传播行为的影响。为了检验实验设计是否有效，有必要进行操控检验。首先，对自变量之微博信息源进行统计分析并发现，绝大多数实验对象能够正确识别出风险信息来自某个微博信息源，在普通微博账户的风险情境中，实验对象能够正确识别普通微博账户的比例为99.9%，在大众媒体微博账户的风险情境中，实验对象能够正确识别大众媒体微博账户之南方都市报微博的比例为100%，在专家微博账户的风险情境中，实验对象能够正确识别专家微博账户的比例为97.4%；其次，对自变量之微博信息传播方式进行统计分析，数据表明，绝大多数实验对象能够正确识别出风险信息的微博传播方式，在传播原创微博的风险情境中，实验对象能够正确识别出原创微博的比例为94.1%，在转发普通账户微博信息的风险情境中，实验对象能够正确识别出转发来自普通微博信息的比例为92.9%，在转发来自第三方调查机构的微博信息的风险情境中，实验对象能够正确识别出转发来自中国食品安全调查与研究中心的微博信息的比例为97.5%。因此，从以上的操控检验数据来看，本实验的情境设计是有效的，符合实验设计预期。

2. 基本数据分析

（1）不同性别、生源的风险认知差异与风险传播行为差异分析。

首先，从性别差异角度对风险认知和风险传播行为进行分析，数据显示（见表4-2），男女在风险认知水平上并没有显著差异（$M_{男}$=4.07，$M_{女}$=4.11，$P>0.05$）；在风险信息获取行为上，男女之间也没有存在显著的差异（$M_{男}$=4.32，$M_{女}$=4.33，$P>0.05$）；在风险信息筛选行为上，男女之间也不存在显著差异（$M_{男}$=3.80，$M_{女}$=3.83，$P>0.05$）；在风险信息分享行为层面，男女之间存在显著差异（F=3.745，$P<0.05$），女性实验对象（$M_{女}$=3.80）比男性实验对象（$M_{男}$=3.41）在赣南大米镉超标风险情境中的风险信息分享行为更为活跃。

表4-2　赣南大米镉超标风险情境之性别差异

变量	性别	人数比例	均值	标准差	F值（显著性）
风险认知	男	123（34.26%）	4.07	1.102	0.255（0.614）
	女	236（65.74%）	4.11	1.072	
信息获取	男	123（34.26%）	4.32	0.802	0.085（0.771）
	女	236（65.74%）	4.33	0.815	
信息筛选	男	123（34.26%）	3.80	0.818	0.794（0.373）
	女	236（65.74%）	3.83	0.796	
信息分享	男	123（34.26%）	3.41	1.022	3.745（0.048）
	女	236（65.74%）	3.80	0.906	

其次，从生源角度对风险认知和风险传播行为进行数据分析，数据显示（见表4-3），来自农村的实验对象与来自城市的实验对象在风险认知水平上有比较显著的差异（F=0.934，$P<0.05$），来自城市的公众比来自农村的公众的风险认知水平更高（$M_{城市}$=4.11，$M_{农村}$=3.98）；在风险信息获取行为上，来自农村的实验对象与来自城市的实验对象并没有显示出显著的差异（$M_{农村}$=4.32，$M_{城市}$=4.34，$P>0.05$）；在信息筛选行为层面，来自农村的实验对象与来自城市的实验对象也没有存在显著的差异（$M_{农村}$=3.80，$M_{城市}$=3.83，$P>0.05$）；在信息分享层面，来自农村的实验对象与来自城市的实验对象也没有显著的差异（$M_{农村}$=3.60，$M_{城市}$=3.73，$P>0.05$）。

表4-3 赣南大米镉超标风险情境之生源差异

变量	生源	人数比例	均值	标准差	F值（显著性）
风险认知	农村	240（33.15%）	3.98	1.049	0.934（0.034）
	城市	119（66.85%）	4.32	1.116	
信息获取	农村	240（33.15%）	4.32	0.796	0.488（0.485）
	城市	119（66.85%）	4.34	0.840	
信息筛选	农村	240（33.15%）	3.80	0.777	1.456（0.228）
	城市	119（66.85%）	3.83	0.854	
信息分享	农村	240（33.15%）	3.60	0.988	1.796（0.181）
	城市	119（66.85%）	3.73	0.872	

（2）风险信息接触渠道与二次风险传播渠道分析。

首先，对实验对象的食品风险传播渠道方面进行统计分析。数据显示（见表4-4），当风险信息被实验对象知晓后，实验对象会选择一些渠道对这些信息做进一步搜索或核实，最有可能的渠道是搜索引擎（比例为78.0%），排在第二的是传统的大众媒体渠道（比例为56.8%），第三位是微博、微信、博客渠道（54.0%），排名第四的是综合性门户网站渠道（47.1%），线下面对面的口碑传播则排在了第五（25.3%），还有一些实验对象可能会从其他媒体渠道来搜索或核实信息。其次，对实验对象的风险二次传播渠道进行分析（见表4-4），当风险信息被实验对象知晓后，实验对象会选择一些渠道对这些信息进行分享与传播，实验对象最有可能通过面对面的线下口碑渠道对这些信息进行分享与传播（54.6%），排在第二位的传播渠道是微博或博客（49.3%），微信与电话或手机短信并列第三（35.7%）；排在第五位的是其他社交媒体（24.0%）；还有一些实验对象可能会通过其他渠道进行传播（18.1%）。

表 4-4 赣南大米镉超标风险情境之信息搜索渠道和风险信息传播渠道

进一步搜索和核实的媒体渠道排名	使用频率	二次风险传播渠道排名	使用频率
百度搜索与谷歌搜索等搜索引擎	78.0%	亲朋好友等线下口碑传播渠道	54.6%
传统大众媒体	56.8%	微博或博客	49.3%
微博、微信、博客	54.0%	微信	35.7%
新浪、搜狐、网易等综合性门户网站	47.1%	手机短信或电话	35.7%
亲朋好友等线下口碑传播渠道	25.3%	其他社交媒体	24.0%
其他渠道	15.9%	其他渠道	18.1%
以上都不是	0.6%	以上都不是	4.7%

3. 微博信息源与微博信息传播方式对传播行为影响的数据分析

（1）微博信息源与微博信息传播方式对风险认知的影响差异。

对因变量风险认知进行双因子方差分析，经过 Levene 方差齐性检验（见表 4-5），F 值为 1.150（$P=0.329$），并未达到显著水平，表明两组样本方差具有齐性，没有违反方差分析的基本假设[1]。数据显示（见表 4-7），信息源与信息传播方式两个自变量对因变量风险认知的影响具有交互效应[$F(1, 350)=2.755$，$P < 0.05$]，如图 4-2 所示，表明九种风险传播情境对实验对象的风险认知的影响存在显著差异。因此，需要通过进一步的单纯主要效果方差分析来分析信息源和信息传播方式的具体的影响差异[2]。首先对微博账户的单纯主效应进行分析，数据显示（见表 4-8），在原创微博的传播方式上，三种不同的微博账户对风险认知的影响存在显著的差异（$F=10.254$，$P < 0.001$），由表 4-6 得知，传统媒体微博账户（$M_{传统媒体}=4.48$）和专家微博账户（$M_{专家}=4.10$）对风险认知的影响显著高于普通微博账户（$M_{普通}=3.51$），传统媒体微博账户与专家微博账户间则无显著差异（$P=0.228 > 0.05$）；在转发普通微博账户信息的传播方式上，三种不同的微博账户对风险认知的影响存在显著的差异（$F=4.200$，$P < 0.05$），由表 4-6 得知，传统媒体微博账户

---

① 王保进．英文视窗版 SPSS 与行为科学研究 [M]．北京：北京大学出版社,2007：101.

② 荣泰生．SPSS 与研究方法 [M]．大连：东北财经大学出版社，2012：49.

（$M_{传统媒体}$=4.30）对风险认知的影响显著高于专家微博账户（$M_{专家}$=3.61），而传统媒体微博账户与普通微博账户（$M_{普通}$=3.99）间则无显著差异（P=0.445 > 0.05），普通微博账户与专家微博账户间也无显著差异（P=0.275 > 0.05）；在转发第三方调查机构微博的传播方式上，三种不同的微博账户对风险认知的影响存在显著的差异（F=4.588，P < 0.05），由表4-6得知，传统媒体微博账户（$M_{传统媒体}$=4.67）对风险认知的影响显著高于专家微博账户（$M_{专家}$=3.96），而传统媒体微博账户与普通微博账户（$M_{普通}$=4.23）间则无显著差异（P=0.187 > 0.05），普通微博账户与专家微博账户间也无显著差异（P=0.513 > 0.05）。

表4-5　微博信息源与信息传播方式对风险认知的影响之误差方差等同性的Levene检验等式 [a]

F 检验值	分子自由度	分母自由度	显著性
1.150	8	350	0.329

注：因变量为风险认知。

检验零假设，即在所有组中因变量的误差方差均相等。

a 设计：截距 + 微博信息源 + 微博信息传播方式 + 微博信息源 × 微博信息传播方式。

表4-6　微博信息源与信息传播方式对风险认知的影响之描述统计

微博信息源	微博信息传播方式	均值	标准差	实验对象人数
普通微博账户	原创微博信息	3.51	0.768	40
	转发普通微博账户微博信息	3.99	0.981	40
	转发第三方机构微博信息	4.23	1.070	40
	合计	3.91	0.987	120
传统媒体微博账户	原创微博信息	4.48	0.964	40
	转发普通微博账户微博信息	4.30	1.169	40
	转发第三方机构微博信息	4.67	1.120	40
	合计	4.48	1.089	120
专家微博账户	原创微博信息	4.10	1.116	39
	转发普通微博账户微博信息	3.61	1.060	40
	转发第三方机构微博信息	3.96	0.989	40
	合计	3.89	1.068	119
总和	原创微博信息	4.03	1.031	119

微博信息源	微博信息传播方式	均值	标准差	实验对象人数
	转发普通微博账户微博信息	3.97	1.101	120
	转发第三方机构微博信息	4.29	1.093	120
	总计	4.09	1.081	359
注：因变量为风险认知。				

其次，对微博信息传播方式的单纯主效应进行分析，数据显示（见表4-8），普通微博账户采取三种不同传播方式对实验对象的风险认知的影响显示出了比较显著的差异（$F=5.964$，$P<0.01$），由表4-6得知，普通微博账户转发第三方机构微博信息的传播方式（$M_{转发第三方}=4.23$）对风险认知的影响显著高于原创微博信息的传播方式（$M_{原创}=3.51$），而转发普通微博账户的微博的传播方式（$M_{转发普通}=3.99$）与原创微博的传播方式间并无显著差异（$P=0.080>0.05$），转发第三方机构微博信息的传播方式与转发普通微博账户信息的传播方式间也没有显著差异（$P=0.536>0.05$）；传统媒体微博账户在三种不同传播方式上并没有显著的差异（$F=1.150$，$P>0.05$），表明传统媒体微博账户无论采取三种不同的微博传播方式对实验对象的风险认知的影响都没有何种不同；专家微博账户采取三种不同的微博传播方式对实验对象的风险认知的影响也不存在显著的差异（$F=2.313$，$P>0.05$）。

表4-7 微博信息源与微博信息传播方式对风险认知影响差异的方差分析摘要表

变异来源		III 型平方和	自由度	均方	F 值
微博信息源（A）	SS_a	26.980	2	13.490	12.66***
微博信息传播方式（B）	SS_b	6.830	2	3.415	3.205*
$A \times B$	SS_{ab}	11.741	4	2.935	2.755*
误差项	$SS_{s/ab}$	372.963	350	1.066	
注：因变量为风险认知。					
*$P<0.05$，**$P<0.01$，***$P<0.001$。					

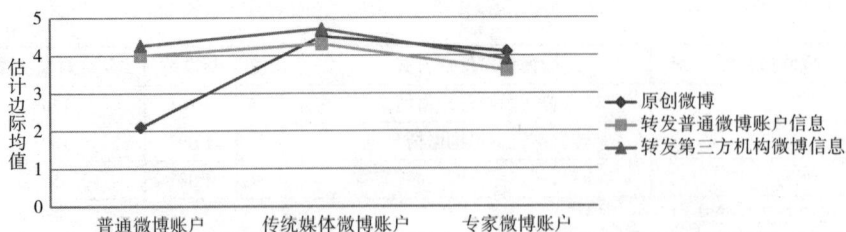

图4-2 微博信息源与信息传播方式对风险认知的影响之交互效应

（2）微博信息源与微博信息传播方式对信息获取行为影响差异分析。

对因变量信息获取行为进行双因子方差分析，经过 Levene 方差齐性检验（见表4-9），F 值为 1.537（$P=0.053$），基本上没达到显著水平，表明各组间的方差基本符合齐性。数据显示（见表4-10），信息源与信息传播方式两个自变量对因变量信息获取行为的影响具有交互效应[$F(1, 350)=2.810$，$P < 0.05$]，如图4-3所示，表明九种风险传播情境对实验对象的信息获取行为的影响存在显著差异。因此，需要通过进一步的单纯主要效果方差分析来分析信息源和信息传播方式对信息获取行为的具体影响差异。首先对微博账户的单纯主效应进行分析，数据显示（见表4-11和表4-12），在原创微博的传播方式上，三种不同的微博账户对信息获取的影响并没存在显著的差异（$F=2.835$，$P > 0.05$），表明传统媒体微博账户（$M_{传统媒体}=4.28$）、普通微博账户（$M_{普通}=3.95$）和专家微博账户（$M_{专家}=4.26$）之间对实验对象的信息获取行为的影响并没有显著的差异；在转发普通微博账户信息的传播方式上，三种不同的微博账户对信息获取的影响并不存在显著的差异（$F=2.586$，$P > 0.05$），表明传统媒体微博账户（$M_{传统媒体}=4.58$）、普通微博账户（$M_{普通}=4.34$）和专家微博账户（$M_{专家}=4.18$）之间对实验对象的信息获取行为的影响并没有显著的差异；在转发第三方调查机构微博的传播方式上，三种不同的微博账户对信息获取的影响并不存在显著的差异（$F=1.104$，$P > 0.05$），表明传统媒体微博账户（$M_{传统媒体}$=4.35）、普通微博账户（$M_{普通}$=4.64）和专家微博账户（$M_{专家}$=4.37）之间对实验对象的信息获取行为的影响并没有显著的差异。

表 4–8　微博信息源与微博信息传播方式对风险认知影响的
单纯主要效果检验结果的方差分析摘要表

变异来源	平方和	自由度	均方	F 值
微博信息源 SS_a				
在 B_1(原创微博方式)	18.839	2	9.419	10.254***
在 B_2（转发普通微博账户信息）	9.670	2	4.835	4.200*
在 B_3（转发第三方微博账户信息）	10.329	2	5.165	4.588*
微博信息传播方式 SS_b				
在 A_1(普通微博账户)	10.728	2	5.364	5.964**
在 A_2(大众媒体微博账户)	2.722	2	1.361	1.150
在 A_3(专家微博账户)	5.157	2	2.578	2.313

注：*$P < 0.05$，**$P < 0.01$，***$P < 0.001$。

表 4–9　微博信息源与信息传播方式对信息获取行为的
影响之误差方差等同性的 Levene 检验等式 [a]

F 检验值	分子自由度	分母自由度	显著性
1.537	8	350	0.053

注：因变量为信息获取行为。
检验零假设，即在所有组中因变量的误差方差均相等。
a 设计：截距＋微博信息源＋微博信息传播方式＋微博信息源 × 微博信息传播方式。

表 4–10　微博信息源与微博信息传播方式对信息获取行为影响差异的方差分析摘要

变异来源		III 型平方和	自由度	均方	F 值
微博信息源（A）	SS_a	1.121	2	0.561	0.887
微博信息传播方式（B）	SS_b	5.275	2	2.637	4.175*
$A \times B$	SS_{ab}	7.100	4	1.775	2.810*
误差项	$SS_{s/ab}$	221.107	350	0.632	

注：因变量为信息获取行为。
*$P < 0.05$，**$P < 0.01$，***$P < 0.001$。

其次，对微博信息传播方式的单纯主效应进行分析，数据显示（见表4-12），普通微博账户采取三种不同传播方式对实验对象的信息获取影响显示出了非常显著的差异（$F=7.088$，$P < 0.001$），由表4-11和表4-12得知，普通微博账户转发第三方机构微博信息的传播方式（$M_{转发第三方}=4.64$）对信息获取的影响显著高于原创微博信息的传播方式（$M_{原创}=3.95$），而转发普通微博账户的微博的传播方式（$M_{转发普通}=4.34$）与原创微博的传播方式间并无显著差异（$P=0.109 > 0.05$），转发第三方机构微博信息的传播方式与转发普通微博账户信息的传播方式间也没有显著差异（$P=0.270 > 0.05$）；传统媒体微博账户在三种不同传播方式上并没有显著的差异（$F=1.469$，$P > 0.05$），表明传统媒体微博账户无论采取三种不同的微博传播方式对实验对象的信息获取的影响并没有何种不同；专家微博账户采取三种不同的微博传播方式对实验对象的信息获取的影响也不存在显著的差异（$F=0.719$，$P > 0.05$）。

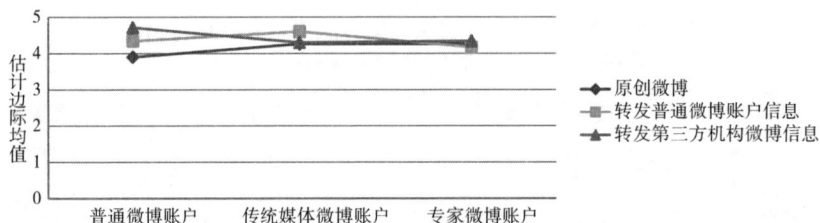

图4-3 微博信息源与信息传播方式对信息获取的影响之交互效应

表4-11 微博信息源与信息传播方式对信息获取行为的影响之描述统计

微博信息源	微博信息传播方式	均值	标准差	实验对象人数
普通微博账户	原创微博信息	3.95	0.656	40
	转发普通微博账户微博信息	4.34	0.686	40
	转发第三方机构微博信息	4.64	1.066	40
	合计	4.31	0.865	120
传统媒体微博账户	原创微博信息	4.27	0.773	40
	转发普通微博账户微博信息	4.58	0.908	40
	转发第三方机构微博信息	4.35	0.830	40
	合计	4.40	0.842	120

微博信息源	微博信息传播方式	均值	标准差	实验对象人数
专家微博账户	原创微博信息	4.26	0.641	39
	转发普通微博账户微博信息	4.17	0.813	40
	转发第三方机构微博信息	4.37	0.679	40
	合计	4.27	0.713	119
总和	原创微博信息	4.16	0.704	119
	转发普通微博账户微博信息	4.37	0.818	120
	转发第三方机构微博信息	4.45	0.876	120
	总计	4.33	0.810	359

注：因变量为信息获取行为。

表 4-12　微博信息源与微博信息传播方式对信息获取影响的单纯主要效果检验结果的方差分析摘要表

变异来源	平方和	自由度	均方	F 值
微博信息源 SS_a				
在 B_1（原创微博方式）	18.839	2	9.419	10.254***
在 B_2（转发普通微博账户信息）	9.670	2	4.835	4.200*
在 B_3（转发第三方微博账户信息）	10.329	2	5.165	4.588*
微博信息传播方式 SS_b				
在 A_1（普通微博账户）	10.728	2	5.364	5.964**
在 A_2（大众媒体微博账户）	2.722	2	1.361	1.150
在 A_3（专家微博账户）	5.157	2	2.578	2.313

注：$*P < 0.05$，$**P < 0.01$，$***P < 0.001$。

（3）微博信息源与微博信息传播方式对信息筛选行为的影响差异分析。

对因变量信息筛选行为进行双因子方差分析，经过 Levene 方差齐性检验（见表 4-13），F 值为 0.437（$P=0.899$），并未达到显著水平，表明各组间的方差符合齐性。数据显示（见表 4-14），信息源与信息传播方式两个自变量对因变量信息筛选行为的影响没有交互效应 $[F(1，350)=1.675，P > 0.05]$。因此，需要通过进一步的主要效应方差分析来分析信息源和信息传播方式对信息筛选行为的影响的主要效应，由于信息源因子的影响不显著（$F=2.026$，$P > 0.05$）（见表 4-14），不必对信息源因子进行主效应方差分析，而信息传播方式的影响作用比较显著（F=3.383，$P < 0.05$），需要对其主要效应进行多重比较分析①，经过 Scheffe 事后多重比较发现（见表 4-16），原创微博信息的传播方式与转发普通微博账户信息的传播方式的平均数差异为 0.27，已达到显著性水平，而原创微博的传播方式与转发第三方机构的传播方式的平均数差异为 0.12，没有达到显著性水平，而转发普通微博账户信息的传播方式与转发第三方机构的传播方式的平均数差异为 0.14，也没有达到显著性水平。因此，只有转发普通微博账户信息的传播方式比原创微博的传播方式给实验对象带来更活跃的信息筛选行为（见表 4-15 所示）。

表 4-13　微博信息源与信息传播方式对信息筛选行为的
影响之误差方差等同性的 Levene 检验等式 ᵃ

F 检验值	分子自由度	分母自由度	显著性
0.437	8	350	0.899

注：因变量为信息筛选行为。
检验零假设，即在所有组中因变量的误差方差均相等。
a 设计：截距 + 微博信息源 + 微博信息传播方式 + 微博信息源 × 微博信息传播方式。

表 4-14　微博信息源与信息方式对信息筛选行为影响差异的方差分析摘要表

变异来源		III 型平方和	自由度	均方	F 值
微博信息源（A）	SS_a	2.541	2	1.270	2.026
微博信息传播方式（B）	SS_b	4.242	2	2.121	3.383*
$A \times B$	SS_{ab}	4.199	4	1.050	1.675
误差项	$SS_{s/ab}$	219.417	350	0.627	

注：因变量为信息筛选行为。
$*P < 0.05, **P < 0.01, ***P < 0.001$。

（4）微博信息源与微博信息传播方式对信息分享行为的影响差异分析。

对因变量信息分享行为进行双因子方差分析，经过 Levene 方差齐性检验（见表 4-17），F 值为 0.907（P=0.510），并未达到显著水平，表明各组间的方差符合齐性。数据显示（见表 4-18），信息源与信息传播方式两

---

① 王保进. 英文视窗版 SPSS 与行为科学研究［M］. 北京：北京大学出版社，2007：126.

个自变量对因变量信息分享行为的影响具有交互效应［$F(1, 350)=4.723$，$P < 0.01$］，如图 4-4 所示，表明九种风险传播情境对实验对象的信息分享行为的影响存在显著差异。因此，需要通过进一步的单纯主要效果方差分析来分析信息源和信息传播方式对信息分享行为的具体影响差异。首先对微博账户的单纯主效应进行分析，数据显示（见表 4-20），在原创微博的传播方式上，三种不同的微博账户对信息分享的影响存在非常显著的差异（$F=10.798$，$P < 0.001$），由表 4-19 得知，传统媒体微博账户（$M_{传统媒体}$=3.98）和专家微博账户（$M_{专家}$=3.80）对实验对象的信息分享行为的影响显著高于普通微博账户（$M_{普通}$=3.03），而传统媒体微博账户与专家微博账户间则没有显著差异（$P=0.712 > 0.05$）；在转发普通微博账户信息的传播方式上，三种不同的微博账户对信息分享的影响存在比较显著的差异（$F=4.457$，$P < 0.05$），由表 4-19 得知，传统媒体微博账户（$M_{传统媒体}$=3.87）对实验对象的信息分享行为的影响显著高于普通微博账户（$M_{普通}$=3.35）和专家微博账户（$M_{专家}$=3.34），而专家微博账户与普通微博账户间则没有显著差异（$P=0.999 > 0.05$）；在转发第三方调查机构微博的传播方式上，三种不同的微博账户对信息分享的影响并不存在显著的差异（$F=1.507$，$P > 0.05$），表明传统媒体微博账户（$M_{传统媒体}$=3.88）、普通微博账户（$M_{普通}$=3.92）和专家微博账户（$M_{专家}$=3.63）之间对实验对象的信息分享行为的影响并没有显著的差异。

表 4-15　微博信息源与信息传播方式对信息筛选行为的影响之描述统计

微博信息源	微博信息传播方式	均值	标准差	实验对象人数
普通微博账户	原创微博信息	3.88	0.843	40
	转发普通微博账户微博信息	3.86	0.754	40
	转发第三方机构微博信息	3.71	0.767	40
	合计	3.81	0.786	120

续表

微博信息源	微博信息传播方式	均值	标准差	实验对象人数
传统媒体微博账户	原创微博信息	3.44	0.710	40
	转发普通微博账户微博信息	3.83	0.788	40
	转发第三方机构微博信息	3.83	0.784	40
	合计	3.70	0.778	120
专家微博账户	原创微博信息	3.72	0.822	39
	转发普通微博账户微博信息	4.14	0.877	40
	转发第三方机构微博信息	3.87	0.769	40
	合计	3.91	0.836	119
总和	原创微博信息	3.68	0.807	119
	转发普通微博账户微博信息	3.94	0.813	120
	转发第三方机构微博信息	3.80	0.770	120
	总计	3.81	0.802	359

注：因变量为信息筛选行为。

表 4–16　微博信息源与微博信息方式对信息筛选行为影响差异的多重比较

信息筛选 Scheffe						
(I) 微博信息传播方式	(J) 微博信息传播方式	均值差值 (I–J)	标准误	显著性	95% 置信区间	
					下限	上限
原创微博	转发普通微博账户信息	−0.27	0.102	0.035	−0.52	−0.01
	转发第三方机构信息	−0.12	0.102	0.476	−0.38	0.13
转发普通微博账户信息	原创微博	0.27	0.102	0.035	0.01	0.52
	转发第三方机构信息	0.14	0.102	0.384	−0.11	0.39
转发第三方机构信息	原创微博	0.12	0.102	0.476	−0.13	0.38
	转发普通微博账户信息	−0.14	0.102	0.384	−0.39	0.11

表 4–17　微博信息源与信息传播方式对信息分享行为的影响之误差方差等同性的 Levene 检验等式 [a]

F 检验值	分子自由度	分母自由度	显著性
0.907	8	350	0.510

注：因变量为信分享选行为。

检验零假设，即在所有组中因变量的误差方差均相等。

a 设计：截距 + 微博信息源 + 微博信息传播方式 + 微博信息源 × 微博信息传播方式。

表 4-18　微博信息源与信息方式对信息分享行为影响差异的方差分析摘要表

变异来源		III 型平方和	自由度	均方	F 值
微博信息源（A）	SS_a	14.271	2	7.135	8.633***
微博信息传播方式（B）	SS_b	5.294	2	2.647	3.202*
A * B	SS_{ab}	15.614	4	3.904	4.723***
误差项	$SS_{s/ab}$	289.293	350	0.827	
注：因变量为信息分享行为。 *P < 0.05，**P < 0.01，***P < 0.001。					

其次，对微博信息传播方式的单纯主效应进行分析，数据显示（见表 4-20），普通微博账户采取三种不同传播方式对实验对象信息分享的影响显示出了非常显著的差异 [F=11.912，$P < 0.001$]，由表 4-19 得知，普通微博账户转发第三方机构微博信息的传播方式（$M_{转发第三方}$=3.92）对信息分享的影响显著高于原创微博信息的传播方式（$M_{原创}$=3.03）和转发普通微博账户的微博的传播方式（$M_{转发普通}$=3.35），而转发普通微博账户的微博的传播方式与原创微博的传播方式间并无显著差异（P=0.236 > 0.05）；传统媒体微博账户在三种不同传播方式上并没有显著的差异（F=0.162，$P > 0.05$），表明传统媒体微博账户无论采取三种不同的微博传播方式对实验对象的信息分享的影响并没有何种不同；专家微博账户采取三种不同的微博传播方式对实验对象的信息分享的影响也不存在显著的差异（F=2.397，$P > 0.05$）。

表 4-19　微博信息源与信息传播方式对信息分享行为的影响之描述统计

微博信息源	微博信息传播方式	均值	标准差	实验对象人数
普通微博账户	原创微博信息	3.03	0.889	40
	转发普通微博账户微博信息	3.35	0.766	40
	转发第三方机构微博信息	3.92	0.825	40
	合计	3.44	0.901	120
传统媒体微博账户	原创微博信息	3.98	0.915	40
	转发普通微博账户微博信息	3.87	1.003	40
	转发第三方机构微博信息	3.88	0.923	40
	合计	3.91	0.941	120

微博信息源	微博信息传播方式	均值	标准差	实验对象人数
专家微博账户	原创微博信息	3.80	1.097	39
	转发普通微博账户微博信息	3.34	0.959	40
	转发第三方机构微博信息	3.62	0.756	40
	合计	3.59	0.957	119
总和	原创微博信息	3.61	1.048	119
	转发普通微博账户微博信息	3.52	0.942	120
	转发第三方机构微博信息	3.81	0.841	120
	总计	3.65	0.952	359

注：因变量为信息分享行为。

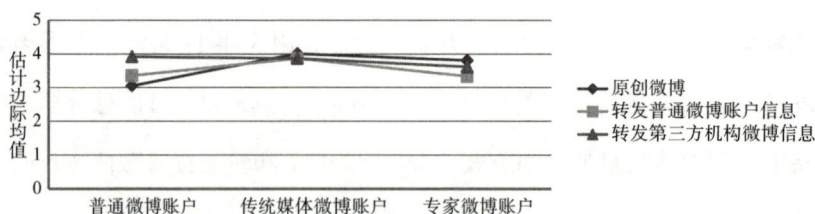

图 4-4　微博信息源与信息传播方式对信息分享的影响之交互效应

表 4-20　微博信息源与信息方式对信息分享影响的单纯主要效果检验结果的方差分析摘要表

变异来源	平方和	自由度	均方	F 值
微博信息源 SS_a				
在 B_1（原创微博方式）	20.333	2	10.166	10.798***
在 B_2（转发普通微博账户信息）	7.469	2	3.734	4.457*
在 B_3（转发第三方微博账户信息）	2.113	2	1.056	1.507
微博信息传播方式 SS_b				
在 A_1（普通微博账户）	16.346	2	8.173	11.912***
在 A_2（大众媒体微博账户）	0.291	2	0.145	0.162
在 A_3（专家微博账户）	4.292	2	2.146	2.397

注：*$P < 0.05$，**$P < 0.01$，***$P < 0.001$。

（5）风险认知与风险传播行为的相关分析。

最后，对实验对象的风险认知水平与风险传播行为之间进行皮尔逊相关性分析（见表 4-21）。数据显示，风险认知与信息获取行为之间存在非常显著的正相关（$R=0.246, P=0.000 < 0.01$），表明实验对象的风险认知水平越高，风险信息获取行为就越活跃，反之亦然。数据表明，风险认知与信息筛选行为之间也存在非常显著的正相关（$R=0.216, P=0.000 < 0.01$），表明实验对象的风险认知水平越高，风险信息筛选行为也越活跃，反之亦然。通过对风险认知与风险信息分享行为进行相关性分析，发现风险认知与风险信息分享行为之间存在非常显著的正相关（$R=0.421, P=0.000 < 0.01$），表明实验对象的食品安全风险认知水平越高，风险信息分享行为也越活跃。本实验结果表明，公众的食品风险认知水平与其风险传播行为有正相关关系。

表 4-21　赣南大米食品风险情境之风险认知与传播行为之间的相关分析（$N=359$）

	风险信息获取行为	风险信息筛选行为	风险信息分享行为
风险认知	0.246***	0.216***	0.421***
注：*$P < 0.05$，**$P < 0.01$，***$P < 0.001$。			

（二）研究结果讨论

1. 人口统计变量上的风险认知和风险传播行为结果讨论

根据统计结果，男女在赣南大米镉超标的食品风险情境中的风险认知水平并没有显著的差异，这与上一章实证研究的结果一致，即男女对果蔬农药残留风险情境中的认知水平没有显著差异。男性实验对象与女性实验对象不仅在风险认知水平上没有显著差异，在风险信息获取行为方面和风险信息筛选行为方面也没有显著差异。这种结果可能与研究对象相关。本节的研究对象是大学生群体，属于同质化比较高的群体，男女间都没有太多的生活经验，对风险的认识没有太大差异，对风险信息的获取路径很可能相近，对风险信息的核实、辨别和研判的行为习惯都较为接近。然而，根据统计结果，女性实验对象与男性实验对象的风险信息分享行为有显著的差异，女性实验对象在信息分享行为上比男性实验对象更活跃。导致这种结果可能有以下几个原因：一是虽然在信息风险行为上有显著差异，但显著性几乎处于不显著和显著间的临界点（显著性为 0.048）；二是可能与女性实验对象的食品健康心理有关。一般而言，女性更倾向于关心家人和亲朋好友的身体健康，即使与男性的风险认知水平一样，也更可能把知晓的食品风险信息告诉他人，提醒他人关注食品风险。

我国社会是典型的城乡二元结构，城市公众与农村公众可能在某些方面有显著的差异。本节的研究结果表明，来自城市的公众比农村公众对食品安全风险的认知水平更高。这可能有以下几方面的原因：第一，我国城市公众的经济条件更佳，对于食品安全的要求可能更高，而食品风险又无法避免，使得城市公众的食品风险认知水平更高，而农村公众经济条件相对更差，对于食品风险不那么敏感，风险认知水平更低；第二是本实验中，来自城市的参与对象比来自农村的参与对象要多，比例失衡可能会引起误差。

2. 风险信息接触渠道与风险二次传播渠道结果讨论

当风险信息一旦被公开后，公众很可能会对这些风险信息做进一步搜索和核实，以便做出风险决策。本节研究发现，实验对象最可能通过搜索引擎获取更多的相关信息。在信息社会里，公众一旦知晓某一信息，最快捷的获取信息的手段是通过搜索引擎，这也难怪世界著名 IT 企业谷歌公司曾通过分析搜索引擎成功地预测了禽流感的暴发地区和传播路径。互联网搜索与公众的生活越来越密切，通过搜索引擎预测公众的行为习惯的成功案例愈来愈多。传统大众媒体渠道则仅次于搜索引擎的媒体渠道。由于高公信力，公众仍然主要依靠传统大众媒体获取风险信息，尤其是信息繁杂的当前社会，谣言四起，传统媒体能够起到过滤作用，帮助公众在风险情境中进行可靠的风险决策。新兴的传播渠道如微博、微信等社交媒体形式也成为公众进一步获取风险信息的主要渠道。互联网门户网站也成为公众获取风险信息的渠道之一。

亲朋好友等面对面的线下口碑传播虽然也是公众获取风险信息的渠道之一，但却远远落后于社交媒体渠道和传统媒体渠道。这点不难理解，要对风险信息来源进行核实和进一步搜索，主要是通过大众媒体和互联网，线下口碑渠道在这方面起不了多大作用。总体来说，社交媒体越来越成为公众获取风险信息的重要渠道，但传统媒体依然扮演着重要的角色。这种结果可能也与公众的媒体接触习惯有关，本实验的研究对象主要是大学生，而大学生是新媒体的主要使用者，更容易从社交媒体中获取信息。

处在风险情境中的公众倾向于把风险信息告诉他人，形成所谓的风险二次传播。本节研究发现，公众最有可能通过面对面的线下口碑渠道来传播风险信息。这可能是因为亲朋好友是公众身边最亲近的人，为了避免亲朋好友受到风险的伤害，公众会及时通过线下口碑进行传播。作为社交媒体的典型代表的微博、博客也是公众传播风险信息的最主要的渠道。这点有可能与微博的特性有关，微博的快速、便捷、传播范围广的优势使得公众更容易把风险信息告诉他人，提高了公众分享风险信息的意愿；而且微博客户端非常灵活，既可以置入到 PC 电脑，也可以置入到手机等移动终端设备，使得微博无处不在，大大增加了公众使用微博渠道的可能性。微信、短信和电话渠道也日益成为公众传播风险信息的重要渠道。与微博一样，公众可以利用手机中的微信终端传播风险信息，而且微信私密性和亲近感，在亲朋好友之间扮演中重要的传播媒介，公众很自然地会通过微信把风险信息告诉亲朋好友。总体来说，公众倾向于通过面对面的线下口碑传播渠道进行风险二次传播，但微博、微信等社交媒体渠道正愈来愈成为公众传播风险信息的主要渠道。

3.微博信息源与微博信息传播方式对风险认知和风险传播行为的影响差异

首先，本实验的研究结果表明，在微博传播环境中，微博信息源和信息传播方式对风险认知的影响是显著的，而且不同的风险传播情境对风险认知的影响也是有差异的。在微博环境中，不同的风险传播主体对公众的风险认知影响是有差异的。传统的大众媒体依然发挥着重要的影响力，无论采取原创微博的传播方式，还是采取转发普通微博账户信息的传播方式，抑或采取转发第三方机构信息的传播方式，都显示出了传统媒体微博账户的强大影响力。这点跟大众媒体长期以来累积起来的公信力和专业影响力有关，这种影响力也转移到微博环境中。专家微博对风险认知的影响也是一个重要变量，尤其是专家微博采取原创微博信息的传播方式时影响力甚大。但出乎意料的是，专家微博采取转发普通微博账户信息的传播方式或转发第三方调查机构微博信息时对风险认知的影响力不如大众媒体微博账户，其影响力相当于普通微博账户。有研究证实[①]，在风险沟通中，专家信息源的影响力相当于或大于大众媒体的影响力，而本节研究的结果却相反，这很可能有两个方面的因素：其一是在转发他人的微博信息时，组织的影响力大于个体，尤其是在微博环境中，专家微博是比较个人化的传播渠道，而传统媒体的微博账户依然是一个组织机构的传播渠道，公众倾向于认为组织机构的影响力大于个体。其二是本节研究中的专家是一个有一定影响力但不是非常著名的专家，与实验对象形成不了很大的交集，影响了实验对象的判断。微博环境中的风险传播方式对公众的风险认知产生了重要影响，且这种影响因不同的传播方式而有所差异。如果是普通微博账户，采取转发第三方机构微博信息的传播方式对公众的影响力大于其他的两种传播方式，但如果是传统媒体微博账户和专家微博账户，无论采取三种传播方式的任何一种，对公众的风险认知的影响都没有显著差异。由此可见，微博中的传播方式只在作为传播主体的普通微博账户中起着一定作用，在转发权威机构的微博信息时能够对公众的风险认知产生更为显著的影响力。

---

① WHALEY S R, TUCKER M. The influence of perceived food risk and source trust on media system dependency [J]. Journal of applied communications, 2004, 88(1): 9–27.

其次，从微博信息源与微博传播方式对信息获取行为的影响差异结果来看，微博信息源和微博传播方式对公众的信息获取行为产生了影响，且不同的风险传播情境对信息获取行为的影响有所差异。就微博信息源而言，三种微博账户对公众的信息获取行为的影响显著，但三种微博账户无论是采取何种微博传播方式，对公众的信息获取行为的影响都没有显著差异，这可能与公众的信息获取行为动机有关。公众搜索风险信息主要是感知到风险，而不是来自信息源本身。就微博信息传播方式而言，普通微博账户采取转发第三方的传播方式比自己原创微博或转发普通微博账户的传播方式使得公众的信息获取行为更活跃。公众遇到亲朋好友的微博转发权威机构的风险信息时使得公众对风险信息更为关注，激发了公众对风险信息进一步搜索的欲望。

再次，公众的信息筛选行为上，微博信息源对信息筛选行为产生了影响，而信息传播方式却在一定程度上影响了公众的信息筛选行为。对信息筛选行为有无产生影响力，主要看信息筛选行为是否活跃，一般而言，处在风险情境中的公众信息筛选行为倾向于活跃，由于专家信息源的权威性和传统媒体的公信力，较之于普通人传播渠道，公众倾向于对这些渠道发出的风险信息更不会质疑，核实这些信息的可能性更小，因此信息源对公众的信息筛选行为产生了作用。但本节中结果显示虽然对信息筛选行为产生影响，但不同的信息源对信息筛选行为的影响没有差异。很可能是实验对象把普通微博信息源也视为可信任的信息源，与专家信息源和传统媒体信息源一样。这是因为在微博互动中，普通微博很可能是与微博主关系密切的人群，诸如亲朋好友、同学等，微博主时常与这些熟悉人群进行微博互动，从而形成一定的信任感。就信息传播方式而言，转发普通微博账户的信息比原创微博信息的传播方式使得公众的信息筛选行为更为活跃。转发普通微博账户信息的传播方式存在质疑，公众对于小道消息或来源不明的信息倾向于核实和确认，而不是轻信，因此会采取更多的信息筛选行为。

最后，微博信息源和信息传播方式对信息分享行为产生了影响，且不同的微博传播风险情境对信息分享行为的影响是不同的。就微博信息源而言，传统媒体微博账户无论采取何种传播方式对实验对象的信息分享行为都产生较大影响。研究结果与一些相关研究的结果一致[①]，传统媒体传播风险信息所引发的危机二次传播更为活跃（本节研究指的是风险二次传播）。专家微博如果采取原创微博的传播方式也能比普通微博账户带来更多的信息分享行为，但采取其他的传播方式却与普通微博账户所产生的信息分享行为没有显著差异。这点也表明，如果是一个专业性比较强但不是非常著名的专家进行风险传播，其所产生的信息分享行为活跃度也不是太高。就微博信息传播方式而言，多数情况下采取三种中的任何一种传播方式对信息分享行为的影响并没有显著差异，只有在普通微博采取转发第三方调查机构信息的传播方式时比其他两种传播方式能导致更多的信息分享行为。这点不难理解，由于权威调查机构的信息使得普通微博账户的信息关注度大大提高，实验对象倾向于更可能把转发的信息再一次进行传播。

4. 风险认知与风险传播行为间关系的结果讨论

与果蔬农药残留风险情境的研究结果一样，本节中再次验证了风险认知与风险传播行为之间的相关关系，提高了研究结论的可靠性。两种食品安全风险情境中都证实了公众的风险认知水平越高，公众的信息获取行为就越活跃，其信息筛选行为越活跃，其信息分享行为也越活跃。从风险认知与三种具体的风险传播行为的相关系数来看，两次的实证研究有所不同。本节中的风险认知与信息分享行为相关系数最大，其次是信息获取，最后是信息筛选。而在果蔬农药残留风险情境中，风险认知与信息获取行为相关系数最大，其

---

① UTZ S, SCHULTZ F, GLOCKA S. Crisis communication online: how medium, crisis type and emotions affected public reactions in the Fukushima Daiichi nuclear disaster［J］. Public relations review, 2013, 39(1): 40–46.

次是信息分享，最后是信息筛选。这可能是因为本节中的调查对象是大学生，他们的传播能力强，使用社交媒体的经验丰富，形成了强大的传播能力，处在风险情境中也最容易把风险信息告诉他人。但两次的实证研究都表明，公众在风险情境中，最有可能的风险传播行为是信息获取行为和信息分享行为，然后才是对这些风险信息进行核实和筛选。

四、研究结论

本节以赣南大米镉超标为食品风险类型，通过 3×3 的被试间的设计，探讨了微博环境中的风险信息源与信息传播方式对公众的风险认知与风险传播行为的影响，经过统计分析和研究结果讨论，发现：

（1）公众主要通过传统大众媒体渠道和搜索引擎进一步获取食品风险信息，微博、微信等社交媒体也越来越成为公众进一步获取食品风险信息的主要渠道。

（2）公众最有可能通过面对面的线下口碑渠道传播食品风险信息，但微博、微信等社交媒体渠道却愈来愈成为公众传播食品风险信息的主要渠道。

（3）微博中的风险信息源对公众产生了显著的影响，且不同的微博风险信息源对公众的影响是有差异的。公众的风险认知的影响上，传统媒体微博账户的影响力与专家微博账户的影响力相当，但超过普通微博账户的影响力；公众的信息获取行为的影响上，传统媒体微博账户、专家微博账户和普通微博账户这三种微博风险信息源对公众的影响存在显著的差异；公众的信息筛选行为的影响上，传统媒体微博账户、专家微博账户和普通微博账户这三种风险信息源对公众的影响并没有显著差异；公众的信息分享行为影响上，传统媒体微博账户比专家微博账户和普通微博账户对公众的影响力更大，使得公众的风险信息分享行为更为活跃。

（4）微博中的风险信息传播方式对公众产生了显著的影响，但这种影响力会受到微博信息源的调节。在对公众的风险认知的影响上，大多数情境下无论采取原创微博的传播方式还是通过转发普通微博账户信息的传播方式，抑或是通过转发第三方调查机构的微博信息的传播方式都不存在显著差异，只有普通微博账户转发第三方调查机构的传播方式时能够对公众的风险认知产生更为显著的影响力。在对公众的信息获取行为的影响上，多数情况下采取三种中的任何一种传播方式对信息获取行为的影响并没有显著差异，只有普通微博账户采取转发第三方的传播方式比自己原创微博或转发普通微博账户的传播方式使得公众的信息获取行为更活跃。公众的信息筛选行为的影响上，多数情况下采取三种中的任何一种传播方式对信息筛选行为的影响并没有显著差异，只有转发普通微博账户的信息的传播方式比原创微博信息的传播方式使得公众的信息筛选行为更为活跃。公众的信息分享行为影响上，多数情况下采取三种中的任何一种传播方式对信息分享行为的影响并没有显著差异，只有普通微博采取转发第三方调查机构信息的传播方式比其他两种传播方式能导致更多的信息分享行为。因此，本节研究发现，微博中的风险信息传播方式对危机传播效果确实有显著影响，但却受到微博风险信息源的调节，微博传播方式的不同大多数情况下对公众的影响是没有显著差异的，只有在普通微博账户采取不同的信息传播方式时对公众的影响有差异。

（5）风险认知水平与风险传播行为的关系为显著正相关。与上一章的研究结果一致，在赣南大米镉超标风险情境中，风险认知与风险传播行为有显著的正相关，风险认知水平越高，公众的风险信息获取行为就越活跃，信息筛选行为就越活跃，信息分享行为也越活跃。而且两次的实证研究都表明，处在风险情境中的公众，最有可能的风险传播行为是信息获取行为和信息分享行为，其次才是对这些风险信息进行核实和筛选。

（6）来自城市的生源的风险认知水平比来自农村的生源的风险认知水平更高，女生比男生更容易传播风险信息。

第二节　媒介形式对危机传播效果影响的实验研究

一、引言

据新浪微博发布的 2020 年微博用户发展报告，2020 年政务机构官方微博账号数量已超 14 万个，政务微博粉丝总数突破 30 亿。以微博为代表的社交媒体成为各地方政府、企业和 GNO 等组织信息传播的重要媒体渠道。尤其是在危机等关键时刻，即时、互动、草根等优势使社交媒体能满足公众高涨的信息需求。国内的研究发现，以微博为代表的社交媒体在化解危机中起着关键作用，成为组织在危机期间与公众沟通的重要平台。与此同时，微博等社交媒体又成为谣言的温床，一些微博账户未核实危机信息却随意传播虚假新闻，引发大量的跟帖与评论，一些微博账户甚至凭空制造出一场虚假危机。与此同时，传统媒体在危机传播中的影响仍然不可小视，在危机的生成与传播中扮演重要角色。正如麦克卢汉所说"媒介即信息"，于危机传播而言，媒体形式与信息内容同样重要。媒体形式丰裕的新媒体社会里，媒体形式成为影响危机传播效果的重要因素，逐渐受到学术界的关注。目前国内相关文献主要从微博等社交媒体在危机传播中的意义、影响因素、生成机制、模式等方面进行论述[①②]，或从微博在特定危机案例的作用与影响进行分析[③④]，较少把微博等社交媒体放到更大的媒体环境中进行分析，即较少比较不同媒体形式（如传统媒体与社交媒体的比较）对危机传播的影响。从国外文献来看，以往较为重要的危机传播理论如形象修复理论、危机情境传播理论并未对媒体形式与危机传播的关系加以分析，现有的社交媒体研究更多的是把焦点放在组织与媒体形式间的常态关系研究[⑤]，较少关注危机组织与媒体形式间的非常态关系研究（如危机时刻）。但仍然有一些学者对该领域进行了试探性研究，其中社会媒介危机传播模型（social mediated crisis communication model）及 Utz 等学者的研究[⑥]较为引人注目。这些研究主要针对不同媒体形式与危机爆发信息对危机传播效果的影响，较少探讨组织对危机的传播策略与媒体形式之间的关系。现如今利用官方微博等社交媒体传播官方信息（如危机期间组织在官方微博上发表的声明）成为当下组织的一大传播实践，但组织选择何种媒体渠道进行危机传播的效果最佳？在危机期间是否仍然依赖权威的传统媒体进行危机传播，还是选择更具互动的社交媒体呢？即组织通过不同媒体形式（传统媒体 vs 社交媒体）发出的传播策略信息是否产生不同的危机传播效果呢？与此同时，这些研究也较少从整个危机传播阶段（包括对危机爆发期

---

① 夏雨禾. 突发事件中的微博舆论：基于新浪微博的实证研究［J］. 新闻与传播研究，2011（5）：43–51.

② 丁柏铨. 新媒体语境中重大公共危机事件舆论触发研究［J］. 新闻大学，2012（4）：109–117.

③ 孙燕. 谣言风暴：灾难事件后的网络舆论危机现象研究［J］. 新闻与传播研究，2012（5）：52–62.

④ 谢耘耕，徐颖. 新媒体环境下突发公共事件的信源管理研究［J］. 新闻与传播研究，2011（4）：58–67.

⑤ RYBALKO S, SELTZER T. Corporate communications in 140 characters or less: how fortune 500 companies engage stakeholders using Twitter［J］. Public relations review, 2010, 36(4): 336–341.

⑥ UTZ S, SCHULTZ F, GLOCKA S. Crisis communication online: how medium, crisis type and emotions affected public reactions in the Fukushima Daiichi nuclear disaster［J］. Public relations review, 2013, 39(1): 40–46.

和组织对危机回应与传播期等危机阶段的研究）进行考察。换言之，考察媒体形式在危机爆发期和组织危机的回应传播期对危机传播的影响，相互印证，研究结论的可靠性势必更有保证。其次，这些研究也未考虑到公众的危机涉入度对危机传播效果的影响。而最近的研究证实，公众的危机涉入度在危机传播中起着至关重要作用①，公众的危机涉入度与不同媒体形式对危机传播效果的影响是否有差异呢？另外，文化情境对危机传播亦有影响，不同文化情境可能得出不同的研究结论，这些危机传播学者的研究结论能在我国得到验证吗？基于以上问题，本节研究在梳理前人研究的基础上，从危机传播阶段整体出发，并考虑到相关危机情境因素，通过两次实验，反复验证不同媒体形式对危机传播的影响。

二、理论回顾与研究假设

（一）危机与危机传播策略

危机被认为是不可预期的事件会威胁到利益相关者的重要期待并能够严重影响组织的表现可能产生负面后果的一种感知②。于此而言，危机是感知危机，而不是实际危机。危机传播则是对这种感知危机的一种传播管理，是应对危机所必要的信息的搜集、处理和传播。摆脱危机的关键是通过与不同公众沟通，重新获得公众的认可，这样才能真正修复受损的声誉。危机传播管理专家 Benoit 认为，危机发生后公众对组织反应的评价比危机事件本身更

①　CLAEYS A S, CAUBERGHE V. What makes crisis response strategies work? The impact of crisis involvement and message framing［J］. Journal of business research, 2014, 67(2): 182–187.

②　SCHULTZ F, UTZ S, GRITZ A. Is the medium the message? Perceptions of and reactions to crisis communication via twitter, blogs and traditional media［J］. Public relations review, 2011, 37(1): 20–27.

重要，组织应该对危机做出负有责任的反应才能修复组织形象。[①]组织形象和声誉是组织至关重要的资产，危机恰恰最容易使得组织形象和组织声誉受损，一旦发生危机，组织需要动用一切传播资源对组织形象进行修复。但处在复杂危机情境中的公众，未必会对组织所做的努力采取完全一致的心理期待。可以看出，Benoit 的视角是基于造成危机的当事者一方，缺少对危机中的公众的关注。Coombs 则认为要有效解决危机，必然要考虑到造成危机的各种情境。只有根据不同危机情境提出不同沟通策略才能有效解决危机。因此，在归因理论和传统危机传播理论基础上，Coombs 提出了情境危机传播理论（situational crisis communication theory，简称 SCCT）来解释危机与危机回应策略。SCCT 的基本假设是在组织危机情境中利益相关者（公众）会对组织危机的反应做出判断，即根据组织在危机中的负责任程度而做出不同的反应，而组织则根据公众的不同归因责任反应采取不同的传播策略[②]。

（二）危机传播与媒体形式

危机被认为是利益相关者的社会建构，而媒体在危机的生成与传播中扮演重要角色。Carslaw 认为，大众媒体对于危机传播与管理起着至关重要作用[③]。大众媒体在报道危机新闻信息时大多数情况下是负责任的，新闻报道也准确。与此同时，传统的危机传播主要依托大众传媒，但由于多种原因导致危机信息不可能在信息源与公众之间自由流动，公众基本上处于一种被动的接受危机信息的位置，危机公关的原则又不得不要求危机信息在

① BENOIT W L. Image repair discourse and crisis communication [J]. Public relation review, 1997, 23(2): 177–186.

② COOMBS W T, HOLLADAY S J. Helping crisis managers protect reputational assets: initial tests of the situational crisis communication theory [J]. Management communication quarterly, 2011(2): 165–186.

③ CARSLAW N. Communicating risks linked to food e the media' s role [J]. Trends in food science and technology, 2008(1): 14–17.

信息源与公众之间快速准确流动。公众一旦处在危机中又需要大量的信息做出判断时却无从获取的状态下，很容易从其他非正式渠道获取危机信息，从而增加了危机信息失真的可能性。包括 Benoit 的形象修复理论、Coombs 的危机情境理论在内的传统危机传播理论没有关注到危机信息新渠道（如社交媒体）对危机传播的影响。根据麦克卢汉的"媒介即信息"的观点，新媒介本身对社会发展与传播具有重要影响。因此，以社交媒体为代表的新媒体对于危机传播具有重要影响。危机在社交媒体里的传播可能与传统媒体社会里不一样。危机在社会媒体环境下是如何传播的，基于这个考虑，Lucinda 等提出了社会媒介危机传播模型。① 该理论模型主要关注的是危机信息渠道（线下口碑、社会化媒体与传统媒体）和信息源（如官方、第三方）对危机传播的影响，并认为，危机信息会在传统媒体与社交媒体之间流动传播，但社交媒体在整个危机传播中扮演特殊位置。Austin 通过几次的实证研究发现②，当危机信息从传统媒体上产生且由第三方发出时，公众最有可能从传统媒体上进一步搜寻信息；当危机信息从社交媒体上产生并由第三方发出时，公众最有可能从社会媒体中进一步搜寻信息；当危机信息从官方（危机组织）发出时，公众不会寻求更多信息；当危机信息从第三方而不是官方发出时，公众最有可能通过所有媒体渠道寻求危机信息。这也证实了信息渠道与信息源对危机传播的影响具有交互效应，证明了该理论模型的可靠性。与此同时，Schultz 等也研究了社交媒体对危机传播的影响，研究结果更加证实了媒体形式在危机传播中的重要性。在相继几次

---

① LUCINDA A, BROOKE F L, YAN J. How audiences seek out crisis information: exploring the social-mediated crisis communication model［J］. Journal of applied communication research，2012，40(2):188–207.

② 同上。

的研究中发现，媒体形式比危机（信息）内容更重要[①]。在国内，周庆山等对微博中的信息源做实证研究发现，与普通微博信息源相比，网民对名人微博的信息的转发和评论的数量非常惊人，名人微博发出的信息更容易受到一般网民的关注，更有可能被网民分享和参与评论，在短时间内引起成千上万网民的密集关注和巨大社会反响[②]。

社交媒体研究的学者证实了社交媒体对于危机传播的影响，也验证了官方与第三方等危机信息源对危机传播的影响。但不难发现，这些研究只涉及危机事件信息本身与信息渠道、信息源的关系，即研究的危机情境是危机事件爆发后，危机信息是从传统媒体传播还是从社交媒体上传播，或危机信息是由危机组织发出还是由第三方发出。要真正摸清不同媒体形式对危机传播的影响，不仅要对不同媒体渠道的危机爆发信息进行研究，还要对不同媒体渠道的危机回应信息进行研究，从整个危机传播阶段进行考察，并考虑到公众的危机情境因素，只有全面客观地检视不同媒体形式对危机传播的影响，才可提高研究结论的可靠性。

（三）危机涉入度

危机传播研究中关于涉入度的文献并不多，关于媒体形式对危机传播效果影响的研究，学者们也未考虑到危机涉入度因素。但近年来，危机涉入度

---

① SCHULTZ F, UTZ S, GRITZ A. Is the medium the message? Perceptions of and reactions to crisis communication via Twitter, blogs and traditional media [J]. Public Relations Review, 2011(1): 20–27.

② 周庆山，梁兴堃，曹雨佳. 微博中意见领袖甄别与内容特征的实证研究 [J]. 山东图书馆学刊，2012（1）: 23–27.

被证明在危机传播中起着至关重要的作用 [1][2]。在危机传播领域，常用危机感知卷入来定义危机卷入度，指的是个体全面感觉到与自己的相关程度，且具有能直接导致其认知与行为变化的动机特质。换言之，公众感知议题与自己的相关性决定了公众与这一议题的涉入度。学者们认为涉入度高低因情境与内生性因素有关，个体相关性的内部线索如知识与信息一旦被个体提取出，个体与某一议题的涉入度就会被激活。如一个有喝牛奶习惯的消费者会感知到牛奶产品质量问题引发的食品安全危机与自己相关。感知涉入度是一个动机状态，进而影响公众的认知与评价和一系列后续行为变化。已有研究证实了感知涉入度对认知过程的影响，甚至有学者认为公众的涉入度是感知危机的决定因子 [3]。根据美国心理学家 Richard 和 Cacioppo 提出的精细加工可能性模型理论，涉入会与特定信息相互作用 [4]。如具有高涉入度的公众会对相关信息深度解读，而低涉入度的公众则进行边缘形式化的解读。因此，涉入度会影响公众对危机信息的解读，进而影响公众的一系列后续行为变化。在本节研究中，危机情境设计为与被试高度相关和低度相关的危机情境，从而探索被试在感知不同危机涉入度后的心理和行为变化。

① CLAEYS A S, CAUBERGHE V. What makes crisis response strategies work? The impact of crisis involvement and message framing［J］. Journal of business research, 2014, 67(2): 182–187.

② COOMBS W T, HOLLADAY S J. An exploratory study of stakeholder emotions: affect and crises［J］. Research on emotion in organizations, 2009(1): 263–280.

③ MCDONALD L, HARTEL C E J. Applying the involvement construct to organizational crises［Z］. In visionary marketing for the 21st century: Facing the challenge, australian and new zealand marketing academy conference proceedings. Gold coast, australia: Griffith university, 2012 : 799–803.

④ PETTY R E, CACIOPPO J T, GOLDMAN R. Personal involvement as a determinant of argument-based persuasion.[J]. Journal of Personality & Social Psychology，1981，41(5)：847–855.

（四）危机传播效果

危机对组织而言，到底是走向危险，还是一个转机？影响其走向的关键点是危机传播效果。如何评估危机传播效果，Coombs 认为，评估危机所造成的实际影响较为关键，危机对公众的实际影响主要通过公众对危机组织的认知、态度、情感与行为意愿体现的[①]。根据本节研究需要，把组织声誉、危机二次传播行为作为考察危机传播效果的主要面向。

1. 组织声誉

危机给组织造成了何种后果，最主要的衡量指标是声誉受损程度。这是因为危机会威胁组织声誉，让公众觉得有理由去对一个组织产生坏的联想。声誉是吸引它的公众的代表组织过去行为和未来期待的认知价值，是组织宝贵的无形资产，甚至有学者把危机定义为对声誉资产的一种威胁[②]。好声誉能给组织吸引更好、更多的资源，相反，若危机带来不好的声誉，可能会使组织很长时间都陷入危机泥潭中。危机责任归因、组织的危机应对行为、危机历史与公众关系史等因素都会影响组织声誉。组织危机归因责任越大，组织的声誉评价就越负面，而非故意的危机对组织声誉的影响较小。为了避免声誉进一步受损或对声誉进行修复，组织必须采取危机传播策略。如果采取与危机类型相匹配的传播策略，可能会让公众相信组织是负责任的。相反，如果采取不匹配的传播策略，可能会使得公众不愉快。一项实证研究结果表明，组织采取匹配的回应策略比采取不匹配的回应策略使得公众对该组

---

① COOMBS W T. Information and compassion in crisis responses: a test of their effects ［J］. Journal of public relations research, 1999, 11(2): 125–142.

② COOMBS W T, HOLLADAY S J. Further explorations of post–crisis communication: effects of media and response strategies on perceptions and intentions ［J］. Public relations review, 2009, 35(1): 1–6.

织有更好的正面态度①。因此，本书提出：

假设 1：采取匹配的回应策略比采取不匹配的回应策略而产生的组织声誉评价更高。

另一方面，通过不同媒体渠道传播回应策略对组织声誉的影响可能是有差异的，这是因为在危机情境中，公众根据媒体所描述的危机来感知危机。报纸被认为是自上而下的媒体，对危机缺乏快速的响应。而社交媒体由于即时、互动和草根，符合危机时刻的双方对等、及时与互动的危机原则。而且，官方微博被认为是可信性强的社交媒体②。Utz 的研究也证实，通过社交媒体的危机传播比通过报纸媒体的危机传播产生的组织声誉评价更高③。因此，本书提出：

假设 2：通过社交媒体发出的回应策略比通过报纸发出的回应策略而产生的组织声誉评价更高。

危机回应信息与危机爆发信息对于公众而言是不同的。危机回应信息表明了组织的危机态度，而危机爆发信息并没有表明组织的危机态度。如前文所述，危机回应信息与媒体形式的关系可能对组织声誉产生影响，危机爆发

---

① CLAEYS A S, CAUBERGHE V. What makes crisis response strategies work? The impact of crisis involvement and message framing [J]. Journal of business research, 2014, 67(2): 182–187.

② TURK V S, JIN Y, STEWART S, et al. Examining the interplay of an organization's prior reputation, CEO's visibility, and immediate response to a crisis [J]. Public relations review, 2012, 38(4): 574–583.

③ UTZ S, SCHULTZ F, GLOCKA S. Crisis communication online: how medium, crisis type and emotions affected public reactions in the Fukushima Daiichi nuclear disaster [J]. Public relations review, 2013, 39(1): 40–46.

信息与媒体形式的关系是否也会影响到组织声誉呢？传统媒体由于专业性和权威性，公众对其信任度较高。与此相反，社交媒体虽然具有传统媒体所无法具备的优势，但同时留下可信度低的不良印象。因此，一旦可预防危机类型的爆发危机信息从传统媒体渠道传播出去，很容易引起公众的注意，更相信危机事实，并对危机责任归因，强化原有的危机类型信息，进而对组织产生负面评价；若危机爆发信息从社交媒体发出，较之于传统媒体，公众却并不那么相信危机的存在，心理与行为变化并不那么强烈。因此，本书提出：

假设3：通过报纸媒体发出的危机爆发信息比通过社交媒体发出的危机爆发信息所产生的声誉评价更低。

危机涉入度也会影响公众对危机的感知评价和后续行为。公众的涉入度会影响公众对危机信息的注意和信息处理，那些具有高涉入度的公众更有可能留意危机信息，能够动用更多的认知努力去处理危机信息，进而解读出更多更深的含义。另外，涉入度也会影响公众的组织责任归因，进而影响组织声誉评价。Claeys等的研究证实，组织无论采取匹配的或是不匹配的传播策略，低涉入的公众对组织的态度都不会发生变化，高涉入的公众对于匹配的传播策略比不匹配的传播策略所产生的对组织的正面态度更好[1]。本节研究中，报纸媒体被认为是权威与专业的媒体渠道，高涉入的公众对来自高可信度的传统媒体的危机信息更容易进行信息加工与处理，如果这些危机爆发信息是属于可预防型危机类型的危机信息，更容易让公众对这些负面的危机信息进行深度解读，更容易对危机责任归因，从而对组织产生更负面的声誉评价。而那些低涉入的公众与危机不相关，即使是可预防型的危机爆发信息，也很

---

① CLAEYS A S, CAUBERGHE V. What makes crisis response strategies work? The impact of crisis involvement and message framing [J]. Journal of business research, 2014, 67(2): 182–187.

难对这些信息进行深度加工，相对而言，产生的组织声誉评价比高涉入危机情境下的声誉评价高。因此，本书提出：

假设4：高涉入危机情境下的危机爆发信息传播比低涉入危机情境下所产生的组织声誉评价更低。

2. 危机二次传播

处在危机情境里的公众不仅会对组织危机进行评价，还可能出现进一步的传播行为，甚至会生产和传播自己版本的危机信息。因此，一些学者对在社交媒体环境下出现的危机信息分享与交流（即危机的二次传播）予以极大关注。问题解决情境理论提出传播行为最重要的组成部分是公众的信息交流（包括信息告知和信息分享）行为[1]。实际上，信息交流属于二次传播，即危机信息首先从危机爆发处（当事者或爆料者）通过某种渠道传播，公众获知后由于传播欲望导致危机信息再一次传播。在有把关机制的传统媒体中，公众几乎没有条件和机会进行放大性的二次传播。但在社交媒体环境里，用户生成内容的媒体特点使得社交媒体使用者能够即时获取危机信息并对这些危机进行评论，甚至能生产自己版本的危机并加以传播，与他人交流分享。因此，危机二次传播现象对整个危机传播的影响越来越大，对其研究显得尤为必要。

公众基于不同媒体渠道传播的危机信息认知而产生的二次危机传播行为是有差异的。传统媒体基于权威性、专业性构建起了传统媒体的高信任度，被认为在危机传播中起着至关重要的作用。公众对风险与危机信息认知的渠

---

[1]　KIM J N, GRUNIG J E. Problem solving and communicative action: a situational theory of problem solving [J]. Journal of communication, 2011, 61(1): 120–149.

道主要是大众媒体 ①。社交媒体会影响公众如何接受和理解这些危机信息，也会影响他们的信息搜集行为 ②。社交媒体因有互动性和草根特点，以及信息赋权，公众有条件有能力也愿意进行危机信息的生产和传播，正如新浪微博中的转发、评论功能使得公众生产和传播危机信息极为便捷，接收到危机信息后便可立即转发和评论。如 2011 年发生的微博谣言"加碘食盐可防核辐射"四处蔓延，引起公众的恐慌，在短时间内引发抢购风潮。很多组织已经开始关注社交媒体的这些特点，在发生危机时为了满足利益相关者信息需求，利用社交媒体及时与利益相关者进行沟通互动。那么，社交媒体是否真的比传统媒体带来更多的危机二次传播呢？实证研究结果却并不如此。在 Utz 等的研究中发现，与社会媒体和线下口碑相比，危机信息通过报纸媒体渠道传播更容易引起人们的危机二次传播 ③。可能是由于传统媒体更具信任和权威，人们更有兴趣谈论来自传统媒体的信息，也更有信心传播这些来自大众媒体的信息，而来自社交媒体的信息由于缺乏可信度，危机二次传播意愿可能更低。Subasic 等也证实，Twitter 使用者更多的是对新闻进行评论，而不是自我创造新闻并加以传播 ④。但是，这些研究却只关注了危机事件本身，即危机类型，却没有关注组织采取的回应策略信息。而公众更在乎的是危机组织对危机事件的态度，而不是危机事件本身。策略匹配度不同，公众对危机组织的负面

① JONGE J D, TRIJP H V, Renes R J, et al. Consumer confidence in the safety of food and newspaper coverage of food safety issues: a longitudinal perspective［J］. Risk analysis an official publication of the society for risk analysis, 2010, 30(1): 125–142.

② RUTSAERT P, REGAN A, PIENIAK Z, et al. The use of social media in food risk and benefit communication［J］. Trends in food science and technology, 2013, 30(1): 84–91.

③ UTZ S, SCHULTZ F, GLOCKA S. Crisis communication online: how medium, crisis type and emotions affected public reactions in the Fukushima Daiichi nuclear disaster［J］. Public relations review, 2013, 39(1): 40–46.

④ SUBASIC I, BERENDT B. Peddling or creating? Investigating the role of twitter in news reporting［C］// Advances in information retrieval, 2011, 66(1): 207–213.

口碑传播也不同，不匹配策略带来更高的负面口碑传播。另外一方面，正如前文所述，危机涉入度对公众的信息注意和信息加工处理有影响，高涉入的公众对于危机信息保持深度加工。研究也证实，公众的卷入度会修正媒体效应，那些具有高涉入度的公众更有可能留意危机信息，也更会对这些信息进行评论[①]。因此，本书提出：

假设 5：采取匹配的回应策略比采取不匹配的回应策略带来更少的危机二次传播。

假设 6：报纸媒体比社交媒体带来更多的危机二次传播。

假设 7：高涉入危机情境比低涉入危机情境更能引发危机二次传播。

三、研究方法

以往的危机传播研究主要采用危机案例研究方法，但这种方法无法探究公众对危机的反应。采用实验方法被认为是研究公众危机反应的合适方法[②]。为了提高研究结论的可靠性，避免前人聚焦于危机的某个阶段（如要么研究危机爆发信息，要么聚焦于组织的危机回应信息），本节对整个危机关键阶段进行研究，即对危机爆发信息和组织的危机回应信息进行研究，验证媒体形式对危机传播效果的影响。因此，本节研究进行两次实验，第一次为危机爆发信息情境下，媒体形式与危机涉入度对危机传播效果影响的被试间实验研

---

① CHOI Y, LIN Y.Consumer response to crisis: exploring the concept of involvement in Mattel product recalls［J］. Public relations review, 2009, 35(1): 18–22.

② COOMBS W T, HOLLADAY S J. The negative communication dynamic: exploring the impact of stakeholder affect on behavioral intention［J］. Journal of communication management, 2007, 11（4）: 300–312.

究，第二次为组织的危机回应信息情境下，媒体形式与回应策略匹配度对危机传播效果的影响的被试内实验。

（一）实验一

1. 实验设计与刺激物

实验一探讨的是在危机爆发阶段，媒体形式与危机涉入度对危机传播效果的影响，在此采取 2×2 的被试间设计，即测试的第一因素为媒体形式：报纸媒体与社交媒体；第二因素为危机涉入度：高涉入与低涉入。这样形成四个情境版本：报纸 × 高涉入；社交媒体 × 高涉入；报纸 × 低涉入；社交媒体 × 低涉入。

实验的前提条件是设计一个所有被试都能够理解并且可能面临的危机情境，这样被试才可能在真正遇到危机时心理与行为变化与实验场景近似。因此，刺激物之危机事件选择与被试密切相关的手机产品质量问题的危机事件。根据被试特点，虚拟出某全国知名手机品牌因检出手机辐射超标引发的危机事件，高涉入设定为这一手机品牌的使用者，低涉入设计为非此品牌的手机使用者。在刺激物之媒体形式上，选择作为传统媒体的报纸和作为社交媒体的新浪微博。报纸采用《中国青年报》电子版，把需要的版本内容嵌入到《中国青年报》电子版中；而微博采用企业的新浪官方微博，把需要的版本内容植入到该企业的新浪微博而生成"真实"的危机情境。为了控制危机情境，危机信息内容统一设定为可预防型危机类型，即手机企业由于手机产品质量问题而引发的危机。

2. 被试与实验程序

本实验在江西省某大学的实验室内完成。首先进行预实验，邀约了 10 位大学生对四个危机情境版本和问卷进行测试，发现四个版本和问卷中的语言表述存在小问题并进行了完善。正式实验中，选取被试条件为家在江西省的大学生，一共有 100 人参与，平均分成两组，即高涉人者 50 名和低涉人者 50 名。实验首先由主试宣读实验任务和要求，而后发放问卷，每呈现一个危机情境后被试填写问卷。

3. 变量测量

每个被试在看完刺激物后填写一份问卷，测量被试处在不同危机情境中的组织声誉、危机二次传播情况。组织声誉由"该企业在此次危机中的表现是关心公众利益的"等五个测项组成；危机二次传播由"看完这个版本的材料后，我很可能与亲朋好友分享此危机信息"等三个测项组成；涉入度由"此次危机事件对我影响很大"等三个测项衡量组成。另外，为了控制不同实验情境，用危机责任归因和媒体形式测项来加以控制，危机责任变量用"根据以上材料描述，我认为此危机事件纯属意外，该企业在危机事件中没有责任"等三个测项来衡量，媒体形式测量用"此危机版本的信息来自哪个媒体渠道：报纸、微博、不知道"的选择题来测试。以上量表均采用李克特 5 级量表来测量。

（二）实验二

实验二研究的是在组织的危机回应与传播阶段，通过不同媒体形式进行危机回应是否会产生不同的危机传播效果，在此采取 2×2 的被试内设计，即测试的第一因素为媒体形式：报纸媒体与微博媒体；第二因素为回应策略：匹配策略与不匹配策略。这样形成四个情境版本：报纸 × 不匹配；微博媒体 × 不匹配；报纸 × 匹配；微博媒体 × 匹配。

与实验一不同的是，刺激物之危机类型上选择了企业食品安全危机。本实验在江西省实施，并根据被试特点，虚拟出某全国知名牛奶品牌被江西省市场监督管理局牛奶抽样检测出其早餐奶中含有致癌物而引发的危机。在基本危机事件描述完后，嵌入企业的匹配策略与不匹配策略。在刺激物之媒体形式上，选择作为传统媒体的报纸和作为社交媒体的微博。报纸采用江西日报电子版，把需要的版本内容嵌入到江西日报电子版中；而微博采用企业的新浪官方微博，把需要的版本内容植入到该企业的新浪微博，生成"真实"的危机情境。

实验二采取被试内设计，选取被试条件为家在江西省的大学生，一共有 120 人参与，收回有效问卷 115 份。为了避免四个版本之间相互影响，随机抽取四个版本进行信息呈现，其余实验程序与实验一相同。变量测量与实验一类似，只不过在语言表述上进行了针对性的调整。另外，在操控检验方面，用组织负责任度和卷入度来加以控制，组织负责任度采用 Coombs 等的方法[1]，用"我觉得该企业采取此回应策略是负责任的"测项来衡量，涉入度的测量与实验一相同。

四、实验数据结果分析

（一）实验一数据分析

1. 操控检验

为了检验实验设计是否有效，需进行操控检验。首先对涉入度进行分析，发现，高涉入危机情境比低涉入度危机情境得分高（$M_{高涉入}=3.56 > M_{低涉入}=2.73$，$P < 0.01$），这说明符合研究设计中对涉入度因素的控制要求；其次，对四个危机情境版本体现出来的危机责任进行检验，发现被试

---

[1] Coombs W T, Holladay S J. The negative communication dynamic：exploring the impact of stakeholder affect on behavioral intentions [J]. Journal of communication Management ,2007,11(4):300–312.

对四个实验版本的组织责任归因并无差异（M_1=4.56，SD=0.672；M_2=4.52，SD=0.628；M_3=4.54，SD=0.861；M_4=4.51，SD=0.724），说明被试进入了实验虚拟情境并显示出对各种实验危机情境的组织危机责任类似；最后，对媒体形式进行测试，绝大多数测试者能够正确识别出危机信息来自某个媒体渠道（在报纸危机情境中，正确识别率为98.7%；在微博危机情境中，正确识别率为99.2%）。因此，此实验版本的设计是有效的，符合实验设计预期。

2. 假设验证

首先，对因变量组织声誉进行方差分析发现，媒体形式与涉入度之间产生了交互效应 $[F(1, 99)=7.610, P=0.007 < 0.01]$，如图4-5所示。这说明四种危机情境对声誉的影响存在差异。通过进一步的单纯主要效果方差分析发现，在报纸媒体环境中，高涉入情境比低涉入情境所产生的组织声誉评价更低 $[M_{高涉入}=1.75 < M_{低涉入}=2.14; F(1, 99)=87.996, P=0.000 < 0.01]$；在社交媒体环境中，高涉入情境比低涉入情境所产生的组织声誉评价也更低 $[M_{高涉入}=1.78 < M_{低涉入}= 2.50; F(1, 99)=13.923, P=0.000 < 0.01]$。这证实了假设4。在低涉入危机情境下，在报纸媒体发出的可预防型危机信息比在社交媒体（微博）发出的可预防型危机信息所产生的声誉评价更低 $[M_{报纸}=2.14 < M_{微博}=2.50; F(1, 99)=18.916, P=0.02 < 0.05]$；在高涉入危机情境下，在报纸媒体发出的可预防型危机信息与在社交媒体（微博）发出的可预防型危机信息所产生的声誉评价并没有差异 $[M_{报纸}=1.75, M_{微博}=1.78; F(1, 99)=0.085, P=0.71 > 0.05]$。因此，假设3部分成立。

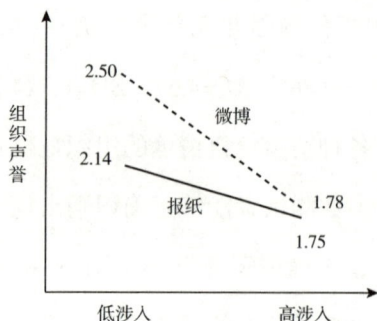

图 4-5　媒介形式与涉入度对声誉的交互影响

最后，对因变量危机二次传播进行方差分析发现，媒体形式与涉入度之间没有交互效应 [F（1，99）=0.002，P=0.962 > 0.05]。这说明四种实验版本对危机二次传播的影响没有交互效应。通过进一步方差分析发现，媒体形式的主效应十分显著 [F（1，99）=14.837，P=0.000 < 0.01]。组织通过报纸媒体（M=3.903，SD=0.058）比通过微博媒体进行危机传播带来的危机二次传播更多（M=3.70，SD=0.050）。因此，假设 6 成立；涉入度的主效应也非常显著 [F（1，99）=50.837，P=0.000 < 0.01]。高涉入度危机情境（M=4.033，SD=0.051）比低涉入度危机情境（M=3.570，SD=0.045）所带来的危机二次传播更多。因此，假设 7 成立。

（二）实验二数据分析

1. 操控检验

首先对匹配策略与不匹配策略之间的差异进行检验并发现，与不匹配回应策略（否认策略）相比，被试认为采取匹配回应策略的组织更负责任 [$M_{匹配}$=4.51 > $M_{不匹配}$=1.37；T（113）=27.59，P < 0.01]。其次，对媒体形式进行测试，绝大多数测试者能够正确识别出危机信息来自某个媒体渠道（在报纸危机情境中，正确识别率为 98.3%，在微博危机情境中，正确识别率为

98.6%）；最后，对四个版本进行了涉入度的检验并发现，被试对四个实验版本的涉入度并无差异［M_1=3.51，SD=0.643；M_2=3.55，SD=0.728；M_3=3.54，SD=0.660；M_4=3.58，SD= 0.823］，说明被试进入了实验虚拟情境并显示出对各种实验情境关注度类同。这说明实验版本的设计是有效的，符合实验设计预期。

2. 研究假设验证

首先，对因变量组织声誉进行方差分析发现，媒体形式与策略匹配度之间同样产生了交互效应［$F_{(1, 114)}$=9.125，P=0.003 < 0.01］，如图 4-6所示。这说明四种危机情境对声誉的影响存在差异。通过进一步的单纯主要效果方差分析发现，在报纸媒体环境中，采取匹配策略比采取不匹配策略产生的组织声誉评价更高［$M_{匹配}$=3.88 > $M_{不匹配}$=1.98；$F_{(1, 114)}$=88.907，P=0.000 < 0.01）；在社交媒体环境中，采取匹配策略比采取不匹配策略产生的组织声誉评价也更高［$M_{匹配}$=3.72 > $M_{不匹配}$=2.09；$F_{(1, 114)}$=53.654，P=0.000 < 0.01］。这证实了假设 1。而组织通过报纸媒体传播匹配策略比通过社交媒体（微博）传播匹配策略所产生的组织声誉更高［$M_{报纸}$=3.88 > $M_{微博}$=3.72；$F_{(1, 114)}$=5.611，P=0.02 < 0.05］；若组织采取不匹配策略，通过报纸传播与通过微博传播所产生的组织声誉评价并没有差异［$M_{报纸}$=1.98，$M_{微博}$=2.09；$F_{(1, 114)}$=3.211，P=0.076 > 0.05］。因此，假设 2 不成立。

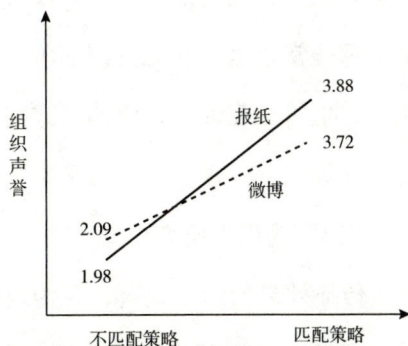

图 4-6　媒介形式与策略匹配度对声誉的交互影响

其次，对因变量危机二次传播进行方差分析，发现媒体形式与策略匹配度之间没有交互效应 $[F(1, 114)=9.179, P=0.624 > 0.05]$。这说明四种实验版本对危机二次传播的影响没有差异。通过进一步方差分析，发现媒体形式的主效应显著 $[F(1, 114)=15.495, P=0.000 < 0.01]$。组织通过报纸媒体（$M=3.981$，SD=0.051）比通过微博媒体进行危机传播带来的危机二次传播更多（$M=3.701$，SD=0.054）。因此，假设6在此得到验证；策略匹配度的主效应也显著 $[F(1, 114)=24.924, P=0.000 < 0.01]$。组织采取不相匹配的传播策略（$M=3.959$，SD=0.046）比采取匹配的传播策略（$M=3.723$，SD=0.045）所带来的危机二次传播更多。因此，假设5成立。

五、总体讨论与结论

本节研究通过对危机爆发阶段和危机组织回应阶段的两次实验，并把危机情境因素之危机涉入度和策略匹配度纳入考察中，反复验证了媒体形式对危机传播效果的影响，从研究结果来看，假设1、假设4、假设5、假设6和假设7完全得到证实，假设3部分得到证实，假设2没有得到证实，研究发现，在危机爆发阶段，媒体形式与危机涉入度对组织声誉的影响产生了交互效应，媒体形式与涉入度对危机二次传播的影响并没有交互效应，但媒体形式和危机涉入度的主效应都非常显著；在危机回应阶段，媒体形式与策略匹配度对组织声誉的影响也产生了交互效应，媒体形式与策略匹配度对危机二次传播的影响没有产生交互效应，但媒体形式与策略匹配度的主效应都非常明显。通过两次实验，可以总结为以下研究结论。

（1）媒体形式对危机传播效果的影响显著，且传统媒体比社交媒体对危机传播效果的影响更大。无论是在危机爆发阶段还是在危机组织回应阶段，媒体形式对危机传播效果的影响都较为显著。具体地说，在危机爆发阶段，媒体形式对组织声誉的影响十分显著，而且在低涉入环境下，通过传统媒体比通过社交媒体带来的组织声誉评价更低。在媒体形式与涉入度对危机二次传播的影响上，媒体形式的主效应也十分显著，而且组织通过传统媒体而不是社交媒体进行危机传播产生更多的危机二次传播；在危机回应阶段，媒体形式对组织声誉和危机二次传播的影响同样显著，若组织通过传统媒体进行匹配策略回应，所带来的组织声誉评价比通过社交媒体更高，一定程度上说明了报纸媒体比官方微博对组织声誉的影响更大。但是，若危机组织通过传统媒体而不是通过社交媒体进行回应，公众的危机二次传播行为更活跃，这说明在危机回应阶段，传统媒体比社交媒体对危机二次传播的影响依然更大。因此，总体而言，媒体形式对危机传播效果之声誉和危机二次传播的影响是显著的，且传统媒体较社交媒体对危机传播的影响更大。这一结论与 Schultz 等学者的研究结果有些相同，有些不同 [1]。就组织声誉而言，通过社交媒体比通过传统媒体所带来的组织声誉评价更高，此结论与本节研究第一次实验的结论有部分相同、部分不同，但与第二次实验的结论刚好相反，即在低涉入危机情境中，危机爆发信息通过传统媒体比通过社交媒体传播所带来的组织声誉评价更低，但在高涉入危机情境下，社交媒体与传统媒体并没有差异，通过传统媒体进行传播相匹配的策略信息所产生的声誉评价比通过社交媒体更高，这说明无论是在危机爆发阶段还是危机回应阶段，传统媒体比社交媒体对声誉的影响更大。这很可能与研究背景和危机情境有关。在欧美发达国家，Twitter、Facebook 等社交媒体的信任度甚至比传统媒体还要高。而在我国，微博等社交媒体信任度低，时常成为流言与谣言的温床 [2]。另外，需要指出的

---

[1]　UTZ S, SCHULTZ F, GLOCKA S. Crisis communication online: how medium, crisis type and emotions affected public reactions in the Fukushima Daiichi nuclear disaster ［J］. Public relations review, 2013, 39(1): 40–46.

[2]　谢耘耕，徐颖. 新媒体环境下突发公共事件的信源管理研究［J］. 新闻与传播研究，2011（4）: 58–67.

是，在危机爆发阶段，传统媒体比社交媒体的声誉评价更低，在危机回应阶段却更高，似乎结论相互矛盾，这是因为危机回应阶段已经表明了组织的危机处理态度，公众则把它作为声誉评价的依据，而危机爆发阶段未表明组织对危机的态度，公众则更根据危机类型进行责任归因，本节研究中的危机类型是可预防型，故得出相反的声誉评价，但都说明了传统媒体比社交媒体对声誉的影响更大。就危机二次传播来看，与 Schultz 等人[1] 和 Utz 等人[2] 的研究结论一致，无论是在危机爆发阶段还是在危机回应阶段，传统媒体所引发的危机二次传播比社交媒体都更活跃。这也说明，社交媒体并没有我们感觉中的那样大的影响力。虽然社交媒体具有高互动和草根性，但与此同时社交媒体的信息庞杂，良莠不齐。因此，社交媒体给公众带来了传播的可能性，但实际传播行为可能受到多种因素的影响。由于传统媒体的专业、权威与客观，公众在危机期间仍然更相信传统媒体，更愿意消费来自传统媒体的危机信息，也更愿意传播来自传统媒体的危机信息，而不是社交媒体。

（2）危机涉入度、策略匹配度会调节媒体形式效应。如前文所述，无论是在危机爆发阶段还是在危机回应阶段，媒体形式对危机传播效果的影响都显著，但还会受到危机情境因素（危机涉入度）和危机信息内容（策略匹配度）的影响。具体而言，在危机爆发阶段，在低涉入危机情境下，在传统媒体而不是在社交媒体发出的可预防型危机信息所产生的声誉评价更低，但在高涉入危机情境下，报纸媒体与社交媒体并没有差异。这说明媒体形式效应会受到危机情境因素（危机涉入度）的影响。同样，在危机回应阶段，若组织采取匹配的回应策略，通过报纸媒体传播比通过社交媒体传播所产生的组

---

① SCHULTZ F, UTZ S, Göritz A. Is the medium the message? Perceptions of and reactions to crisis communication via twitter, blogs and traditional media ［J］. Public relations review, 2011, 37(1): 20-27.

② UTZ S, SCHULTZ F, GLOCKA S. Crisis communication online: how medium, crisis type and emotions affected public reactions in the Fukushima Daiichi nuclear disaster ［J］. Public relations review, 2013, 39(1): 40-46.

织声誉更高，若组织采取不匹配策略，通过报纸传播与通过微博传播所产生的组织声誉评价并没有差异，这说明媒体形式效应会受到危机信息内容（策略匹配度）的影响。这一研究发现表明，媒体形式对危机传播效果确实有显著影响，但却受到危机情境和危机信息内容的影响。

（3）若组织采取匹配的回应策略，通过传统媒体进行传播更能减少负面的危机传播效果；若组织采取不匹配的回应策略，通过社交媒体进行传播更能减少负面的危机传播效果。若组织采取高度顺应公众意愿的匹配回应策略，通过报纸媒体比通过官方微博所产生的组织声誉评价更高，所产生的危机二次传播也更多（组织希望越多的公众知晓组织的匹配策略信息越好），所带来的购买意愿也更强烈；若组织采取违背公众意愿的不匹配的回应策略，虽然组织声誉受到影响，但通过微博传播比通过报纸媒体传播所产生的声誉评价还是更高。若采取不匹配的危机回应策略，通过官方微博比通过报纸媒体所产生的危机二次传播更不活跃（组织希望越少的公众知晓组织的不匹配策略信息越好）。同样，若组织采取不匹配的回应策略，通过官方微博比通过报纸媒体传播所带来的购买意愿更高。因此，总体而言，若采取相匹配的回应策略，通过传统媒体更可能减少负面的危机传播效果，若采取不匹配的危机回应策略，通过社交媒体更能减少负面的危机传播效果。

本节的研究结论对理论和实践都有一定的意义与启示。首先，本节研究对危机爆发阶段和危机回应阶段进行整体考察，并把危机情境因素（危机卷入度）和危机内容因素（策略匹配度）考虑在内，通过两次实验，研究了媒体形式对危机传播效果的影响，并将研究结论相互印证，深化了媒体形式与危机传播的关系的研究，为危机传播研究提供了新思路。其次，本节的研究结论对于危机管理实践具有一定的借鉴意义。组织在危机传播管理时，不仅要关注危机本身，重视危机情境（危机卷入度）和危机信息内容（策略匹配度），同时要重视媒体对危机传播的影响，要考虑到不同媒体形式对危机传播效果的影响，整合新旧媒体，特别要把新型媒体形式纳入危机传播管理范畴。若组织采取高度顺应的回应策略，通过传统媒体进行危机传播对组织更有利，若采取不匹配的危机回应策略，通过社交媒体进行危机传播对组织更有利。与此同时，危机组织需要对危机情境进行分析，重视公众的危机涉入度，可以把公众细分为高涉入和低涉入公众，分别进行针对性沟通，对于高涉入度公众而言，要充分了解这些公众在危机情境中的看法、态度和危机二次传播行为，提高危机传播效果，降低负面的危机传播效果。另外，需特别需要注意的是，在新媒体环境中，组织要特别重视公众的危机二次传播。避免不必要的危机二次传播的发生。危机二次传播让组织较容易引起危机信息失真，可能引发谣言。

从理论与实证上来看，本节存在以下的缺陷与不足，若在未来的研究中能对其进行完善，则能提高研究结果的可靠性。第一，从实验对象来看，本节研究的实验对象是学生群体，即使考虑到了实验对象与刺激材料相关，其研究结果也未必能反映所有公众的立场。未来研究有必要采集非学生群体且能够反映危机事件的公众作为实验对象。第二，本节只处理了报纸媒体和微博两种媒体形式，鉴于社交媒体形式越来越多，而且对人们的日常生活影响也越来越大，未来研究还可以考虑更多媒体形式如传统媒体之电视，社交媒体之微信、论坛等，或融入其他变量，如涉入度等一起探讨媒体形式所引发的危机传播效应研究。另外，在实际的危机传播中，可能会整合多种媒体形式一起进行危机传播。因此，融合多种媒体形式的危机传播效果研究可能比单纯的媒体形式比较研究得出的结论更可靠。

第三节　转基因风险冲突的媒体效应

一、问题的提出

随着科技进步，科技争议逐步泛化，由于文化冲突、政治议题、利益博弈等诸多因素影响，甚至有些科技的专业性争议演化成了社会性争议。令人吊诡的是，国内的科技争议有些最终演变成了科技抗争或群体性事件，这方面的例子屡见不鲜，转基因安全争议、PX 项目风险争议、疫苗安全性问题等诸多争议性议题最终变成了社会性事件。一些低风险的科技议题导致了社会高风险感知，大众媒介在其中扮演了举足轻重的角色[①]。公众对科学风险的认知很大程度上取决于媒体对科技议题的呈现和话语叙事[②]。国内外研究结论证实，媒体报道会影响公众对科技议题的风险感知[③④]。特别是转基因议题，民众对转基因的态度与大众媒介的新闻报道有着紧密关系[⑤]。

自 2002 年"雀巢转基因风险事件"进入公共场域以来，转基因争议成

[①]　邱鸿峰，熊慧. 环境风险社会放大的组织传播机制：回顾东山 PX 事件［J］. 新闻与传播研究，2015（5）：46–57.

[②]　JONGE J D, TRIJP H V, Renes R J, et al. Consumer confidence in the safety of food and newspaper coverage of food safety issues: a longitudinal perspective［J］. Risk analysis an official publication of the society for risk analysis, 2010, 30(1): 125–142.

[③]　CARSLAW N. Communicating risks linked to food the media's role［J］. Trends in food science and technology, 2008, 19(1): 14–17.

[④]　谢晓非，李洁，于清源. 怎样会让我们感觉更危险——风险沟通渠道分析［J］. 心理学报，2008，40（4）：456–465.

[⑤]　杨嫚. 沟通的错位：公众风险认知与科学议题报道［J］. 科学学研究，2014，32（4）：481–492.

了当代中国颇具影响力的公共话题①。虽有研究表明，媒体在转基因争议中发挥正面价值角色②。但更多实证研究表明③④，媒体在转基因争议中往往未能发挥建设性作用，而是扮演破坏者角色，对转基因的过度传播最终扭曲了转基因的本来面目。媒体对转基因的报道存在风险放大效应⑤⑥。欧洲之所以成了反对转基因的大本营，与欧洲媒体对转基因风险的过度报道紧密相关⑦。在国内，大众媒体对转基因风险的过度宣传严重影响了民众对转基因的风险感知，转基因的信任度持续下降⑧。特别是一些媒体和某些专家旗帜鲜明地反转，事实上成了国内转基因舆论的引领者和主导者，激起更多民众抵制转基因，严重影响了转基因的科学进程和转基因政策走向，最终损害公众利益。目前，在媒体反转与民众反转的双重夹击下，转基因科学传播面临前所未有的挑战。揭示媒体的反转新闻知识的生产，打破转基因新闻报道的藩篱，还原真实的转基因是科学传播亟须破解的重要议题。本节试图通过对10年来（2008—2017年）国内媒体的反转新闻报道的描绘，勾勒出国内媒

① 龙强，吴飞. 社会理性、日常抵抗与反专家话语——当代中国科学传播失灵及其调适［J］. 当代传播，2016（5）：48-50.

② 王宇琦，曾繁旭. 谣言澄清与民众赋权——社会化媒体在风险沟通中的角色担当［J］. 当代传播，2015（2）：14-18.

③ 范敬群，贾鹤鹏，张峰，等. 争议科学话题在社交媒体的传播形态研究——以"黄金大米事件"的新浪微博为例［J］. 新闻与传播研究，2013（11）：106-115.

④ 陶贤都，陈曼琼. 科学争议与网民的认知变化——基于腾讯微博"崔方之争"的内容分析［J］. 科学学研究，2016，34（4）：496-502.

⑤ MICHELLE P, ROY N. Understanding the effect of stigmatization on food consumer knowledge, perception and behavior in Northern Ireland［J］. International journal of consumer studies, 2008, 32(4): 366-373.

⑥ 王宇，孙鹿童. 风险放大视野下的食品安全报道——以"福喜问题肉"报道为例［J］. 现代传播，2016（7）：38-42.

⑦ FREWER L J, SCHOLDERER J, BREDAHL L. Communicating about the risks and benefits of genetically modified foods: the mediating role of trust［J］. Risk analysis an official publication of the society for risk analysis, 2003, 23(6): 1117-1133.

⑧ 贾鹤鹏，范敬群. 转基因何以持续争议——对相关科学传播研究的系统综述，［J］. 科普研究，2015（1）：83-92.

体反转的基本面貌和媒介特征，找出反转新闻的失误，进而反思当前媒介的转基因科学传播。

二、文本获取路径与研究方法

本节研究主要采取大众媒体内容分析法与文本挖掘的研究方法。为了获取"反转"新闻，依托中国知网的国内重要报纸数据库以及百度新闻搜索。中国知网重要报纸数据库收集了国内主流的报纸新闻，百度新闻搜索平台则不仅囊括国内重要的大众媒体机构产制的新闻数据，还聚集了各主要网络平台的网络新闻。利用"转基因"关键词搜索新闻标题，在两大检索平台通过人工阅读新闻标题研判具有或疑似"反转"立场的新闻，进而通过人工阅读转基因报道的正文进行甄别和筛选，对 2008—2017 年 10 年间的转基因新闻报道进行辨别、提取与检核，删除重复的、无关的、无法打开链接的新闻，最终共有 223 则"反转"新闻纳入分析。需要指出的是：其一，通过对百度转基因新闻搜索发现，百度会对多则相同的转基因新闻报道进行汇聚而形成一个检索链接，因此，只点击一个新闻链接进行检核，其余的则放弃；其二，许多网络新闻平台转载其他媒体的转基因新闻，若没有表明反转立场则不纳入本节研究分析范畴；其三，10 年经历了许多转基因热点事件，一些诸如黄金大米等事件催生了大量媒体报道，对这些新闻报道的甄别并提取所需新闻较为烦琐，可能会出现遗漏情况。本书作者通过阅读反转新闻内容，根据反转的基本规律，对反转新闻文本进行挖掘，提炼出内容特征和基本概貌。内容挖掘与分析的编码类目包括反转的媒体背景、反转主题、反转立场、反转理由、论证方式、标题修辞、图片修辞、情绪渲染、引用信息源、反转语言风格等。首先，对类目进行互斥性构建。其次，本书作者按照分析类目对样本框进行各自逐一判别分析，在转基因议题、反转程度、论证方式、引用信息源等方面存在一些争议，通过讨论协商和专家咨询方法来统一意见，获取最终的分析结果。

三、反转新闻的文本分析

（一）反转新闻的整体概貌

（1）反转新闻的时间流变。10年来，反转新闻呈现四个节点（如图4-7所示）：① 2008—2009年间每年维持在10则左右，属于转基因风险质疑与风险有限认知期，大多数是转载国外媒介或研究机构结论的转基因风险信息，较多属于行业性新闻（科技新闻），笼统地、有限地解读转基因风险信息，反转程度也较低，大多未见情感渲染。② 2010—2011年则成为反转第二个节点，由于《国际先驱报》报道金龙鱼转基因大豆等事件的影响，反转报道每年陡增至25则上下，属于反转新闻的抬头期。报道范围上，反转新闻从国外转到国内，聚焦到转基因事件的邻近性和关联性，反转新闻从国外转向国内，聚焦到转基因的风险性，大多属于科技新闻与民生新闻，情绪呈现为忧虑性特征，反转程度也迅速上升。③ 2012—2014年属于第三个节点，属于反转高峰期。出现了"黄金大米"、网络名人的转基因网络争议和转基因食品致癌等事件，反转新闻无论是报道量还是反转程度都达到顶峰，全面深入地探讨转基因的风险与危害，反转新闻完成了转基因的标签化和污名化，反转情绪复杂多变，夹杂着愤怒、害怕和担忧。④最后三年反转新闻维持在20则上下，属于反转的深化期。这一时期反转主要聚焦到转基因食品的市场监管和转基因科研管理层面。由于各地频发转基因食品流入市场等市场监管问题，反转情绪呈现忧虑和愤怒的双重夹击，反转由转基因风险的争议与讨论转向实际行动的抵制转基因食品，告知公众如何识别转基因，如何规避转基因食品。

10 年来，反转新闻的报道口吻也由前期的理性、严肃地质疑转基因逐步变成了明确的反转，反转也变得泛娱乐化、情绪化与非理性。"宝宝能吃转基因食品吗？""转基因食品能吃吗？"，以及标题中越来越多的"？"，形象地说明了媒介的转基因态度转向，反转态度愈来愈明显。

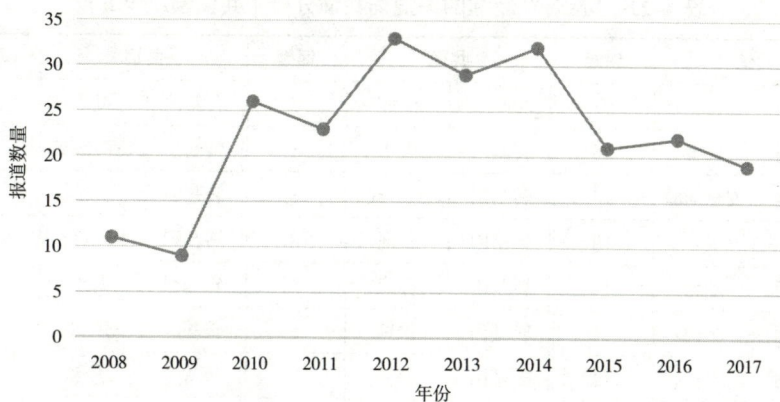

图 4-7　2008—2017 年"反转"新闻报道数量

（2）反转新闻文本的语义分析，主要包括新闻标题的词频分析、关键词共词分析与关键词语义网络分析。①对 223 则反转新闻的标题进行词频分析。首先利用 ROST Content Mining 软件对全部标题进行分词处理，然后进行人工检核。由于新闻标题存在诸多修辞手法，新闻用语个性化表达突出，基于语义分析基本程序[①]，在用软件进行分词后进行了大量的人工检核，对关键词进行清洗、重组、整合与标准化，并对其语义降维与重新概念化。经过统计分析，共得到 143 个关键词，词频较高的关键词有食品、危害、玉米、安全问题、动物、专家、中国、致癌、大米、实验、欧洲、可怕等，这表明反转媒体报道主题是与公众生活紧密相连的转基因议题，媒体也倾向于把转基因与负面词语串联，试图建构转基因的危害性。②关键词、高频词的共词分析。经过统计（见表 4-22），共词频次较高的关键词组合绝大部分是由"转基因

————————
① 刘军. 整体网分析：UCINET 软件实用指南［M］. 上海：上海人民出版社，2014：11-12.

+"组成。从共词的高频次组合来看，反转新闻的报道重点聚集在公众较为关注的转基因食品的危害性、转基因玉米、转基因动物等方面，这样的议程设置折射了反转的媒体化程度与公众的关注点密不可分。

表 4-22 "反转"新闻的关键词共词分析（共词频次 ≥ 6）

共词		词频	共词		词频	共词		词频
转基因	食品	55	转基因	致癌	8	转基因	可怕	7
转基因	危害	26	转基因	大米	8	转基因	泛滥成灾	7
转基因	安全问题	24	转基因	下一代	8	转基因	实验	7
转基因	玉米	18	转基因	欧洲	8	转基因	生死存亡	6
转基因	动物	14	转基因	标识	8	转基因	人类	6
转基因	中国	14	转基因	识别	8	转基因	作物	6
转基因	专家	13	转基因	变异	8	转基因	忧虑	6
转基因	食用油	11	转基因	敢不敢吃	7	玉米	致癌	6

（3）反转新闻的媒体分布与反转程度。反转新闻与媒体属性有密切关系。产制反转新闻的媒体主要是行业性网络媒体、地方纸媒和综合性网络媒体，成为反转新闻的主要阵营。这些媒体为了吸引公众眼球，炮制出转基因风险的极端性，抑或通过议程设置特别处理形成具有轰动效应的转基因话题达成反转。反转的中央级媒体主要来自《南方周末》等南方报系。从反转程度看，反转媒体出现了层次性和分裂性，不同媒体分别建构了不同的反转舆论场。高水平的反转有 21.8%，主要来自行业性网络媒体。中等程度反转有 29.6%，主要来自地方纸媒和行业性网络媒体。低水平反转为 18.6%，各种媒体类型都有所涉及。值得注意的是，一些媒体尤其是官办身份的纸媒系统原本上是挺转或无立场，却因追求新闻效应在新闻标题上进行了技术性处理而形成了事实上的反转后果，比例达到了 24.1%。

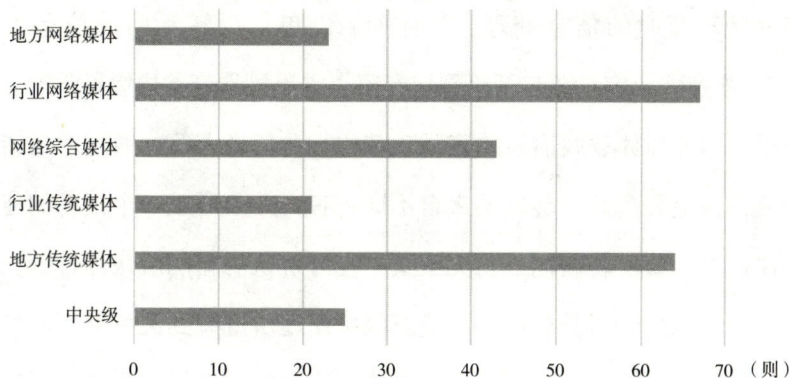

图 4-8　产制"反转"新闻的媒体类型

（4）反转理由。转基因议题夹杂着政治、经济、社会与行业利益博弈等诸多因素，反转理由也呈现多样化（见表 4-23）。媒体反转最主要的原因是认为转基因存在某种风险或危害，秉持这种观点主要是受到一些科学家的转基因研究结论的影响。对转基因食品的市场流通管理和科研管理缺陷的诟病亦是反转的主要原因。转基因食品对某些行业可能带来冲击，如有机食品、传统大豆行业，一些行业性媒体害怕自身行业利益受损而反转。一些媒体的反转理由是"阴谋论"，认为是美国等西方国家对我国的政治阴谋与经济操控。一些媒体则认为转基因是对动植物的人为改造，是不自然的，违反了自然规律。一些网络媒体由于没有任何的生物学知识而被某些利益代言人所利用，由于无知产生恐惧而反转。值得注意的是，从新闻文本中可发现，一些媒体无任何反转理由，纯粹性地反转，形成了反转阵营中的忠实拥趸。

表 4-23　反对转基因理由

反转理由	管理不善	安全风险或危害	经济利益	伦理、宗教原因	西方国家阴谋	无知而恐惧或人云亦云	崇尚自然非人造	其他理由	无理由
百分比	23.2%	33.6%	7.1%	1.9%	3.5%	4.1%	4.9%	2.4%	19.3%

（5）反转新闻的信息处理。整体而言，单篇反转新闻的信息源单一（62.4%），涉及多元信息源包括跨领域专家、主流科学家、边缘科学家、绿色和平组织、国外媒体、政府机构官员、替代行业代言人等。通过对反转新闻作者的分析，绝大多数反转新闻来自不同记者，并未形成一个记者的连续性报道，往往是一篇反转新闻后再无下文。在可辨认的新闻版块处理上，由最初的把反转新闻放到科技版面、行业新闻版面逐步过渡到民生新闻版块与消费版块，甚至不少媒体放在休闲娱乐版块。这种转变已经使得转基因话题由一个科学争议演变成了一个泛娱乐化的社会话题。600字以内的反转新闻占了一半以上（54%），主要产自行业性媒体和地方纸媒。1 000字以上的反转新闻虽有28.2%，大多来自中央级媒体和行业类纸媒。而且，新闻篇幅的多少与时间有着密切关系，随着时间的演变，反转新闻的篇幅愈来愈少，理性、深入与全面地探讨转基因风险被情绪化、短平快的反转新闻文本替代。

（二）转基因事件驱动媒体的反转报道

10年中，国内几乎每年发生几起转基因热点事件。以时间流变透视，转基因热点事件由国外的转基因热点事件关乎国内安全为主转变为以国内转基因争议风险事件和转基因食品管理事件为主。对这些反转新闻内容进行分析，以年为单位，提炼出了反转涉及的主要热点事件（见表4-24）。分析发现，反转新闻报道时间集中度较高，反转新闻往往发生在一年中的几个月，其余月份则极少。结合该年转基因危机事件发生的时间与这些报道时间节点进行相关性分析，转基因事件是驱动媒体反转的重要因素，每发生一件转基因热点事件都导致一些媒体的反转报道。经常是各种转基因安全事件初起，媒体充斥了反转一方的声音，转基因传播呈现脉冲式。

表 4-24　转基因热点事件产生的"反转"新闻报道（则数）

年份	转基因热点事件	相关反转新闻
2008	奥地利科学家证实转基因玉米影响小白鼠繁殖事件	5
2009	雀巢婴儿米粉在中国检出转基因成分事件	3
2010	《国际先驱报》的转基因玉米报道事件	8
2011	金龙鱼转基因大豆事件、"转基因食品清单"网络传播	10
2012	黄金大米事件、法国学者研究发现转基因玉米致癌事件	14
2013	崔永元与方舟子转基因争议事件	16
2014	崔永元拍摄转基因纪录片争议、转基因研究院士李宁事件	9
2015	崔永元与中国农大校长和学生间的转基因争议事件	7
2016	转基因国家检测中心事件、上海幼儿园学生吃转基因食品事件	8
2017	璞谷塘商城事件、黑龙江严查非法转基因种子	7

注：寻找相关反转报道，首先找到某一转基因事件发生后一个月内发生的反转报道（排除对事件本身的报道），接着找到提及或隐含了该事件的反转新闻。

（三）反转新闻的特征

（1）耸人听闻的标题。反转媒体为了吸引社会关注，强化报道内容的戏剧性和冲突性，通常使用耸人听闻的新闻标题。使用各种新闻处理技巧，尽力把转基因与各种能吸引眼球的词汇联系起来。从语义学角度对标题关键词进行分析，可见媒体采用"人类大赌局""转基因会毁灭人类吗""吃死""泛滥""污染""造成灾难""民族生死存亡""被包围""变异""重灾区""入侵""虫子不吃人敢吃吗"等诸多关键词修饰转基因。对比、疑问、夸张等各种修辞手法轮番上场。通过截取专家的个别极端话语、把肯定变为疑问、喜好小概率事件等诸多标题手法形成具有可看性、有争议的新闻标题，引发社会关注，煽动公众情绪。令人惋惜的是，一些媒体扮演支持转基因角色或辟谣角色，但其具有戏剧性的标题往往被误解为反转的支持者。例如，在正文中报道转基因三文鱼研究结论是可以吃，但在标题中则使用"三文鱼能吃吗？"。这种标题增加了新闻的趣味性，但在转基因污名化情境下，疑问号的新闻处理往往被解读为具有危害性。在碎片化阅读时代，一个耸人听闻的标题往往能吸引社会关注，但公众很可能在阅读标题的隐含意义后就不再进一步查看下文穷追讨究。这种新闻标题的处理对于需要大量信息研判的复杂转基因议题而言无疑是不利的。

（2）偏向非主流信息源。由于转基因之科学性与技术性，转基因的话语权往往被科学家垄断[①]。然而，随着转基因争议的泛化，除了科学家，其他利益主体也力图成为媒体的信息源，从而赢得更多关注及达成利益诉求。在反转新闻中，非主流信息源特别明显，偏向非主流科学家、跨界专家和NGO组织的信息，而一线科学家的话语明显缺失。反转新闻喜欢报道研究转基因的法国、美国等欧美国家非主流科学家的研究成果，尤其是地方纸媒和行业性网络媒体往往在报道这些非主流科学家的科研成果时不加分析，只传达信息，并未提出质疑，也没有强调同行评议和呈现多元声音。即使采用主流科学家的信息，反转新闻也可能摘取、曲解甚至是故意误解以吸引社会关注。在转基因社会价值争议的过程中，部分有国际背景的非政府组织兴风作浪，从2005年非法种植转基因水稻事件至今，某和平组织持续关注转基因，成功地将转基因舆论焦点转向转基因水稻的种植风险、安全性与专利归属上[②]。本节研究的实证分析也表明，10年来，自始至终被反转媒体引用的重要信息源是某和平组织。一定程度上而言，这个和平组织是我国媒体反转的最重要推动者和先行者。从最早的我国转基因风险信息到转基因食品流通等热点话题都是由该组织发起的。另外，在国内，一些生态学家、育种院士、知名记者和政治学知名学者等跨界专家时常被反转媒体所引证，这些跨界专家因不同利

① 戴佳，曾繁旭，郭倩. 风险沟通中的专家依赖：以转基因技术报道为例［J］. 新闻与传播研究，2015（5）：32-45.

② 杨莹. 转基因议题建构过程中的"去科学化"现象——基于对报纸媒体的实证分析［J］. 新闻爱好者，2012（1）：5-6.

益诉求形成不同的话语特色，形成了一套反转的自洽逻辑体系。在高反转的新闻中，无引用信息源或信息源不具体明确，既不需要信息源也不需要论证，旗帜鲜明地反对转基因。例如，通常采取"据美国著名科学家研究表明""根据欧洲学者研究结果表明""一份来自法国的研究结果揭示"等无明确具体信息源的报道口吻。

（3）挺转信息陪衬反转信息。反转媒体为了体现新闻的客观准确，通常采用正反信息例证。同时引用挺转信息和反转信息且不主张转基因的风险性，即形式上的客观不偏颇，且一些反转新闻文本内容无立场，使得公众产生客观公正的媒体印象。这种新闻处理技巧虽较难透出媒体态度，但仔细推敲，媒体预设价值，反转立场隐藏其中。其一，挺转信息文本字数远远少于反转信息；其二，引用挺转信息的目的是陪衬反转信息。例如，一些媒体在引用代表挺转的方舟子和代表反转崔永元的信息源时，方舟子信息的内容较少，只提一次，信息内容滞后，而在崔永元新闻叙事中，"崔永元"在标题中和正文里被多次反复提及，报道篇幅较多，置入关键位置，且新闻叙事中往往被塑造成辞去公职、自费拍转基因纪录片、毫无私心等具有良心、社会责任感的转基因专家，而方舟子则是用来配合与映衬反转新闻叙事。在质疑转基因风险的报道中，作为反转信息源往往是明确具体，特别是绿色和平组织这种高调信息源，善于利用各种论证方式反对转基因。而作为挺转信息源，尤其是国内一些一线科学家信息源会顾及自身利益，在反转新闻中时常有不具名、被动失声、回避争议、遮遮掩掩的倾向。较之于高调、明确又具体的反转信息源，语焉不详且给人一种来路不明的挺转信息源强化了公众对转基因的不信任。另一个有趣的现象是，一些媒体本无立场，甚至是支持转基因，但在新闻叙事中提及转基因安全性信息产生了截然相反的效果。如媒体在辟谣"土豆不变颜色是转基因"时，只澄清不分析，使用"土豆不是转基因，请放心食用"等误导公众的标题，隐含了转基因有害的错误逻辑，在辟谣中强化了公众对转基因的恐慌。

（4）善用话语修辞。反转媒体按照自己既定的叙事框架，综合各种修辞手法及其他各种符码体系将原始信息加以包装，有针对性地、有技巧性地放大或重塑转基因危害。主要体现在标题话语修辞和图片修辞。在可分析的223则反转新闻中，标题中有40.2%采用了话语修辞。最普遍的一种修辞手段是采取疑问句形式，用疑问形式质疑转基因的安全性，用疑问形式回应专家肯定的研究结论，用疑问形式提高公众的阅读兴趣。夸张的修辞手法也不少，把转基因的风险性与人类毁灭、生死存亡、灾难等极端现象并列。一些反转媒体把转基因比喻成吃人的老虎，将吃转基因玉米比喻成用手枪自杀等。另外，反问、借代、拟人等修辞手段也散见于反转新闻标题中。另一方面，一些反转媒体用图片修辞解构转基因新闻的科学性与严肃性，强化转基因的风险性。在25.4%的有图片的反转新闻中，对比、夸张和比喻是常用的图片修辞手法。利用异常外形和颜色的事物与常态化的事物进行对比，制造出转基因食品与非转基因食品的差异性，从视觉上强化转基因的风险性和独特性；用悲催的场景、可怕的景象来形容食用转基因的后果，如偌大的注射器、清晰可见的手枪成为转基因的隐喻。这些修辞手法往往出现在缺失新闻把关的行业性网络媒体和地方性网络媒体中。过度话语修辞下的转基因新闻，其科学性和科学价值值得深思。

（5）情绪渲染。第一人称的表述、目击者的现场解读、强烈的对比、夸张的图片、带有疑问的标题与紧张激烈的争辩等新闻叙事方式，加大了转基因安全的争议性和不确定性，凸显了转基因新闻的戏剧与冲突，娴熟的新闻手法能够极大地调动了公众的情绪，加大了公众对转基因的恐慌。另一方面，反转媒体通过本身的情绪宣泄来表达反转态度，透过情绪渲染达成媒体自身的影响力和话语权，消解其科学理性。有高达52.6%的反转新闻有情绪渲染，有37.6%的反转新闻流露出焦虑情绪，担忧转基因的风险与危害。当被发现转基因大米在儿童身上的实验伦理问题，或当转基因食品流入市场而缺乏监管时，反转媒体的愤怒被激发了，悲伤、害怕的情绪有时也会流露。反转媒体的情绪渲染影响着公众的情绪，加剧了公众对转基因食品的抵制。

（四）反转新闻的典型失误

（1）科学报道的精确性问题。由于科技素养和媒介素养等诸多问题，反转媒体有意无意地存在报道的精确性问题。反转新闻报道的精确性问题主要体现新闻标题与文本内容上。首先是新闻标题隐含意义与正文内容基调不一致。如正文内容基调是转基因是否有危害的报道，标题却成了"转基因危害有多大？"；文章探讨的是非转基因种子中夹杂了转基因种子，标题则变成了"转基因污染"；正文内容报道的是没有转基因给农业带来的潜在危害，标题则成了"转基因给中国农业带来的是什么？"。其次是篡改信息源本意或隐瞒其观点。如美国一机构调查美国人对转基因的态度，调查结果呈现为近一半美国人认为转基因可能存在潜在风险，反转媒体则篡改为"过半美国人拒绝转基因"。又如某人因转基因恶意评论获罪的信息，而标题则成了"转基因的罪与罚"。再次，全盘照搬研究结论。反转媒体偏好一些耸人听闻的转基因研究结论。如全盘照搬法国科学家转基因致癌的研究结论，既无质疑，也无其他信息源如同行评价，弹性选择信息源。最后，一些媒体把外形独特的食品归为转基因食品，将某种异常与可怕后果归结为转基因所致。反转报道的精确性问题可能是媒体为吸引关注而有意为之，故意篡改本意，是媒介素养缺失，也可能是把关缺失所致，而有些则是反转媒体的科学素养残缺引发的。

（2）伪专业。大多反转新闻的新闻要素完整，看似专业，信息源明确，采用了案例论证、专家论证、研究成果论证等诸多论证方式，报道风格朴实严谨，甚至有图片有真相，新闻文本表面上富有逻辑性和说服力，但许多反转新闻经不起推敲。经常采用弹性选择策略，具体表现为只说选择性事实，即选择转基因的危害或风险信息；选择性引用信息源，即只选择反转的信息源；选择性报道事实，即只报道转基因问题，从不报道转基因利好信息。引用的虽是专家信息源，但大多是非主流科学家。信息源虽明确但不具体，笼统地使用"欧洲著名学者的研究表明"等表述，既无具体时间，也无作者姓名，即使有，很多是查无此人无法溯源。又如有些媒体为了体现转基因报道的客观公正，使用正反两面的转基因态度信息源来平衡报道基调，但在新闻处理技巧上却使用"呈现挺转信息是更好地说明反转"等手段，呈现挺转信息时蜻蜓点水，采取抽象表述，理论演绎，而呈现反转信息时长篇累牍，列出一大堆转基因缺陷，例子佐证，专家旁证。反转新闻的伪专业给公众留下了"转基因的危害是客观真实存在的"这一印象，容易误导公众，存在较大欺骗性。

（3）盲目追求新闻轰动效应。科技报道需要较强的专业性知识和操作技能，需要客观、严谨地报道科技信息。然而，反观这些反转新闻，淡化理性的科学色彩，娱乐价值往往越过事实，有意或无意地赋予转基因浓厚的社会属性，采取多样化的话语修辞，甚至为追求轰动效应不惜违反新闻事实，导致转基因科学议题转变为社会议题与政治议题，使得原本专业、严肃的转基因新闻变成了百姓茶余饭后消遣的娱乐佐料，转基因的泛娱乐化现象极为明显。一则"小崔还在撕转基因食品啊？科学界都开始撕转基因定制婴儿了"的标题印证了媒体对转基因的泛娱乐化。新闻文本并无立场，但为了吸引关注，采用具有争议性的图片场景加以强调（如普通公众举着反转标志）。反转新闻的通俗化报道口吻，转基因新闻放到民生新闻、休闲娱乐版面，夸张的新闻标题、争议性的转基因话题、冲击性的图片，使得原本该认真严肃地探讨的复杂的转基因问题变得扑朔迷离，乌烟瘴气，全民陷入狂欢又焦虑不安。

（4）极端例证。报道小概率事件虽可吸引社会关注，并不能客观反映事物的本质特征。反转媒体时常使用极端例子来故意放大或扭曲转基因风险，转基因新闻的科学性由此丧失殆尽。偏爱那些非主流科学家的研究成果，喜欢报道那些可能存在风险的极端案例，甚至不惜编造极端例子达成反转目的。较为规范的反转新闻报道国外一些科学家的转基因安全性的研究结论，而一些行业性网络媒体用某些极端案例佐证转基因的危害性。另一个现象是媒体常把转基因形容成"天使与魔鬼"的极端式的二元选择。这种极端式的例证不仅不能客观真实地呈现转基因的本质，还加大了对转基因安全性的争议，加剧了公众对转基因的错误认知，事实上形成了媒体的反转。

四、转基因科学传播的媒介反思

10 年来反转新闻的传播，使转基因具有的单纯科学属性逐渐被政治因素、社会因素甚至是娱乐因素所渗透，在我国转基因议题已标签化、污名化甚至是妖魔化，事实上造成了今天我国许多公众对转基因的反对态度。反转新闻一方面是受到社会环境因素的影响，尤其是受到国外反转信息源的影响，欧盟浓厚的反转氛围、非主流科学家研究结论裹挟以及高调的非营利组织等诸多境外信息源，先期影响了媒体的反转新闻制造，反转雏形渐露。政府角色的被动与缺场、黄金大米等转基因热点事件和一些关键反转"斗士"等国内环境因素事实上催生了大量的反转新闻，形成了反转的主导态度和社会情绪；另一方面，媒体自身因素问题也是形成大量反转新闻的重要原因。科学知识的严重匮乏、把关人缺席、盲目追求市场效应、新闻专业主义的缺失、媒介素养良莠不齐等诸多媒体自身因素，在面对转基因科学传播问题时，媒体有意无意地反转。虽有如《人民日报》等主流媒体挺转的明确立场与主流科学家的明确表态，但其声音与观点时常淹没在舆论漩涡中[①]。挺转信息被反转媒体和广大无立场媒体的大量信息所掩盖，即使少数媒体加入挺转阵营中，但由于其专业性缺陷或盲目追求轰动效果，结果不是消除了民众对转基因的恐慌，而是加速了这种反转的认知和情绪。

转基因的科学传播首先需培育一个权威性的科学共同体，形成专业性的科学信息沟通机制。科学新闻不像其他类型新闻，需高门槛、严要求地保障科学传播的严谨和专业，避免科学信息的扭曲和异化。权威专业的科学共同体能够打通科学信息的各环节，对科学信息尤其是具有争议性、前沿性的科学信息形成主流看法，达成专业性共识，并建立一套专业有效的科学信息发布机制，使得科学共同体主导下的主流观点和专业共识能够在科学家、政府、媒介和公众间等利益各方中畅通，确保科学信息合理、准确且有效地流动。这方面，西方国家较为成熟的"限时禁发制度"科学传播机制可以借鉴。科学共同体会事先把研究成果给注册的记者学习并请同行评议，但记者不能在研究成果发表前报道，记者按上述程序完成稿件后，还有资深科学编辑把关，若遇到争议性或棘手的科学问题，媒体咨询常驻媒体的资深科学家，确保报道内容的精准性，确保科学信息在生产链上的每一环节准确地流动，遵照同行评议、基于证据、言责自负与观点多元的科学规则传播信息[②]。目前我国的科学传播环境虽存在诸多问题，培育专业权威的科学共同体并形成这样的科学传播机制的障碍不少，但随着媒体专业主义精神的提升和科学素养的不断提高，逐渐地建立适合我国的科学传播机制是有可能的。科学共同体不仅能够传播主流的科学信息，还可面对科学信息的多元主张与多元利益诉求而有针对性地进行科学传播。在科学传播中，只有针对性地满足各利益主体的诉

---

① 贾宝余. 中国转基因作物决策 30 年：历史回顾与科学家角色扮演 [J]. 自然辩证法研究，2016，32（7）：29–34.

② 贾鹤鹏. 为什么中国伪科学横行 [J]. 今日科苑，2013（11）：12–16.

求，科学传播才有效[①]。

其次，转基因的科学传播要求媒体具备合格的科学素养和专业性的新闻操作。要形成专业权威的转基因科学报道，需要媒体招聘更多具备科学背景的非人文类记者，避免常识性错误报道，科学记者要具备甄别主流科学结论与引起误导的话语的能力，形成科学议题的长期追踪和累积效应，使得科学记者成为专业化与职业化程度较高的媒体岗位。尤其是对待带来重大社会影响的科学争议，媒体应谨慎地寻求更可靠的信息源，完整地表现事件的逻辑过程，把握宏观真实、客观真实与本质真实，而不是盲目追求科学争议的轰动效应，忽略了科学本身。反转新闻的制造很大程度上是由转基因热点事件催生出来的，这需要媒介在报道转基因热点事件时，发出积极而理性的声音，尽可能地采用具备主流科学知识的信息源，让主流信息源"占领"各媒体，进而让科学传播的主流知识影响广大公众。这是因为转基因争议或危机事件的关键时刻，是媒体和公众最为关注转基因议题的重要节点，是科学传播的最佳时机。反转新闻偏爱非主流信息源一方面是由于对主流科学家的信任问题，另一方面是在转基因事件发生后主流科学家并没有积极主动发声，而非主流或跨界专家却积极发声，尤其是那些所谓的专家由于某种利益诉求而积极提供信息源。这要求媒介在采用各类信息源时，需要做好把关，形成过滤机制，对那些积极主动的信息源提供者提出质疑，根据多元信息源相互印证而淘汰那些不具建设性价值的信息源，提高科学信息的准确性与真实性。

避免转基因新闻的错误报道还需规范媒体属性和提升媒体的行业操守。盲目追求市场化的都市纸媒，缺乏把关的网络媒体是反转的主动推动者，给转基因的科学传播带来了深重危机。特别需要注意的是，造成今天国内的反转情绪很大程度上是网络媒体，尤其是自媒体所为。事实上，美国的反转浪

---

① 陈鹏，张林. 互联网时代科学传播如何自治和有为——以转基因、PX 项目的科学传播为例［J］. 中国科学院院刊，2016，31(12)：1395-1402.

潮也来源于网络媒体尤其是自媒体的兴起。因此，媒体一方面需要根据自身的媒体定位，明确在科学传播中的角色与使命，规范科学报道行为，使得传统媒体、行业性媒体和新媒体在科学传播中各司其职。对于新兴的网络媒体，不仅仅需要行业自律，更需要完善相关的法律法规，加强非政治性议题尤其是科学议题信息传播的严格管理，强制性地规范科学报道行为。另一方面需要提高媒体的道德素养和新闻操守，在科学传播中尤其是报道具有争议性的科学事件时做到客观公允，避免过度报道和情绪性宣泄，体现媒体的社会责任感与人文关怀。

形成良性的科学传播，不仅是媒介对当下科学新闻问题的反思，还需其他科学传播环节通力合作。在整合产制科学传播的诸多环节中，被动缺失的主流科学家、利益勾连的行业代理人、莫衷一是的政府立场和乏善可陈的管理能力、科学素养参差不齐等诸多问题都是引发反转的因素。中国的科学传播，尤其是科学争议的新闻报道任重道远，需要中国社会利益各方通力合作，发挥出科学传播的本来价值，助益中国的科学发展。

第四节　食品谣言为什么容易产生？专家信息源的作用

越来越多的专家通过社交媒体账户建立了风险沟通影响力，专家在社交媒体中与公众就风险直面沟通成为风险沟通治理的常见模式。然而，公众眼中的专家与专家的实际角色存在较大差异，风险沟通效果也存在不同。本实证研究以转基因食品风险为例，通过 2×2（科学名人与业内科学家 vs 传统媒体与社交媒体）的被试间设计，分析微博环境中不同风险专家角色通过不同风险信息传播渠道对公众的风险认知与信息行为的影响差异。

一、引言

由于微博具有信息传播快速、互动等优势，通过微博进行风险沟通成为风险治理的有效手段。如《人民日报》《中国青年报》等官微时常向广大粉丝发布食品安全信息。广大公众也经常从微博中获取风险信息，并把所感知到的风险信息告诉周围亲朋好友。微博在风险沟通中扮演着重要角色[①]，已成为食品风险沟通的主要渠道之一。在传统风险沟通领域，风险信息源是风险沟通成败的关键。针对公众关心的食品安全问题，传统媒体采访行业内专家，通过权威专业信息解读食品风险议题，是食品安全风险交流的重要内容，也是食品风险沟通的常用手段。然而，在以微博为代表的自媒体时代，人人都可建构自己的食品风险话语权，原本在食品风险沟通中媒体、专家的各自角色被打破，媒体很可能不采访专家直接在社交媒体中原创风险信息，专家也可能绕过媒体直接通过自己的社交媒体账户发布风险信息。专家、意见领袖（包括传统媒体）的话语争夺在微博上非常显著[②]。一些传统媒体微博账户在传播食品风险信息时直接扮演专家角色，其发布的食品风险信息看不出信息来源，其结论也不具科学性，却得到广大粉丝的点赞和转发。社交媒体、传统媒体与专家争夺食品风险沟通的话语权影响到了传统食品风险沟通模式，对当前食品风险管理带来了严峻挑战。以新浪微博为例，许多专家都建立了自己的个人化媒体，试图通过社交媒体扩大科学影响力。一些专家（如中国农大食品营养学院范志红副教授）的微博粉丝达到几十万，甚至上百万，其对食品沟通管理的影响不可小觑。而且，在风险专家沟通领域，值得关注的一个现象是，不同的专家试图参与到食品风险沟通中，通过公开传播科学论点

---

① 王宇琦，曾繁旭. 谣言澄清与民众赋权——社会化媒体在风险沟通中的角色担当 [J]. 当代传播，2014（2）：14–18.

② 曾繁旭，戴佳，王宇琦. 技术风险 VS 感知风险：传播过程与风险社会放大 [J]. 现代传播，2015（3）：40–46.

来影响政府政策。如在国内的转基因食品安全议题上，许多专家利用各种媒体渠道公开发表转基因食品安全的观点与论点，试图证明自己的言说是正确的。甚至一些在科学界知名度很高的资深专家跨领域发表对转基因的看法，形成了专家内部对转基因风险看法的很大差异。专家内部的差异很容易导致公众无所适从，对于食品风险沟通管理是一大挑战。食品风险沟通中专家是关键角色，那么，风险沟通专家角色差异对公众风险的影响是否有差异？风险沟通专家角色差异通过不同传播渠道进行风险沟通对公众的影响是否有差异？不同食品风险传播渠道（社交媒体与传统媒体渠道）对公众风险影响是否存在差异？这是本节开展研究的方向。

二、理论回顾与研究假设

（一）食品风险传播渠道与公众风险

食品风险被认为是利益相关者的社会建构，而风险传播渠道在风险生成与传播中扮演重要角色。大众媒体对于风险沟通管理起着至关重要作用。然而，传统的食品风险传播主要依托大众传媒，由于多种原因导致风险信息不可能在信息源与公众之间自由流动，公众基本上处于一种被动的接受风险信息的位置，而风险沟通的原则则要求风险信息在信息源与公众之间快速准确地流动。以微博、微信为代表的社交媒体的出现则符合了食品风险沟通的双向互动的原则。与传统的风险传播渠道相比，社交媒体很可能在风险传播管理中发挥越来越重要的作用[①]。然而，在食品风险沟通中，很多问题是由于社

---

① MEI J S A, BANSAL N, PANG A. New media: a new medium in escalating crises［J］. Corporate communications, 2010(15): 143–155.

交媒体用户错误传播信息而导致的[①]。作为食品风险沟通者，重视社交媒体中的风险信息是非常必要的，必须重视社交媒体在食品风险沟通中的影响。在某些特殊情境中，比起传统媒体，公众认为社交媒体更可信[②]。然而，有研究证明在危机传播中传统媒体比社交媒体对公众的影响更大[③]。鉴于我国社交媒体环境复杂，社交媒体的相关制度不完善，管理落后，以及近几年社交媒体出现的食品谣言事件，本书提出：

假设1：相较于社交媒体，从传统媒体渠道发出的风险信息使得公众的风险认知水平更高。

社交媒体会影响公众的信息搜集行为，也会影响他们如何接受和理解这些风险信息[④]。不同传播渠道对公众传播行为产生的影响可能也不一样。在问题解决情境理论中，传播行为可以分为信息获取、信息筛选和信息分享[⑤]。信息获取其实是一种信息消费行为，信息筛选则是公众对信息消费有一定要求，而信息分享是公众的一种传播欲望，属于二次传播，即风险信息首先从官方或当事者通过媒体传播，公众获知后由于传播欲望导致风险信息再一次传播。在有强大把关机制的传统媒体中，公众很少有条件和机会进行放大性的二次

① FERNANDEZ L, KARLSEN R, MELTON B. Health trust: a social network approach for retrieving online health videos [J]. Journal of medical internet research, 2012, 14(1): 14–22.

② PROCOPIO C H, PROCOPIO S T. Do you know what it means to miss new Orleans? Internet communication, geographic community, and social capital in crisis [J]. Journal of applied communication research, 2007, 35(1): 67–87.

③ AUSTIN L, LIU B F, JIN Y. How audiences seek out crisis information: exploring the social–mediated crisis communication model [J]. Journal of applied communication research, 2012, 40(2): 188–207.

④ RUTSAERT P, REGAN A, PIENIAK Z, et al. The use of social media in food risk and benefit communication [J]. Trends in food science and technology, 2013, 30(1): 84–91.

⑤ KIM J N, GRUNIG J E. Problem solving and communicative action: a situational theory of problem solving [J]. Journal of communication, 2011, 61(1): 120–149.

传播，由此二次传播现象在以往的风险沟通中未被重视。在用户生成内容的社交媒体环境下，社交媒体使用者会创造自己的危机信息，而不是简单地传播危机。因此，二次传播现象对整个危机（风险）沟通的影响越来越大，对二次传播的研究显得尤其必要 ①。公众基于不同媒体传播的信息风险认知下产生二次风险传播行为是有差异的。在上面已经论述过，社交媒体因有互动性和草根性特点，使用社交媒体让人觉得非常有面子和时尚感，公众有条件进行信息生产和信息消费，微博中的转发、评论功能使得公众生产和传播信息极为便捷，因此在接收到社交媒体中的风险信息后便可立即转发和评论。但是实证研究结果却并不如此。与社交媒体和线下口碑相比，危机信息通过报纸媒体渠道传播更容易引起人们的二次危机传播 ②。可能是在三种信息传播中，传统媒体更具可信性和权威性，人们更有兴趣谈论来自传统媒体的信息。于是本书提出：

假设 2：相较于社交媒体，从传统媒体渠道发出的风险信息使得公众的信息分享行为更活跃。

对于信息源与传播渠道交互作用对公众的危机信息传播行为的影响，传统媒体比社交媒体更容易引发公众对危机信息进行搜索 ③。因此，本书提出：

---

① SCHULTZ F, UTZ S, GRITZ A. Is the medium the message? Perceptions of and reactions to crisis communication via twitter, blogs and traditional media［J］. Public relations review, 2011, 37(1): 20–27.

② UTZ S, SCHULTZ F, GLOCKA S. Crisis communication online: how medium, crisis type and emotions affected public reactions in the Fukushima Daiichi nuclear disaster［J］. Public relations review, 2013, 39(1): 40–46.

③ AUSTIN L, LIU B F, JIN Y. How audiences seek out crisis information: exploring the social–mediated crisis communication model［J］. Journal of applied communication research, 2012, 40(2): 188–207.

假设 3：相较于社交媒体，从传统媒体渠道发出的风险信息使得公众的信息获取行为更活跃。

传统媒体客观公正报道的长期操守形成了高公信力，而低把关的社交媒体可能被认为信任度低。这样一来，公众对来自传统媒体的风险信息更加相信，而对来自社交媒体的风险信息更显怀疑，更可能对这些风险信息进行核实和筛选。因此，本书提出：

假设 4：相较于传统媒体，从社交媒体渠道发出的风险信息使公众的信息筛选行为更活跃。

（二）食品风险专家角色差异与公众风险

由于风险的不确定性与复杂性，以及风险沟通的专业性，作为高信任度的专家，对于风险的认识是权威的，专家对于风险的解读可能使得公众更清楚地认识风险。因此，在实际的风险沟通中时常依赖专家来界定和解读风险。然而，专家也有不同层次，可以分为领域内专家、其他领域专家和公众眼中的专家[①]。当专家为某一特定领域的科学家时，他们在实际中必须把自己的研究集中在某个学科中的非常有限的领域内，集中在非常狭小的问题上。与此相悖的现象是，许多技术性问题具有复杂性、综合性、跨学科等特征，一定意义上使科学家知识的局限性暴露出来。其他专业领域的专家在对待同一种技术风险问题时，他们与公众一样不具备专业知识，相对其他领域仍是外行，对于特定风险的感知同样来源于专业科学家的信息传递，所以可能与公众的

---

① 王娟，胡志强. 专家与公众的风险感知差异 [J]. 自然辩证法研究，2014，30（1）：49-53.

风险感知类似。另外，公众中的专家本身就与公众有一致的观点和价值观，所以这类专家与公众的风险感知有更明显的一致性。如生物伦理学家也是生物风险方面的专家，他们通过生与死做出是非判断。不同的生物学家对于解释一个生物方面的事件时的结果是一样的，但是不同的生物伦理学家对同一事件的解释很可能完全不同[①]。即使是某一领域的科学家，他们对于风险的认识也存在差异。比如不同时期的毒理学专家对于实验论证"生物和化学实验对人类健康是否有益"这一问题的看法并不一致，传统的病毒学家赞成实验论证的科学性和合法性，现在的病毒学家对动物实验和病菌实验的合法性往往持怀疑态度[②]。不同立场的专家的风险感知也不同。一项针对丹麦公众对农药风险的感知调查，比较了专家与专家的感知差异，研究结果显示科学家是独立的，尤其是学术界的科学家没有机会参加外界的决策，只有封闭的数据来源；工业生产的数据在商业层面来说也是保密的；从工业角度看学术界科学家，可认为他们是没有价值的，因为学术界科学家只是基于开放的数据来说明风险问题[③]。综上所述，风险传播涉及很多信息源，不同信息源带着不同角度与不同的利益诉求。来自社会需求、学科发展和个人动机等方面的力量，使科学家的传统角色产生分化，很多科学家带有特定利益诉求从事公共议题研究[④]。甚至很多科学家带有自己的偏见，直接传播给公众[⑤]。

大众媒体传播风险信息主要是记者依靠专家去帮助解释和解读事件以保

① MARJORIE K. "Dr. Soundbite": the making of an expert source in science and medical stories [J]. Science communication, 2012, 34(5): 566–591.

② NANCY N, TORBJORN M, PAUL S. Intuitive toxicology: expert and lay judgments of chemical risks [J]. Toxicologic pathology, 1994, 22(2): 198–201.

③ ANDERS B. Regulating pesticide risks in denmark: expert and lay perspectives [J]. Journal of environmental policy and planning, 2006, 8(4): 309–330.

④ 文剑英. 学院科学家角色的新分化 [J]. 自然辩证法研究，2012，28(12)：46–50.

⑤ GOLDBERG J P, SLIWA S A. Communicating actionable nutrition messages: challenges and opportunities [J]. Proceedings of the nutrition society, 2011, (1): 26–37.

证客观性和权威性。很多媒体在进行风险传播时倾向于采访各种专家角色，试图给公众更多的风险决策参考。其中两种专家角色经常见诸报端，即业内科学家和科学界名人。就某一特定领域而言，除了该专业领域的科学家外，其他领域内的专家包括科学名人都可称作外行。因此，较之于科学名人，业内科学家的风险知识更专业，对风险的判断更权威。公众在判断食品风险时更倾向于相信业内科学家，而不是科学名人。普通公众面对具有高技术含量的现代风险时，要了解复杂的科技风险，势必需要对外获取权威信息。有研究证实，对风险的不确定性导致了公众对风险信息的获取行为更为活跃①。公众也会对风险信息进行核实和筛选，提炼出认为比较有价值的风险信息。同时，公众在意识到风险存在时，也可能倾向于把风险信息告诉周围的人。因此，本书提出：

假设5：相较于科学名人，从业内科学家发出的风险信息使公众的风险认知更高。

假设6：相较于科学名人，从业内科学家发出的风险信息使公众的信息获取更活跃。

假设7：与业内科学家相比，从科学名人发出的风险信息使公众的信息筛选更活跃。

假设8：与科学名人相比，从业内科学家发出的风险信息使公众的信息分享更活跃。

---

① WARD P R, HENDERSON J, COVENEY J, et al. How do South Australian consumers negotiate and respond to information in the media about food and nutrition? [J]. Journal of sociology, 2011, 48(1): 23–41.

三、实验设计

本节研究的目的是探讨不同风险传播渠道（传统媒体和社交媒体）与不同风险专家角色（科学名人与业内科学家）对公众的风险认知和风险传播行为的影响差异（见图4-9）。关键变量包括了自变量之信息传播渠道和风险专家角色两种，因变量之风险认知和风险传播行为。因此采取实验法找出自变量之间的作用关系，并弄清楚自变量对因变量的影响差异。

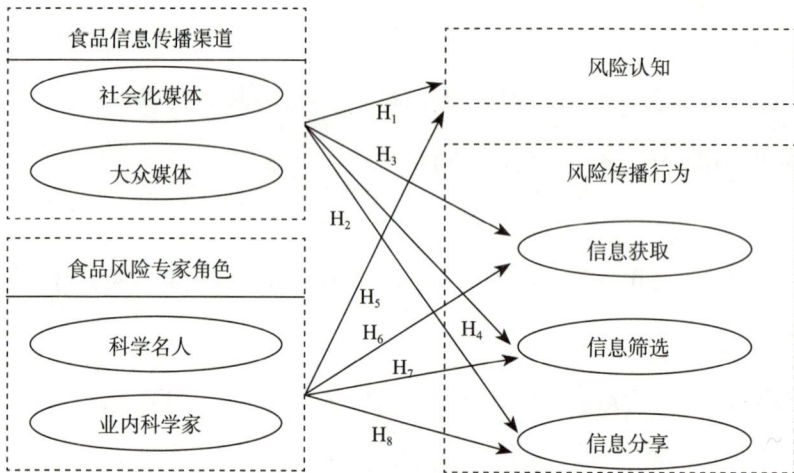

图 4-9 实验研究构架

（一）实验材料与实验对象

本实验采取双因素的被试间设计，即采取 2×2 的被试间设计。实验刺激材料选择转基因食品安全风险类型。目前国内舆论焦点之一是转基因食品风险议题，不同专家通过各种形式对转基因食品发表见解，而不同媒体渠道也传播不一样的转基因风险信息，公众也非常关注转基因食品风险。在实验刺激内容呈现方式上，参考传统媒体中食品风险新闻报道的呈现方式和微博环境中微博呈现方式进行设计。本实验选择福州某综合性大学实施，该大学的生源来自全国各地。本实验招募的实验对象是具有社交媒体使用经验的人群，而且要求是有一定的社会实践或工作经验的学生。这样，作者通过各种努力招募了本实验要求的人数：每个实验小组人数为40，共4个实验小组，这样参加实验的总人数达到40×4=160人。

（二）变量测量

1. 自变量

信息传播渠道为社交媒体、传统媒体。社交媒体采用年轻人群经常使用的微博，传统媒体采用年轻人群经常接触的《中国青年报》，而且《中国青年报》在传统媒体中的影响力较大，具有代表性。风险专家角色分别是科学名人之中国工程院院士钟南山和行业内科学家之复旦大学生命科学学院转基因研究负责人马红。钟南山作为中国工程院院士，是2003年抗击非典的重要人物，是我国重要的医学病毒专家，公开曝光的频率较高，在我国公众中具有一定的知名度和影响力，是科学界的名人。马红作为活跃在国际生物技术研究领域的科学家，在基因重组与转基因研究方面国际上具有较大的影响力和较高的知名度，转基因方面的影响因子较高。另外，为了体现传播渠道和信息源的真实性，在传统媒体上的风险信息方面虚拟出中国青年报社记者对科学名人钟南山的采访原话和对业内科学家马红的采访原话；在微博信息上，虚拟出两位专家的微博账户，并把设计好的内容植入到微博账户中。

2. 因变量

（1）风险认知：风险认知的测量主要参考 Sparks 和 Shepherd 的研究量

表①，从风险熟悉性、严重性、风险暴露程度进行测量。

（2）风险传播行为：根据 Kim 和 Grunig 的研究量表②，风险传播行为主要由风险信息获取、风险信息筛选和风险信息分享行为三个部分组成。

（三）实验实施

为了保障实验顺利完成，作者邀请了 1 名具有研究经验的博士同学作为实验实施的助手，负责联络实验对象，协调实验地点，准备实验前的所有材料。正式实验中，首先由作者宣读实验的任务、实验要求、实验操作的基本程序，以及实验中出现的伦理问题。然后，实验助手发放已经设计好的实验问卷到实验对象手中，并提醒实验问卷是根据所看到的材料进行填写。接着作者打开已经准备好的实验情境材料，实验对象根据实验材料填答问卷，实验对象填写完之后交给实验助手，实验助手发放已经准备好的小礼品给参与对象作为答谢。在一个实验情境完成之后，清理实验场所，并准备好下一组的实验材料。接着邀请下一组的实验对象，按照实验材料展示、刺激、填写的顺序进行，一共完成了 4 个小组的实验。在实验完成后，作者和实验助手对实验问卷进行检查，确保实验问卷填答符合研究要求。

---

① SPARKS P, SHEPHERD R. Public perceptions of the potential hazards associated with food production and food consumption: an empirical study [J]. Risk analysis an official publication of the society for risk analysis, 1994, 14(5): 799–806.

② KIM J N, GRUNIG J E. Problem solving and communicative action: a situational theory of problem solving [J]. Journal of communication, 2011, 61(1): 120–149.

四、数据分析

（一）食品风险传播渠道与专家角色对风险认知的影响差异分析

对因变量风险认知进行双因子方差分析，数据显示（见表4-26），传播渠道与专家角色两个自变量对因变量风险认知的影响没有交互效应［F（1，156）=2.131，$P > 0.05$］。通过进一步的主要效应方差分析，A 因素之媒体渠道影响作用非常显著（F=17.487，$P < 0.001$），并由表4-25得知，传统媒体的边际均值为4.75，社交媒体的边际均值为4.22，传统媒体对实验对象的风险认知的影响明显高于社交媒体。因此，假设1得到验证。B 因素之专家角色影响作用也比较显著（F=8.964，$P < 0.01$），通过对其主要效应进行比较分析，由表4-25得知，科学界名人均值为4.67，而业内科学家均值为4.29，科学界名人对实验对象的风险认知的影响明显高于业内科学家的影响。因此，假设5没有得到验证。

表4-25　传播渠道与专家角色对风险认知的影响差异之描述统计

传播渠道	专家角色	均值	标准差
传统媒体	科学界名人	4.84	0.655
	业内科学家	4.65	0.640
	合计	4.75	0.651
社交媒体	科学界名人	4.50	0.937
	业内科学家	3.94	0.914
	合计	4.22	0.962
总和	科学界名人	4.67	0.822
	业内科学家	4.29	0.862
	总计	4.48	0.861

表 4-26　传播渠道与专家角色对风险认知影响差异之方差分析

变异来源		III 型平方和	自由度	均方	F 值
传播渠道（A）	SS_a	11.157	1	11.157	17.487***
专家角色（B）	SS_b	5.719	1	5.719	8.964**
$A \times B$	SS_{ab}	1.360	1	1.360	2.131
误差项	$SS_{s/ab}$	99.530	156	0.638	

注：*$P < 0.05$，**$P < 0.01$，***$P < 0.001$。

（二）食品风险传播渠道与专家角色对公众的风险传播行为影响差异分析

首先，分析食品风险传播渠道与专家角色对信息获取行为的影响差异，数据显示（见表 4-28），传播渠道与专家角色对信息获取的影响没有交互效应 [$F(1, 156)=0.472$，$P > 0.05$]。通过进一步的主要效应方差分析，A 因素之媒体渠道影响作用非常显著（$F=18.936$，$P < 0.001$），由表 4-27 得知，传统媒体均值为 4.44，社交媒体均值为 4.12，所以传统媒体对实验对象的信息获取行为的影响明显高于社交媒体。因此，假设 2 得到验证。B 因素之专家角色影响作用也显著（$F=5.245$，$P < 0.05$），对其主要效应进行比较分析，由表 4-27 得知，科学界名人均值为 4.37，而业内科学家均值为 4.20，表明来自科学界名人的风险信息比来自业内科学家的风险信息使得实验对象的信息获取行为更为活跃。因此，假设 6 没有得到验证。

表 4-27　传播渠道与专家角色对信息获取的影响差异之描述统计

传播渠道	专家角色	均值	标准差
传统媒体	科学界名人	4.55	0.417
	业内科学家	4.33	0.495
	合计	4.44	0.468
社交媒体	科学界名人	4.18	0.500
	业内科学家	4.07	0.422
	合计	4.12	0.464
总和	科学界名人	4.37	0.494
	业内科学家	4.20	0.476
	总计	4.28	0.491

表 4-28 传播渠道与专家角色对信息获取影响差异之方差分析

变异来源		III 型平方和	自由度	均方	F 值
传播渠道（A）	SS_a	4.011	1	4.011	18.936***
专家角色（B）	SS_b	1.111	1	1.111	5.245*
$A \times B$	SS_{ab}	0.100	1	0.100	0.472
误差项	$SS_{s/ab}$	33.044	156	0.212	
注：*$P < 0.05$，**$P < 0.01$，***$P < 0.001$					

其次，分析食品风险传播渠道与专家角色对信息筛选行为的影响差异。数据显示（见表 4-30），传播渠道与专家角色对信息筛选的影响没有交互效应 [$F(1, 156)=0.002$，$P > 0.05$]。通过进一步的主要效应方差分析，A 因素之媒体渠道影响作用显著（$F=5.036$，$P < 0.05$），对其主要效应进行比较分析，由表 4-29 得知，传统媒体的边际均值为 3.53，社交媒体的边际均值为 3.74，所以社交媒体对实验对象的信息筛选的影响明显高于传统媒体。因此，假设 3 得到验证。B 因素之专家角色影响作用也显著（$F=4.277$，$P < 0.05$），对其主要效应进行比较分析，由表 4-29 得知，科学界名人的边际均值为 3.54，而业内科学家的边际均值为 3.73，表明来自业内科学家的风险信息比来自科学名人的风险信息使得公众的信息筛选行为更为活跃。因此，假设 7 没有得到验证。

表 4-29 传播渠道与专家角色对信息筛选的影响差异之描述统计

传播渠道	专家角色	均值	标准差
传统媒体	科学界名人	3.43	0.545
	业内科学家	3.63	0.479
	合计	3.53	0.519
社交媒体	科学界名人	3.64	0.638
	业内科学家	3.84	0.708
	合计	3.74	0.677
总和	科学界名人	3.54	0.599
	业内科学家	3.73	0.610
	总计	3.64	0.611

表 4–30　传播渠道与专家角色对信息筛选影响差异之方差分析

变异来源		III 型平方和	自由度	均方	F 值
传播渠道（A）	SS_a	1.806	1	1.806	5.036*
专家角色（B）	SS_b	1.534	1	1.534	4.277*
$A \times B$	SS_{ab}	0.001	1	0.001	0.002
误差项	$SS_{s/ab}$	55.947	156	0.359	

注：*$P < 0.05$，**$P < 0.01$，***$P < 0.001$。

最后，分析食品风险传播渠道与专家角色对信息分享行为的影响差异，数据显示（见表4–32），传播渠道与专家角色对信息分享的影响没有交互效应［$F(1, 156)=1.322$，$P > 0.05$］。通过进一步的主要效应方差分析，A 因素之媒体渠道影响作用比较显著（$F=10.001$，$P < 0.05$），对其主要效应进行比较分析，由表 4–31 得知，传统媒体均值为 4.25，社交媒体均值为 3.89，所以传统媒体对实验对象的信息分享行为的影响明显高于社交媒体。因此，研究假设 4 得到验证。由于 B 因素之专家角色影响作用也显著（$F=4.345$，$P < 0.05$），对其主要效应进行比较分析，由表 4–31 得知，科学界名人的边际均值为 4.19，而业内科学家的边际均值为 3.95，表明来自科学名人的风险信息比来自业内科学家的风险信息使得公众的信息分享行为更为活跃。因此，假设 8 没有得到验证。

表 4–31　传播渠道与专家角色对信息分享影响差异之描述统计

传播渠道	专家角色	均值	标准差
传统媒体	科学界名人	4.44	0.660
	业内科学家	4.07	0.785
	合计	4.25	0.745
社交媒体	科学界名人	3.94	0.905
	业内科学家	3.83	0.528
	合计	3.89	0.739
总和	科学界名人	4.19	0.826
	业内科学家	3.95	0.675
	总计	4.07	0.762

表 4-32　传播渠道与专家角色对信息分享影响差异之方差分析

变异来源		III 型平方和	自由度	均方	F 值
传播渠道（A）	SS$_a$	5.378	1	5.378	10.001**
专家角色（B）	SS$_b$	2.336	1	2.336	4.345*
A × B	SS$_{ab}$	0.711	1	0.711	1.322
误差项	SS$_{s/ab}$	83.883	156	0.538	

注：*$P < 0.05$，**$P < 0.01$，***$P < 0.001$。

五、讨论与结论

（一）结果讨论

统计结果表明，无论是对风险认知的影响，还是对风险信息获取行为，或是信息筛选行为，抑或是信息分享行为，信息传播渠道都体现出了显著的影响力。传统媒体渠道发出的风险信息比社交媒体渠道发出的风险信息使得公众的风险认知水平更高，使得公众的信息获取行为更活跃，使公众的信息筛选行为更不活跃，使得公众的信息分享行为更为活跃。研究结果与Friederike 等学者的研究结果一致[1]，即传统媒体比社交媒体使得公众对风险二次传播更活跃，公众更有兴趣谈论来自传统媒体的风险信息，也更愿意传播来自大众媒体的风险信息。这也反映了社交媒体虽然对公众的风险认知与风险行为产生了影响，但这种影响会受到其他因素的影响。因此，社交媒体虽然给公众带来了更多传播的可能性，但公众的实际风险传播行为和传播能力可能受到诸多因素的影响。社交媒体的使用者只是关注新闻信息，而不是自我创造新闻并加以传播。由于传统媒体的专业、权威、客观和公信力，公众在风险情境等特殊时刻更相信传统媒体，公众的风险认知水平更高，更愿意消费来自传统媒体的风险信息，也更愿意传播来自传统媒体的危机信息，而

---

[1]　SCHULTZ F, UTZ S, GRITZ A. Is the medium the message? Perceptions of and reactions to crisis communication via twitter, blogs and traditional media [J]. Public relations review, 2011, 37(1): 20-27.

不是来自社交媒体的风险信息。值得注意的是，传统媒体渠道使得公众的信息筛选行为更不活跃，这恰好证实了传统媒体的强大影响力：公众对来自传统媒体渠道的风险信息更不会质疑和核实，更加愿意把来自传统媒体的风险信息告诉他人，而公众对来自社交媒体渠道的风险信息倾向于持更多的质疑和不相信。

实验研究结果也表明，风险专家角色对公众的风险认知和风险传播行为产生了重要影响，且科学名人比业内科学家对公众的风险认知和风险信息传播行为的影响更大。假设5、6、7、8都没有得到验证。具体而言，来自科学名人的风险信息比来自业内科学家的风险信息使得公众的风险认知水平更高，使得公众的信息获取行为更活跃，也使得公众的信息分享行为更活跃，但使公众的信息筛选行为更不活跃。换言之，科学名人的影响力比业内科学家更大。一般而言，业内科学家在某一食品安全领域进行长期研究，对这一领域的食品安全风险状况有比较深入的了解，如长期研究转基因食品的主流科学家，对于转基因的食品风险比一般科学家更加清楚，他们的言论更具专业性和权威性。相反，与业内科学家相比，科学名人对食品安全风险领域的了解相对没有那么透彻和深入，其言论也相对缺乏权威性和专业性，业内科学家的影响力比科学名人更大。但研究结论却相反，这很可能有几方面的原因：其一可能是实验刺激条件的限制，在本节的控制实验的具体操作中，实验主持人并没有通过言语把科学名人和业内科学家进行解释，只是通过书面语言对科学名人和业内科学家进行了简介，很可能造成实验对象只知道科学名人，而并未过多考虑业内科学家这一特殊身份；其二是作为普通公众，会倾向于认为科学名人和业内科学家的专业性都很强，他们的言语都有说服力，但科学名人的知名度更高，在食品风险情境中的信任感更高，影响力自然也更大。尤其是转基因这种高科技的生物技术风险，普通公众对转基因食品不了解，即使是专家，对于转基因食品风险也存在不同的看法，且这种不同的看法经过媒体的传播已经公开化，很大程度上影响了普通公众对转基因食品风险的认知，很可能使得公众更在乎哪个专家更有名气，哪个专家经常暴露于媒体中，而不是风险本身。有研究证实，科学家对公众的影响很显著，但经常暴露在公开场合的非从事本行业研究的所谓公共专家对公众的影响最大[①]；其三，与科学名人相比，业内科学家与产业利益紧密相连，可能存在为该行业利益代言的嫌疑，在政策咨询与引导公共舆论时很难扮演"诚实代理人"角色。以前暴露出的一些危机事件背后似乎有业内科学家的利益博弈。由此，一旦与社会公众存在利益冲突，业内科学家的发声未必是事实，这在某种程度上削弱了业内科学家的影响力。

（二）结论

经过数据分析与结果讨论后发现：

（1）风险传播渠道本身对公众的风险认知和风险传播行为的影响显著，且风险信息通过传统大众媒体渠道传播比通过社交媒体渠道传播对公众的影响更大。根据研究结果，信息传播渠道的主效应非常显著，表明风险传播渠道本身对公众的影响是显著的，这也显示了公众不仅关注风险信息内容，同时也关注风险信息传播渠道。风险信息通过何种媒体渠道对公众施加影响是有差异的。风险信息通过传统的大众媒体比通过社交媒体进行传播更能提高公众的风险认知水平，使得公众的信息获取行为更为活跃，也使得公众的风险信息分享行为更为活跃。然而风险信息通过大众媒体渠道进行传播比社交媒体渠道传播使得公众的信息筛选行为更不活跃，这表明公众更倾向于相信大众媒体传播的风险信息，更不会对此进行质疑和核实，显示了大众媒体的强大影响力。大众媒体确实会对公众的风险认知产生重要影响。虽然社交媒

---

① SEAN D Y, LAUREN H, DEVAN J, et al. Feasibility of recruiting peer educators for an online social networking–based health intervention [J]. Health education journal, 2012(4): 1–7.

体的影响比不上大众媒体，但的确对公众也产生了影响，正如 Pieter 等学者的研究①，社交媒体会影响公众如何接受和理解这些危机信息，也会影响他们的信息搜寻行为。因此，公众在食品风险情境中在意的不仅是风险信息内容，也在意风险信息从何种渠道发出的。

（2）专家角色对处在食品风险情境中的公众产生了显著影响，且科学名人比行业专家对公众的食品风险认知和风险传播行为的影响更显著。根据研究结果，专家角色的主效应非常显著，这表明专家角色对食品风险情境中的公众产生了显著影响。但不同的专家角色对公众的影响是有差异的。在转基因食品风险情境中，科学名人信息源比业内专家角色使得公众的风险认知水平更高，使公众的信息获取行为更活跃，也使公众的信息分享行为更活跃，科学名人信息源比行业专家角色使得公众对风险信息更不会产生质疑，更不会对这些风险信息进一步核实。这表明，处在转基因食品风险情境中的公众由于缺乏对转基因知识的了解，形成了对专家角色的依赖，在复杂的转基因风险面前做出选择时，在乎的是哪个专家更有名气，更有名气的专家意味着有更高的信任感。

（三）研究启示

从具体的管理实践来看，本节研究为风险沟通管理者提供了一个工具，并建议在新媒体环境下风险沟通要全面考察各种传播渠道的作用和影响力，考虑到不同传统媒体渠道对危机风险沟通效果的影响，建议整合新旧媒体，特别要把社交媒体的传播渠道纳入风险沟通管理范畴。本节研究的结果表明，大众传统媒体的权威、客观、可控的优势在食品风险沟通中起着关键作用。

---

① RUTSAERT P, REGAN A, PIENIAK Z, et al. The use of social media in food risk and benefit communication［J］. Trends in food science and technology, 2013, 30(1): 84–91.

但社交媒体对于食品风险沟通的作用越来越大，迫使我们重新反思传统的食品安全风险沟通模式，必须改变自上而下的食品风险沟通的单一模式，完善食品安全风险信息的发布制度，从整体构架宏观层面考虑风险沟通，提高食品风险沟通的有效性。本书研究的结果还表明，社交媒体环境中的信息源和信息传播方式会对处在食品风险情境中的公众产生显著的影响，食品风险沟通管理者要重视社交媒体环境中的各种风险信息源，尤其要重视大众媒体的微博账户和专家微博账户，他们的一言一行对公众的影响是巨大的。同时要重视微博环境中的风险信息传播方式，特别是转发第三方机构微博信息的传播方式对公众的影响也是显著的，要参与到社交媒体环境中的风险沟通中去，用第一手的真实信息和权威信息主动去传播，去干预各种社会化环境中的风险信息源，引导他们的风险信息传播行为，特别要重视这些信息源的风险二次传播行为的关注。

食品风险沟通需正确、合理地利用专家角色。越来越多的专家出现在食品风险沟通中，这样产生了一个问题：食品风险沟通的专家大量的增加，而各种专家看到风险的视角有差异，对于食品风险的认识也不一样，甚至这种不同看法已经公开化和白热化（如不同专家对转基因食品争论），使得公众无所适从。而许多媒体站在自己的利益角度而选择有利于媒体的专家，导致风险沟通中的偏颇。出现了一种尴尬境地：专家在风险沟通中的增多，带来的不是可信度的增加，而是信任度的下降。本书研究结果证实，在转基因食品风险情境中，科学名人比行业专家的影响力更大。一般而言，目前从事转基因食品研究的行业内的主流科学家对转基因风险是最具权威和发言权的，而科学名人不仅依靠专业，更可能依赖于在科学界已有的名气和影响力而发声。这意味着风险沟通管理者在选择专家角色时需要谨慎，务必要选择该领域的权威专家，从事该领域的主流专家，而不是仅仅是靠名气与影响力的科学名人。大众媒体在进行风险传播时也要加强对专家本身的研究和考察，选择具有发言权的行业内的主流专家。研究结论也提醒，专家应注重提高自身的价值判断、文献积累、实际经验等，行业内的主流科学家应该要走到大众中，传播科学的风险知识，而科学名人要加强自身的言语，保证每一句话都有科学根据和事实证据支撑，而不是利用自己的名气去控制公众，使各种专家在实际的风险沟通中发挥正面的社会效益。

新媒体环境下，风险沟通变得碎片化，需要重新思考社交媒体风险沟通模式。社交媒体风险沟通是一项协同工作，需要诸多领域的专家共同协作致力于提升公众的科学素养。本书尝试性地提出一种新模式：社交媒体风险沟通专家共同体。专家共同体的主体包括科学家共同体、科技记者共同体、主管科技的官方共同体和爱好科技的普通公众共同体。通过社交媒体搭建一个风险沟通平台，引入并激励科学传播的诸多领域专家共同参与到风险信息的建构过程中，明晰专家角色与定位，设置对话规程与沟通机制，专家之间就风险议题进行公开、平等的辩论与对话，了解与理解对方的话语意义与立场，各方提出竞争性的观点与意见，通过不断反复的辩论与对话，寻找一种协商性的解决方案。社交媒体风险沟通专家共同体平台通过多方对话与辩论形成观点汇聚与意见集市，公众可完整地了解风险议题的来龙去脉，不会偏听一方观点推翻另一方观点，公众透过多方论据辩论与互动而理解风险，由此增加公众对专家的信任度，还原科学与风险的本来面目。

社交媒体风险议题因专家共同体内部的科学认识共识度与利益共识度形成四种社交媒体风险状态。第一种是高科学认识共识度、高利益共识度，此种风险状况对风险沟通较为有利，各方意见基本一致，风险沟通的社交媒体策略主要是采取规范统一的权威性信息传播模式；第二种是低科学认识共识度、低利益共识度，该风险状态较为少见，一般是新兴科学问题且尚未形成利益勾连。风险沟通的社交媒体策略主要是多提供前沿资讯与及时发布科学研究成果，各方专家就风险议题深入探讨，逐步提升科学认识；第三种是高科学认识共识度、低利益共识度，此种风险状态表明科学认识较为明确统一，但各方利益的冲突与对抗导致风险传播的不确定，社交媒体风险沟通策略需要专家间平等对话与互动，防止某一方主动话语权，各方观点有机会平等、公开地交互，让公众清楚了解不是科学风险存在不确定性，而是各方利益差异所为；第四种是低科学认识共识度、高利益共识度。该风险状态反映了科学风险存在巨大争论，但利益一致。社交媒体风险沟通策略需要主流科学家主动发声，在多方对话中掌握话语权，学会讲好科学故事，把科学语言转化为公众理解的语言，影响其他专家共同体，以便于意见逐步趋同。

科学认识共识度与利益共识度的差异常常引发争议性风险事件，社交媒体沟通专家共同体需要建立一个公共协商的沟通路径。第一，提供准确与权威的信息；第二，汇聚多元视角与观点，让讨论更具广泛性与协商性；第三，建立评价标准，即观点要符合公众利益；第四，解决方案的评价，要充分考虑各种解决方案对利益相关者的影响；第五，各方有话语机会，并能准确传达到公众；第六，尊重不同观点且充分理解对方，不可打压对方；第七，用对方理解的语言与符号进行对话；第八，尽量使用各种社交媒体传播手段与对话工具来解决冲突。

（四）局限性与进一步研究

限于能力和成本，本节研究在样本等方面有所不足：

（1）在研究样本与研究对象上。本实验样本是大学生群体，其研究结果也未必能反映所有公众的立场。未来研究有必要采集非学生样本，例如纳入对食品安全更为关注且经常使用社交媒体的家庭主妇作为研究对象。另外，本节研究在食品安全风险类型上只处理了转基因食品风险，在后续的研究中可纳入更多的食品风险类型，提高研究结论的解释力。

（2）在实验内容上，自变量之专家信息源只处理了科学名人和业内专家。随着社交媒体的普及，各种专家基于不同利益考虑试图参与到风险建构中，例如生物科技伦理学家、科技领域的政策咨询专家等专家都活跃在风险沟通中。在实际的微博风险传播中，各种信息源相互交错，越来越多的主体试图通过微博等社交媒体建构话语权和影响力。因此，在接下来的研究中可考虑纳入更多的风险专家、更多的微博风险信息源进行考察，以便提高食品风险沟通的有效性。

参考文献

一、中文部分

[1] 蔡骐. 大众传播中的明星崇拜和粉丝效应 [J]. 湖南师范大学社会科学学报, 2011 (1): 131-134.

[2] 蔡骐. 粉丝型受众探析 [J]. 新闻与传播研究, 2011 (2): 33-41.

[3] 蔡骐, 肖芃. 文化与商业建构的粉丝虚拟社区——解析果粉与威锋网 [J]. 国际新闻界, 2012 (7): 92-96.

[4] 陈霖, 杨培. 大众传播媒介对"粉丝"亚文化的再现——以央视对"杨丽娟事件"的报道为例 [J]. 文艺研究, 2012 (4): 35-41.

[5] 陈鹏, 张林. 互联网时代科学传播如何自洽和有为——以转基因、PX 项目的科学传播为例 [J]. 中国科学院院刊, 2016, 31 (12): 1395-1402.

[6] 戴佳, 曾繁旭, 郭倩. 风险沟通中的专家依赖: 以转基因技术报道为例 [J]. 新闻与传播研究, 2015 (5): 32-45.

[7] 丁柏铨. 新媒体语境中重大公共危机事件舆论触发研究 [J]. 新闻大学, 2012 (4): 109-117.

[8] 董小玉, 胡杨. 风险社会视域下媒介污名化探析 [J]. 新闻大学, 2011, 109 (3): 55-58.

[9] 范敬群, 贾鹤鹏, 张峰, 等. 争议科学话题在社交媒体的传播形态研究——以"黄金大米事件"的新浪微博为例 [J]. 新闻与传播研究,

2013（11）：106–115.

［10］方兴东，张笑容. 大集市模式的博客传播理论研究和案例分析［J］. 现代传播（中国传媒大学学报），2006（3）：68–73.

［11］郭小平. 论传媒对公众"风险认知"的建构［J］. 湖南大众传媒职业技术学院学报，2007，7（2）：32–35.

［12］郭颖. 微博传播的影响力及其发展分析［J］. 湖北社会科学，2012（2）：191–193.

［13］胡百精. 健康传播观念创新与范式转换——兼论新媒体时代公共传播的困境与解决方案［J］. 国际新闻界，2012（6）：6–10.

［14］胡百精，李由君. 互联网与共同体的进化［J］. 新闻大学，2016（1）：87–95.

［15］胡卫中. 消费者食品安全风险认知的实证研究［D］. 杭州：浙江大学，2010.

［16］黄季焜，仇焕广，白军飞，等. 中国城市消费者对转基因食品的认知程度、接受程度和购买意愿［J］. 中国软科学，2006（2）：61–67.

［17］贾宝余. 中国转基因作物决策30年：历史回顾与科学家角色扮演［J］. 自然辩证法研究，2016，32（7）：29–34.

［18］贾鹤鹏. 为什么中国伪科学横行［J］. 今日科苑，2013（11）：12–16.

［19］贾鹤鹏，范敬群. 转基因何以持续争议——对相关科学传播研究的系统综述［J］. 科普研究，2015（1）：83–92.

［20］金兼斌，吴欧. 科学家参与科学传播的知行反差：价值认同与机构奖惩的角度［J］. 新闻与传播研究，2018（2）：20–33.

［21］赖泽栋. 粉丝，偶像危机中社交媒体的管理代理人［J］. 宁德师范学院学报，2017（1）：24–27.

［22］李彪，郑满宁. 微博时代网络水军在网络舆情传播中的影响效力研

究——以近年来 26 个网络水军参与的网络事件为例［J］. 国际新闻界，2011（10）：30–36.

［23］李丰荣，雷震，王利森. 体育粉丝与当代大众体育文化［J］. 成都体育学院学报，2011（5）：59–62.

［24］李瑞娟. 社交中介的政治危机传播［D］. 中国台北：台湾政治大学，2016.

［25］刘振声. 社交媒体依赖与媒介需求研究——以大学生微博依赖为例［J］. 新闻大学，2013（1）：119–129.

［26］刘军. 整体网分析：UCINET 软件实用指南［M］. 上海：格致出版社，2014.

［27］刘燕，纪成君. 食品消费者风险认知的研究［J］. 中国食物与营养，2010（11）：46–49.

［28］龙强，吴飞. 社会理性、日常抵抗与反专家话语——当代中国科学传播失灵及其调适［J］. 当代传播，2016（5）：48–50.

［29］马奔，陈雨思. 如何构建有效的风险沟通［J］. 公共行政评论，2018（2）：176–186.

［30］马锋，周东华. 现代风险报道中的传播悖论［J］. 国际新闻界，2007（10）：29–33.

［31］孟登迎.“亚文化”概念形成史浅析［J］. 外国文学，2008（6）：93–102.

［32］尼克·皮金，罗杰·E·卡斯帕森，保罗·斯洛维奇. 风险的社会放大［M］. 谭宏凯，译. 北京：中国劳动社会保障出版社，2010.

［33］彭兰. 传播者、公众、渠道：博客传播的深层机制［J］. 上海师范大学学报（哲学社会科学版），2007，36（6）：83–97.

［34］琼尼·琼斯. 社会媒体与社会运动［J］. 陈后亮，译. 国外理论动态，

2012（8）：38-47.

［35］邱鸿峰，熊慧. 环境风险社会放大的组织传播机制：回顾东山 PX 事件［J］. 新闻与传播研究，2015（5）：46-57.

［36］SELLNOW T L, ULMER R R, SEEGER M W, et al. 食品安全风险交流方法：以信息为中心［M］. 李强，译. 北京：化学工业出版社，2012.

［37］史安斌. 危机传播研究的"西方范式"及其在中国语境下的"本土化"问题［J］. 国际新闻界，2008（6）：22-27.

［38］孙娟，王志伟. 体育粉丝研究［J］. 体育文化导刊，2012（7）：39-42.

［39］孙燕. 谣言风暴：灾难事件后的网络舆论危机现象研究［J］. 新闻与传播研究，2012（5）：52-62.

［40］陶东风. 培文读本丛书—粉丝文化读本［M］. 北京：北京大学出版社，2009：275.

［41］陶贤都，陈曼琼. 科学争议与网民的认知变化——基于腾讯微博"崔方之争"的内容分析［J］. 科学学研究，2016，34（4）：496-502.

［42］王大鹏，贾鹤鹏. 促进科学家参与科学传播需政策与机制并重［J］. 科学报，2017，62（35）：4083-4088.

［43］王进安. "粉丝"昵称及其语言规范［J］. 福建师范大学学报，2010（2）：125-129.

［44］王娟，胡志强. 专家与公众的风险感知差异［J］. 自然辩证法研究，2014，30（1），49-53.

［45］王炜，刘力，周佶，等. 大学生对艾滋病的乐观偏差［J］. 心理发展与教育，2006，22（1）：47-51.

［46］王宇，孙鹿童. 风险放大视野下的食品安全报道——以"福喜问题肉"报道为例［J］. 现代传播，2016（7）：38-42.

［47］王宇琦，陈昌凤. 社会化媒体时代政府的危机传播与形象塑造：以天津港 "8·12" 特别重大火灾爆炸事故为例［J］. 新闻与传播研究，2016（7）：47-59.

［48］王宇琦，曾繁旭. 谣言澄清与民众赋权——社会化媒体在风险沟通中的角色担当［J］. 当代传播，2015（2）：14-18.

［49］魏景霞. 微博传播特点的再思考［J］. 新闻界，2012（7）：53-56.

［50］乌尔里希·贝克，约翰内斯·威尔姆斯. 自由与资本主义：与著名社会学家乌尔里希·贝克对话［M］. 路国林，译. 杭州：浙江人民出版社，2001：119.

［51］谢耘耕，徐颖. 新媒体环境下突发公共事件的信源管理研究［J］. 新闻与传播研究，2011（4）：58-67.

［52］谢晓非，李洁，于清源. 怎样会让我们感觉更危险——风险沟通渠道分析［J］. 心理学报，2008，40（4）：456-465.

［53］熊继，刘一波，谢晓非. 食品安全事件心理表征初探［J］. 北京大学学报（自然科学版），201147（1）：175-184.

［54］杨嫚. 沟通的错位：公众风险认知与科学议题报道［J］. 科学学研究，2014，32（4）：481-492.

［55］杨莹. 转基因议题建构过程中的 "去科学化" 现象——基于对报纸媒体的实证分析［J］. 新闻爱好者，2012（1）：5-6.

［56］禹卫华. 从手机谣言到恐慌行为：影响因素与社会控制［J］. 新闻与传播研究，2011（6）：57-64.

［57］张葵阳. 微博传播条件下的拟态环境研究［J］. 宁波大学学报（人文科学版），2012，25（5）：124-128.

［58］周应恒，卓佳. 消费者食品安全风险认知研究——基于三聚氰胺事件下南京消费者的调查［J］. 农业技术经济，2010（2）：89-96.

二、英文部分

［1］ALDOORY L, KIM J N, TINDALL N. The influence of perceived shared risk in crisis communication: Elaborating the situational theory of publics［J］. Public relations review, 2010, 36(2): 134–140.

［2］ALDOORY L, VAN D M. The role of perceived "shared" involvement and information overload in understanding how audiences make meaning of news about bioterrorism［J］. Journalism and mass communication quarterly, 2006, 83(2): 346–361.

［3］KLINKE A, RENN O. A new approach to risk evaluation and management: risk–based, precaution–based, and discourse–based strategies［J］. Risk analysis an official publication of the society for risk analysis, 2002, 22(6): 1071–1094.

［4］ANDREA C K, LIA J S, DANIEL J F. Exposure to electronic nicotine delivery device(ENDS) visual imagery increases smoking urge and desire hhs public access［J］. Psychol addict behav, 2016, 30(1): 106–112.

［5］DUDO A, CHOI D H, SCHEUFELE D A. Food nanotechnology in the news. Coverage patterns and thematic emphases during the last decade［J］. Appetite, 2011, 56(1): 78–89.

［6］BENOIT W L. Image repair discourse and crisis communication［J］. Public relation review, 1997, 23(2): 177–186.

［7］KOC B, CEYLAN M. Consumer–awareness and information sources on food safety: a case study of eastern Turkey［J］. Nutrition and food science, 2009, 39(6): 643–654.

［8］BLANTON H, AXSOM D, MCCLIVE K P, et al. Pessimistic bias in comparative evaluations: a case of perceived vulnerability to the effects of negative life events [J]. Personality and social psychology bulletin, 2001, 27(12): 1627–1636.

[9] BOTAN C H, SOTO F. A semiotic approach to the internal functioning of publics: implications for strategic communication and public relations [J]. Public relations review, 1998, 24(1): 21–44.

[10] BRNSTRM R, KRISTJANSSON S, ULLÉN H. Risk perception, optimistic bias, and readiness to change sun related behaviour [J]. European journal of public health, 2006, 16(5): 492–497.

[11] LIU B F, AUSTIN L, JIN Y. How publics respond to crisis communication strategies: the interplay of information form and source [J]. Public relations review, 2011, 37(4): 345–353.

[12] COELHO M P. Unrealistic optimism: still a neglected trait [J]. Journal of business and psychology, 2010, 25(3): 397-408.

[13] CHOI Y, LIN Y H. Consumer responses to mattel product recalls posted on online bulletin boards: exploring two types of emotion [J]. Journal of public relations research, 2009, 21(2): 198–207.

[14] COOMBS W T. Attribution theory as a guide for post–crisis communication research [J]. Public relations review, 2007, 33(2): 135–139.

[15] COOMBS W T, HOLLADAY S J. Further explorations of post–crisis communication: effects of media and response strategies on perceptions and intentions [J]. Public relations review, 2009, 35(1): 1–6.

[16] COOMBS W T, HOLLADAY S J. The negative communication dynamic: exploring the impact of stakeholder affect on behavioral intention [J]. Journal of communication management, 2007, 11(4): 300–312.

[17]COTTLE S. Ulrich Beck,"risk society" and the media a catastrophic view[J]. European journal of communication, 1998, 13(1): 5–32.

[18] DALE S M, MARIA R C, STEPHANIE L, et al. E–Cigarette marketing exposure is associated with e–cigarette use among US youth [J]. Journal of adolescent health, 2016(6): 1–5.

[19] HARRINGTON D W, ELLIOTT S J, CLARKE A E. Frames, claims and audiences: construction of food allergies in the Canadian media [J]. Public understanding of science, 2012, 21(6): 724–739.

[20] DECAMP M. Physicians, social media, and conflict of interest [J]. Journal of general internal medicine, 2012, 28(2): 299–303.

[21] DHOLAKIA U M. A motivational process model of product involvement and consumer risk perception [J]. European journal of marketing, 2001, 35(11): 1340–1360.

[22] ELIZABETH G K, MICAH B, NATALIE H, et al. Online e–cigarette marketing claims: a systematic content and legal analysis [J]. Tob regul sci, 2016, 2(3): 252–262.

[23] REDMOND E C, GRIFFITH C J. Consumer perceptions of food safety risk, control and responsibility [J]. Appetite, 2004, 43(3): 309–313.

[24] ERIN K M, JOSEPH N C. Does vaping in e–cigarette advertisements affect tobacco smoking urge, intentions, and perceptions in daily, intermittent, and former smokers? [J]. Health communication, 2016, 31(1): 129–138.

[25] FREWER L, LASSENB J, KETTLITZ J, et al. Societal aspects of genetically modified foods [J]. Food and chemical toxicology, 2004, 42(7): 1181–1193.

[26] FREWER L J, SHEPHERD R. Attributing information to different sources:

effects on the perceived qualities of information, on the perceived relevance of information, and on attitude formation [J]. Public understanding of science, 1994(3): 385–401.

[27] FREWER L J, SALTER B. Public attitudes, scientific advice and the politics of regulatory policy: the case of BSE [J]. Science and public policy, 2002, 29(2): 137–145.

[28] FREWER L J, SCHOLDERER J, BREDAHL L. Communicating about the risks and benefits of genetically modified foods: the mediating role of trust [J]. Risk analysis an official publication of the society for risk analysis, 2003, 23(6): 1117–1133.

[29] SCHULTZ F, UTZ S, GRITZ A. Is the medium the message? Perceptions of and reactions to crisis communication via twitter, blogs and traditional media [J]. Public relations review, 2011, 37(1): 20–27.

[30] GOLD R S. Unrealistic optimism and event threat [J]. Psychology, health and medicine, 2008, 13(2): 193–201.

[31] GRUNIG J E. Furnishing the edifice: ongoing research on public relations as a strategic management function [J]. Journal of public relations research, 2006, 18(2): 151–176.

[32] GRUNERT K G. Current issues in the understanding of consumer food choice [J]. Trends in food science and technology, 2002, 285(13): 275–277.

[33] HALLAHAN K. The dynamics of issues activation and response: an issues processes model [J]. Journal of public relations research, 2001, 13(1): 27–59.

[34] HARRIS P. Sufficient grounds for optimism? The relationship between

perceived controllability and optimistic bias [J]. Journal of social and clinical psychology, 1996, 15(1): 9–52.

[35] HELWEG–LARSEN M, SHEPPERD J A. Do moderators of the optimistic bias affect personal or target risk estimates? A review of literature [J]. Personality and social psychology review, 2001, 5(1): 74–95.

[36] PAEK H J, KIM S, HOVE T, et al. Reduced harm or another gateway to smoking? Source, message, and information characteristics of e–cigarette videos on YouTube [J]. Journal of health communication, 2014, 19(5): 545–560.

[37] JONGE J D, TRIJP H V, Renes R J, et al. Consumer confidence in the safety of food and newspaper coverage of food safety issues: a longitudinal perspective [J]. Risk analysis an official publication of the society for risk analysis, 2010, 30(1): 125–142.

[38] ROSE J P, ENDO Y, WINDSCHITL P D, et al. Cultural differences in unrealistic optimism and pessimism: the role of egocentrism and direct versus indirect comparison measures [J]. Personality and social psychology bulletin, 2008, 34(9): 1236–1248.

[39] JIANG J, HUANG Y H, WU F, et al. At the crossroads of inclusion and distance: organizational crisis communication during celebrity–endorsement crises in China [J]. Public relations review, 2015(41): 50–63.

[40] KASPERSON R E, KASPERSON J X. The social amplification and attenuation of risk [J]. Annals of the American academy of political and social science, 1996, 545(1): 95–105.

[41] KIM J N, GRUNIG J E. Problem solving and communicative action: a situational theory of problem solving [J]. Journal of communication,

2011, 61(1): 120–149.

[42] KIM J N, NI L, SHA B L. Breaking down the stakeholder environment: explicating approaches to the segmentation of publics for public relations research [J]. Journalism and mass communication quarterly, 2008, 85(4): 751–768.

[43] KNIGHT A J, WARLAND R. Determinants of food safety risks: a multi-disciplinary approach [J]. Rural sociology, 2005, 70(2): 253–275.

[44] KUMKALE G T, ALBARRACÍN D, SEIGNOUREL P. The effects of source credibility in the presence or absence of prior attitudes: implications for the design of persuasive communication campaigns [J]. J Appl Soc Psychol, 2010, 40(6): 1325–1356.

[45] KRUCKEBERG D, VUJNOVIC M. The death of the concept of publics (plural) in 21st century public relations [J]. International journal of strategic communication, 2010, 4(2): 117–125.

[46] ALDOORY L, KIM J N, TINDALL N. The influence of perceived shared risk in crisis communication: elaborating the situational theory of publics [J]. Public relations review, 2010, 36(2): 134–140.

[47] LIN W, HUANG J, BAI J. Consuers' willingness to pay for genetically modified foods in China [J]. Journal of international food and agribusiness marketing, 2006, 18(1): 177–203.

[48] AUSTIN L, LIU B F, JIN Y. How audiences seek out crisis information: exploring the social–mediated crisis communication model [J]. Journal of applied communication research, 2012, 40(2): 188–207.

[49] MCCARTHY M, BRENNAN M, RITSON C, et al. Food hazard characteristics and risk reduction behavior: the view of consumers on the

island of Ireland [J]. British food journal, 2006, 108(10): 875–891.

[50] HILLS M. Michael jackson fans on Trial? "Documenting" emotivism and fandom in wacko about jacko [J]. Social semiotics, 2007, 17(4): 459–477.

[51] CHEN M F. Consumer trust in food safety—a multidisciplinary approach and empirical evidence from Taiwan [J]. Risk analysis an official publication of the society for risk analysis, 2010, 28(6): 1553–1569.

[52] KENT M L, TAYLOR M. Toward a dialogic theory of public relations [J]. Public relations review, 2002, 28(1): 21–37.

[53] MICHELLE P, ROY N. Understanding the effect of stigmatization on food consumer knowledge, perception and behavior in Northern Ireland [J]. International journal of consumer studies, 2008, 32(4): 366–373.

[54] MINJI K, LUCY P, BONNIE H, et al. Effects of e-cigarette advertisements on adolescents' perceptions of cigarettes [J]. Health communication, 2019, 34(4): 290–297.

[55] MITCHELL V W. Consumer perceived risk: conceptualizations and models [J]. European journal of marketing, 1999, 33(2): 163–195.

[56] GETCHELL M C, SELLNOW T L. A network analysis of official Twitter accounts during the West Virginia water crisis [J]. Computers in human behavior, 2016, 54(1): 597–606.

[57] MURPHY M. Social media and the fire service [J]. Fire technology, 2013, 49(1): 175–183.

[58] CARSLAW N. Communicating risks linked to food e the media's role [J]. Trends in food science and technology, 2008, 19(1): 14–17.

[59] KRONBERGER N, HOLTZ P, KERBE W, et al. Communicating Synthetic

Biology: from the lab via the media to the broader public [J]. Syst synth biol, 2009(3): 19–26.

[60] RENN O. Risk perception and communication: lessons for the food and food packaging industry [J]. Food additives and contaminants, 2005, 22(10): 1061–1071.

[61] WARD P R, HENDERSON J, COVENEY J, et al. How do South Australian consumers negotiate and respond to information in the media about food and nutrition? [J]. Journal of sociology, 2011, 48(1): 23–41.

[62] PETRESCU D C, VASILJEVIC M, PEPPER J K, et al. What is the impact of e–cigarette adverts on children's perceptions of tobacco smoking? An experimental study [J]. Tobacco control, 2016, 26(4): 421–427.

[63] POKHREL P, HERZOG T, FAGAN P, et al. E–cigarette advertising exposure, explicit and implicit harm perceptions, and e–cigarette use susceptibility among nonsmoking young adults [J]. Nicotine tob res, 2019, 21(1): 127–131.

[64] POORTING W, PIDGEON N F. Trust in risk regulation: cause of consequence of the acceptability of GM food [J]. Risk analysis an official publication of the society for risk analysis, 2005, 25(1): 199–209.

[65] PRENTICE K J, GOLD J M, CARPENTER W T. Optimistic bias in the perception of personal risk: patterns in schizophrenia [J]. American journal of psychiatry, 2005(3): 507–512.

[66] QINGHUA Y, JIAYING L, KIRSTEN L, et al. Does seeking e–cigarette information lead to vaping? Evidence from a national longitudinal survey of youth and young adults [J]. Health communication, 2019, 34(1): 298–305.

［67］RODITIS M, DELUCCHI K, CASH D, et al. Adolescents' perceptions of health risks, social risks, and benefits differ across tobacco products ［J］. Journal of adolescent health, 2016, 58(1): 558–566.

［68］KASPERSON R E, RENN O, SLOVIC P, et al. The social amplification of risk: a conceptual framework ［J］. Risk analysis an official publication of the society for risk analysis, 1988, 8(2): 177–187.

［69］ROWE S B. Communicating science–based food and nutrition information ［J］. The journal of nutrition, 2002, 132(8): 2481–2484.

［70］SANDMAN P M. Risk communication: facing public outrage ［J］. Environment protection assessment journal, 1987(13): 2–21.

［71］SANDRA L J, SALLYANN M C, LIXIA Z, et al. Prevalence of excess sodium intake in the united states ［J］. Morbidity and mortality weekly report, 2012, 64(2): 1394–1410.

［72］SAVADORI L. Expert and public perception of risk from biotechnology ［J］. Risk analysis an official publication of the society for risk analysis, 2004, 24(5): 1289–1299.

［73］SCHERER C W, CHO A. Social contagion theory of risk perception ［J］. Risk analysis an official publication of the society for risk analysis, 2003, 23(2): 261–267.

［74］SCHULTZ F, UTZ S, GRITZ A. Is the medium the message? Perceptions of and reactions to crisis communication via twitter, blogs and traditional media ［J］. Public relations review, 2011, 37(1): 20–27.

［75］SELF C C. Hegel, habermas, and community: the public in the new media era ［J］. International journal of strategic communication, 2010, 4(2): 78–92.

［76］SHA B L. Cultural identity in the segmentation of publics: an emerging theory of intercultural public relations ［J］. Journal of public relations research, 2006, 18(1): 45–65.

［77］SIEGRIST M. A causal model explaining the perception and acceptance of gene technology ［J］. Journal of applied social psychology, 1999(29): 2093–2106.

［78］SLOVIC P. Perceptions of risk ［J］. Science, 1987, 236(17): 280–285.

［79］SLOVIC P, FISCHHOFF B, LICHTENSTEIN S. Why study risk perception? ［J］. Risk analysis an official publication of the society for risk analysis, 1982, 2(2): 83–93.

［80］SLOVIC P, FISCHHOFF B, LICHTENSTEIN S. Rating the risks ［J］. Environment, 1979, 21(3): 14–20.

［81］SMITH D, RIETHMULLER P. Consumer concerns about food safety in Australia and Japan ［J］. International journal of social economics, 1999, 26(6): 724–741.

［82］UTZ S, SCHULTZ F, GLOCKA S. Crisis communication online: how medium, crisis type and emotions affected public reactions in the Fukushima Daiichi nuclear disaster ［J］. Public relations review, 2013, 39(1): 40–46.

［83］SRIRAMESH K, MOGHAN S, WEI D. The situational theory of publics in a different cultural setting: consumer publics in Singapore ［J］. Journal of public relations research, 2007, 19(4): 307–332.

［84］TAYLOR M, KENT M L, WHITE W J. How activist organization are using the internet to build relations ［J］. Public relations review, 2001(3): 263–284.

［85］TOBY A, EYCK T, WILLIMENT M. The national media and things genetic: coverage in the New York times (1971–2001) and the Washington Post

(1977—2001)[J]. Science communication, 2003, 25(2): 129–152.

[86] WAGONER K G, CORNACCHIONE J, WISEMAN K D, et al. E-cigarettes, hookah pens and vapes: adolescent and young adult perceptions of electronic nicotine delivery systems [J]. Nicotine and tobacco research, 2016, 18(10): 2006–2012.

[87] VERBEKE W. Impact of communication on consumers' food choices [J]. Proceedings of the nutrition society, 2008, 67(3): 281–288.

[88] YAN J. The effects of public's cognitive appraisal of emotions in crises on crisis coping and strategy assessment [J]. Public relations review, 2009, 35(3): 310–313.

[89] YAO T, JIANG N, GRANA R, et al. A content analysis of electronic cigarette manufacturer websites in China [J]. Tob control, 2015, 3(7): 1–8.

[90] YEUNG R M W, MORRIS J. Consumer perception of food risk in chicken meat [J]. Nutrition and food science, 2001, 31(6): 270–278.

[91] MONIQUE M T. Using emotion in risk communication: The Anger Activism Model [J]. Public Relations Review, 2007, 33(2): 114–119.

附录1 果蔬农药残留食品风险之调查问卷

您好！

我是，目前在做一项关于食品安全问题的研究。这份问卷研究的是消费者认知与食品安全问题之间的关系，因此需要花费您5～10分钟时间。本问卷采取匿名方式作答，并且完全保密。您的宝贵意见是为了政府更好地制定食品安全政策，请放心做答！谢谢！

第一部分：以下为消费者对果蔬（即水果和蔬菜的简称，下同）中残留农药的食品安全问题的认知与行为，请您在认为最合适的选项上打"√"。

	非常同意	同意	无所谓	不同意	非常不同意
	5	4	3	2	1
1. 我觉得果蔬农药残留安全问题越来越严重。	☐	☐	☐	☐	☐
2. 我觉得果蔬农药残留安全问题不严重	☐	☐	☐	☐	☐
3. 我认为果蔬农药残留给我很危险的印象。	☐	☐	☐	☐	☐
4. 过去我曾听过果蔬农药残留安全问题。	☐	☐	☐	☐	☐
5. 我认为果蔬农药残留安全问题与我密切相关。	☐	☐	☐	☐	☐
6. 比起周围的人，我认为我比较关心果蔬农药残留安全问题。	☐	☐	☐	☐	☐
7. 我认为果蔬农药残留安全问题对我来说很重要。	☐	☐	☐	☐	☐
8. 目前果蔬农药残留安全问题是无法解决的。	☐	☐	☐	☐	☐
9. 要解决果蔬农药残留安全问题会改变我的饮食习惯，我无法做到。	☐	☐	☐	☐	☐

	非常同意	同意	无所谓	不同意	非常不同意
	5	4	3	2	1
10. 我觉得果蔬农药残留安全问题涉及太多因素，就算我想解决，也无法避免受到果蔬农药残留安全问题的影响。	□	□	□	□	□
11. 大家对果蔬农药残留安全问题说法不一，我不知道怎样才能真正避免受到果蔬农药残留安全问题的影响。	□	□	□	□	□
12. 与周围人相比，我受到果蔬农药残留安全问题伤害的可能性更大。	□	□	□	□	□
13. 我会选择性地挑选有关农药残留的食品安全信息。	□	□	□	□	□
14. 我会经常搜集果蔬农药残留安全问题的信息。	□	□	□	□	□
15. 果蔬农药残留安全问题一旦发生，我会积极地搜寻相关信息。	□	□	□	□	□
16. 我时常从互联网上搜集果蔬农药残留安全问题的最新信息。	□	□	□	□	□
17. 我周围的人认为我花了很多时间搜集果蔬农药残留安全问题的信息。	□	□	□	□	□
18. 当媒体报道果蔬农药残留安全问题时，我会关注此新闻。	□	□	□	□	□
19. 我会有选择地挑选有关果蔬农药残留安全问题的信息。	□	□	□	□	□
20. 我会对果蔬农药残留安全问题信息进行研究，判断哪些信息有价值。	□	□	□	□	□
21. 若发生果蔬农药残留安全问题，我会对某些果蔬农药残留安全问题的信息保持可疑态度。	□	□	□	□	□
22. 为了避免受到果蔬农药残留安全问题的影响，我会进一步核实看到的风险信息。	□	□	□	□	□
23. 对于果蔬农药残留安全问题，不管从哪里来的信息，我都欢迎倾听。	□	□	□	□	□
24. 在果蔬农药残留安全问题上，我有时候甚至会接受与自己原来相反的观点。	□	□	□	□	□
25. 我对果蔬农药残留安全问题信息保持谨慎，因为这些信息提供者可能有自己的利益考虑。	□	□	□	□	□
26. 在果蔬农药残留安全问题上，我会主动地与他人讨论。	□	□	□	□	□
27. 当我得知发生果蔬农药残留安全问题时，我会主动告诉他人，避免受其影响。	□	□	□	□	□
28. 我喜欢主动与他人讨论果蔬农药残留安全问题。	□	□	□	□	□
29. 我喜欢与他人分享我关于果蔬农药残留安全问题的知识与看法。	□	□	□	□	□

	非常同意	同意	无所谓	不同意	非常不同意
	5	4	3	2	1
30. 当别人在讨论果蔬农药残留安全问题时, 我会参与进去讨论。	☐	☐	☐	☐	☐
31. 在购买果蔬之前, 我会比较果蔬中农药残留高低, 以便购买。	☐	☐	☐	☐	☐
32. 在购买果蔬时, 我会注意果蔬的来源地。	☐	☐	☐	☐	☐
33. 在购买果蔬时, 我会选择比较信任的果蔬店家。	☐	☐	☐	☐	☐
34. 为了避免农药残留的影响, 我会购买有安全认证的果蔬。	☐	☐	☐	☐	☐
35. 为了避免受到农药残留的影响, 我会改变我的饮食习惯。	☐	☐	☐	☐	☐
36. 为避免受到农药残留的影响, 我会定期体检。	☐	☐	☐	☐	☐
37. 为了避免受到农药残留的影响, 我会加强身体锻炼。	☐	☐	☐	☐	☐

第二部分: 此部分为农药残留的食品安全问题与媒体之间的关系, 请您回答以下问题, 在合适的选项上打"√"。

1. 请问, 您曾经从以下的哪些媒体渠道中看到或听到有关果蔬农药残留的食品安全问题的信息(可多选)?

(1)电视 (2)报纸 (3)广播 (4)杂志 (5)书籍

(6)亲朋好友等人际传播 (7)互联网(包括电脑和手机等互联网)

(8)通过上课、听演讲、座谈会等

(9)户外媒体(如海报、户外广告、车载媒体、传单、宣传手册等)

(10)其他媒体渠道 (11)都没有

2. 请问, 您觉得哪些媒体中的残留农药的信息比较可靠(可多选)?

(1)电视 (2)报纸 (3)广播 (4)杂志 (5)书籍

(6)亲朋好友等人际传播 (7)互联网(包括电脑和手机等互联网)

(8)通过上课、听演讲、座谈会等

(9)户外媒体(如海报、户外广告、车载媒体、传单、宣传手册等)

（10）其他媒体渠道　　（11）都没有

第三部分：以下为个人基本资料，资料只为研究所用，完全保密，请放心填写，请您在合适的选项上打"√"。

1. 您的性别为：（1）男　　　（2）女

2. 您的年龄为：

（1）19 岁 以 下　　　（2）20 ～ 24 岁　　　（3）25 ～ 29 岁　　　（4）30 ～ 39 岁

（5）40 ～ 49 岁　　　（6）50 ～ 59 岁　　　（7）60 岁以上

3. 您的教育程度是：

（1）高中及以下　　（2）专科　　　（3）本科　　　（4）硕士及以上

4. 您的婚姻状况是：

（1）未婚　　　（2）已婚　　　（3）离异

5. 您的身体状况为：

（1）很健康　　　（2）健康　　　（3）一般　　　（4）较差

（5）很差

6. 您的家庭人口数量为：

（1）1 人　　　（2）2 人　　　（3）3 人　　　（4）4 人

（5）5 人　　　（6）6 人　　　（7）7 人　　　（8）其他

7. 您的家庭月收入水平是：

（1）1 500 元以下　　（2）1 501 ～ 2 000 元　　（3）2 001 ～ 3 000 元

（4）3 001 ～ 5 000 元（5）5 001 ～ 7 000 元　　（6）7 001 ～ 10 000 元

（7）10 001 元以上

作答完毕，再次感谢！

附录 2 大米镉超标食品风险之实验问卷

第一部分：请您在认为最合适的选项上打"√"。

	非常不同意	比较不同意	略有不同意	略有同意	比较同意	非常同意
	1	2	3	4	5	5
1. 在看完以上内容后，我觉得赣南大米食品安全问题越来越严重。	□	□	□	□	□	□
2. 在看完以上内容后，我觉得赣南大米的食品安全问题不严重。	□	□	□	□	□	□
3. 在看完以上内容后，我认为赣南大米镉超标的安全问题给我很危险的印象。	□	□	□	□	□	□
4. 在看完以上内容后，我认为过去我曾听过赣南大米镉超标的安全问题。	□	□	□	□	□	□
5. 在看完以上内容后，我认为周围的人会受到赣南大米镉超标的安全问题的影响。	□	□	□	□	□	□
6. 看完以上内容后，我会经常搜集赣南大米镉超标的安全问题的信息。	□	□	□	□	□	□
7. 看完以上内容后，我会积极地搜寻相关信息。	□	□	□	□	□	□
8. 看完以上内容后，我将从互联网上搜集赣南大米安全问题的最新信息。	□	□	□	□	□	□
9. 看完以上内容后，当媒体报道再次报道赣南大米安全问题时，我会关注此新闻。	□	□	□	□	□	□
10. 看完以上内容后，我会对这些信息进行研究，判断哪些信息有价值。	□	□	□	□	□	□
11. 看完以上内容后，为了避免受到赣南大米镉超标安全问题的影响，我会进一步核实这些信息。	□	□	□	□	□	□
12. 看完以上内容后，我会有选择地倾听赣南大米镉超标安全问题的相关信息。	□	□	□	□	□	□
13. 看完以上内容后，对于赣南大米镉超标安全问题，不管从哪里来的信息，我都希望了解。	□	□	□	□	□	□

续表

	非常不同意	比较不同意	略有不同意	略有同意	比较同意	非常同意
	1	2	3	4	5	5
14. 看完以上内容后，在赣南大米安全问题上，我有时候甚至会接受与自己原来相反的观点。	□	□	□	□	□	□
15. 看完以上内容后，我对赣南大米安全问题的报道保持谨慎，因为这些信息提供者可能有自己的利益考虑。	□	□	□	□	□	□
16. 看完以上内容后，在赣南大米镉超标安全问题上，我会主动地与他人讨论。	□	□	□	□	□	□
17. 看完以上内容后，我会主动告诉他人这些信息，避免他人受其影响。	□	□	□	□	□	□
18. 看完以上内容后，我喜欢主动与他人讨论赣南大米镉超标安全问题。	□	□	□	□	□	□
19. 看完以上内容后，我喜欢与他人分享我关于赣南大米镉超标安全问题的知识与看法。	□	□	□	□	□	□
20. 看完以上内容后，当别人在讨论赣南大米镉超标安全问题时，我会参与进去讨论。	□	□	□	□	□	□

第二部分：传播渠道。请您回答以下问题，在合适的选项上打"√"。

1. 看完以上内容后，如果我会进一步搜寻或核实这方面的信息，我会从以下渠道获取信息（可多选）。

（1）传统大众媒体上（如电视、杂志、报纸等）

（2）微博、微信、博客上

（3）百度搜索与谷歌搜索等搜索引擎

（4）新浪、搜狐、网易等综合性门户网站上

（5）亲朋好友等线下口碑传播渠道

（6）其他渠道

（7）以上都不是

2. 看完内容后，如果我会把这些信息告诉我熟悉的人或他人，我会通过以下渠道（可多选）。

（1）微博或博客

（2）微信

（3）手机短信或电话

（4）校内网、人人网等朋友圈

（5）亲朋好友等线下口碑传播渠道

（6）其他渠道

（7）以上都不是

3. 此微博主是谁?

（1）普通的腾讯微博账户

（2）专家的腾讯微博账户

（3）《南方都市报》的腾讯微博账户

4. 此微博里的内容来源于?

（1）微博主自己的原创微博信息

（2）微博主转发来自普通微博账户的微博信息

（3）微博主转发来自第三方调查机构腾讯微博的信息

5. 我的性别为:（1）男　　　（2）女

6. 我来自:（1）农村　　　　（2）城市

附录 3　转基因食品安全风险之实验问卷

第一部分：请您在认为最合适的选项上打"√"。

	非常不同意	比较不同意	略有不同意	略有同意	比较同意	非常同意
	1	2	3	4	5	6
1. 在看完以上内容后，我觉得转基因食品安全问题越来越严重。	□	□	□	□	□	□
2. 在看完以上内容后，我觉得转基因食品安全问题不严重。	□	□	□	□	□	□
3. 在看完以上内容后，我认为转基因安全问题给我很危险的印象。	□	□	□	□	□	□
4. 在看完以上内容后，我认为过去我曾听过转基因安全问题。	□	□	□	□	□	□
5. 在看完以上内容后，我认为周围的人会受到转基因安全问题的影响。	□	□	□	□	□	□
6. 看完以上内容后，我会经常搜集转基因安全问题的信息。	□	□	□	□	□	□
7. 看完以上内容后，我会积极地搜寻相关信息。	□	□	□	□	□	□
8. 看完以上内容后，我将从互联网上搜集转基因食品安全问题的最新信息。	□	□	□	□	□	□
9. 看完以上内容后，当媒体报道再次报道转基因安全问题时，我会关注此新闻。	□	□	□	□	□	□
10. 看完以上内容后，我会对这些信息进行研究，判断哪些信息有价值。	□	□	□	□	□	□
11. 看完以上内容后，为了避免受到转基因安全问题的影响，我会进一步核实这些信息。	□	□	□	□	□	□
12. 看完以上内容后，我会有选择地倾听转基因食品安全问题的相关信息。	□	□	□	□	□	□
13. 看完以上内容后，对于转基因食品安全问题，不管哪里来的信息，我都欢迎倾听。	□	□	□	□	□	□
14. 看完以上内容后，在转基因食品安全问题上，我有时候甚至会接受与自己原来相反的观点。	□	□	□	□	□	□

续表

	非常不同意	比较不同意	略有不同意	略有同意	比较同意	非常同意
	1	2	3	4	5	6
15. 看完以上内容后，我对转基因食品安全问题的报道保持谨慎，因为这些信息提供者可能有自己的利益考虑。	□	□	□	□	□	□
16. 看完以上内容后，在转基因食品安全问题上，我会主动地与他人讨论。	□	□	□	□	□	□
17. 看完以上内容后，我会主动告诉他人这些信息，避免他人受其影响	□	□	□	□	□	□
18. 看完以上内容后，我喜欢主动与他人讨论转基因食品安全问题。	□	□	□	□	□	□
19. 看完以上内容后，我喜欢与他人分享我关于转基因食品安全问题的知识与看法。	□	□	□	□	□	□
20. 看完以上内容后，当别人在讨论转基因食品安全问题时，我会参与进去讨论。	□	□	□	□	□	□

第二部分：传播渠道。请您回答以下问题，在合适的选项上打"√"。

1. 你看到的信息内容来自哪个信息渠道？

（1）《中国青年报》；　　　　（2）腾讯微博

2. 这个版本中的专家是谁？

（1）科学名人；　　　　（2）转基因科学家